미래를 여는

한국 고대사

미래를 여는 한국 고대사

초판 1쇄 발행 2022년 9월 15일
초판 3쇄 발행 2023년 12월 10일

지은이 권오영

펴낸곳 서울대학교출판문화원
주소 08826 서울 관악구 관악로 1
도서주문 02-889-4424, 02-880-7995
홈페이지 www.snupress.com
페이스북 @snupress1947
인스타그램 @snupress
이메일 snubook@snu.ac.kr
출판등록 제15-3호

ISBN 978-89-521-3053-2 03910

미래를 여는

한국 고대사

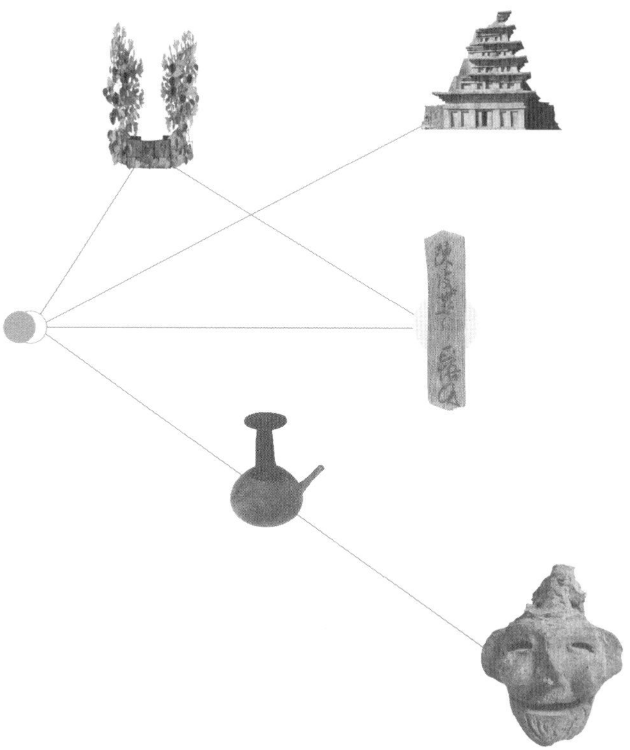

권오영 지음

서울대학교출판문화원

책을 내며

서울대학교 사학과는 원래 하나의 몸통이었다가 1969년에 국사학과, 동양사학과, 서양사학과로 삼분되었다. 이렇게 나뉜 상태로 각자 발전을 꾀하여 그 나름의 성과를 거둔 것은 사실이지만, 역사학이란 학문의 속성을 고려할 때 분리된 상태보다는 통합된 상태에서 연구하고 교육하는 것이 바람직하다는 것은 누구나 인정할 것이다.

이른바 삼사과 통합을 이루기 위해 언제부턴가 삼사과 졸업생들은 다양한 행사를 공동으로 주관했는데, 가장 큰 행사가 매년 두 차례 진행되는 통합 강연이다. 삼사과에서 번갈아 가면서 강사 1명을 추천하여 졸업생들을 대상으로 역사 강연을 진행하는 방식이다.

2018년 여름은 국사학과의 순번이있다. 마땅한 강사를 구하지 못하면 학과장이 책임을 지는 불문율이 있을 때였는데, 마침 필자가 국사학과 학과장직을 맡고 있었다. 강연을 맡게 된 필자는 주제 선정에 끙끙 앓다가 근사한 주제를 포기하고 근년 고민을 거듭하던 내용에 대해 허심탄회하게 발표하기로 했다. 한국 고대사가 처한 내외 환경, 과거의 연구 주제와 방법론에 대한 고민 등이 그 주된 내용이었다.

대선배부터 후배까지 다양한 연배와 직종의 동문 앞에서 한국 고대사 연구자로서 갖고 있는 고충, 우리 사회에서 한국 고대사가 기여할 부분이 무엇인지에 대해 한 시간 반 정도 토로했다. 강연이 끝난 후에 뒤풀이 자리에서 역사책방의 백영란 대표를 비롯한 몇몇 선후배들이 강연 내용을 보완하여 출판할 것을 권유했다. 그 자리에서는 웃고 지나쳤는데 그 자리에 동석했던 1년 후배인 김종철 기자로부터 몇 주 후에 연락이 왔다. 당시 강연 내용을 보완하여《한겨레신문》에 연재하자는 것이었다.

평소 고대사 연구의 대중화라는 과제에 대해 고민하던 터라 후배의 제안에 흔쾌히 동의하고 2주에 한 번씩 연재했다. 한국 고대사 연구의 최전선을 소개하고 미래를 그려 본다는 의무감을 갖고 연재를 시작하면서 주위로부터 많은 격려를 받고 힘을 내곤 했다. 하지만 계획했던 20회 연재를 달성하지 못한 채 중지하고 말았다. 글이 게재될 때마다 댓글을 읽지 않을 수 없는 노릇이었는데, 몇몇 악성 댓글은 분노와 허탈감을 느끼게 했다. 필자의 논지가 함부로 왜곡되고 난도질되며 인격 모독까지 당하다 보니 이 일을 왜 계속해야 하는가 하는 자괴감마저 들었다.

전라남도 함평에서 조사된 고대 무덤을 통해 한일 관계사 연구의 최신 정보를 소개한 기사에서 일부 국내 독자들은 논지와 무관하게 필자에게 식민사학자라는 불명예를 씌웠다. 한반도 남부에 일본적 요소를 갖춘 유적이 존재한다는 사실 자체를 인정할 수 없었던 것이다. 그런데 동일한 이 기사의 일본어판에서 일본 독자들은 필자를 소위 '국뽕', 즉 국수주의자로 매도했다. 동일한 기사에 대해 한국과 일본 양국의 독자 모두에게 비난을 받은 셈이다.

화산학과 법의학의 눈부신 발전에 의해 6세기 전반에 일본 군마에서 사망한 일가족의 신원을 규명한 기사 역시 필자의 의도와는 무관하게 한민족의 일본 열도 정복 내지 일본에 대한 우월감을 과시하는 댓글로 도배되곤 하였다. 고대 한일 관계사의 진실은 분명히 존재하고 이 진실을 찾아가는 연구자들의 노력은 한 걸음씩 진전되고 있지만, 한일 양국의 우익 내지 국수주의자에게는 이 진실이 못마땅했던 것 같다. 자국의 역사를 애호하고 소비하는 대중의 심리에는 '불편한 진실'보다 자신이 믿고 싶은 내용을 확대 재생산하고자 하는 마음이 더 컸던 것이다.

심리적인 고민 속에서 고비를 넘기지 못하고 연재를 중단했지만 곧 후회하면서 인내심 부족을 자책했다. 이 정도의 난관도 뚫지 못하면서 역사 대중화 작업을 논했던 스스로가 한심하다는 생각도 들었다. 그런데 때마침 규장각한국학연구원에서 단행본 집필을 지원하는 사업에 선정되는 행운이 찾아들었다. 덕분에 신문지상에 연재한 내용을 대폭 보완하고 못다 한 이야기를 추가하여 단행본에 맞는 모양을 갖추게 되었다.

첫 강연에서부터 책의 출간까지 4년의 세월이 흐른 셈이니 필자의 문제의식도 조금은 변했을 것이다. 그사이에 새로 발견된 자료와 축적된 연구 성과로 인하여 이미 구설이 되어 버린 부분도 없지 않을 것이다. 하지만 전문 연구 성과를 대중에게 돌려주어야 한다는 필자의 마음은 변함이 없다. 역사를 애호하는 대중이 한국 고대사 연구자들에 대한 오해를 푸는 계기가 되기를 희망하며, 한편으로는 전문 연구자들에게 전하고 싶은 메시지도 최대한 넣으려고 노력했다. 많은 사진 자료가 들어가는 바람에 편집이 녹록지 않았음에도 어려움을 극복해 준 서울대학교출판문화원의 여러 선생님께 감사의 마음을 전한다.

2022년 9월

권오영

차례

책을 내며 4

I 들어가며 11

1 고대사 연구와 대중역사학 13
2 유사 역사학과 역사 대중화 15
3 한국 고대사를 어떻게 다룰 것인가 19

II 자료 확보를 위한 끝없는 노력 21

1 문헌 자료의 가치를 다시 본다 23
2 고대사 연구의 희망, 목간의 출현 32
3 문자 자료로 보는 고대의 디아스포라 44

III 비교사적 시각의 필요 53

1 고대 동남아시아와 다문화 사회 55
2 페르시아 문명과 고대 한국 63
3 유라시아 쿠르간을 찾는 여정 72

IV 융복합적 연구의 중요성 81

1 역사학과 토목공학의 융복합 83
2 역사를 풀어내는 기생충과 동물 91
3 뼈가 들려주는 고대사 101
4 뼈를 통한 역사 연구의 지평 112
5 과학적 연구가 바꾼 무령왕릉 이야기 121
6 역사 연구에 레이더를 활용하는 시대 136

V 한일 관계사에 대한 새로운 인식 145

1 한반도의 전방후원형 고분과 일본 열도의 '도래인' 147
2 백제 주민이 대거 이주 정착한 오오미 지역 156
3 화산 폭발에서 고대 한일 관계사로 167
4 일본 열도로 이주한 한반도계 주민의 발자취 176

VI 초원과 사막의 길을 통한 유라시아 교섭 193

1 사카와 오손의 땅으로 195
2 소그드와 튀르크의 땅으로 204
3 페르시아의 영광과 고대 실크로드 214

VII 바닷길을 통한 동서 교섭 223

1 해상 실크로드와 고대 한국 225
2 다낭에서 만나는 참파 234
3 장보고 해상 교역의 실체 243

VIII 나오며 255

한국 고대사 연구와 교육의 목적을 다시 생각하다 257

참고문헌 265
찾아보기 275

I

들어가며

1 고대사 연구와 대중역사학

1970년 봄, 경상남도 진해 대야국민학교 3학년 학생이던 필자에게 아버지는 뜬금없이 책 한 권을 사주셨다. 《소년중앙》이란 어린이 교양 도서였다. 책을 펼치자 원숭이처럼 구부정한 자세의 초기 인류가 점차 꼿꼿하게 직립하며 우리의 모습을 갖추어 가는 과정을 비롯하여 인류의 진화를 특집으로 다룬 기사가 눈에 확 들어왔다. 다른 내용은 아무것도 보이지 않고 오직 이것만이 머리에 들어찼다. "그래! 바로 이거야!" 가위로 정성껏 자른 기사 조각을 하얀 스케치북에 풀로 붙이면서 만 8세 생일을 갓 넘긴 어린이는 이렇게 평생 자신이 할 일을 찾았다. 그 후 인간의 오랜 과거를 탐구한다는 거창한 인생 전략은 바뀐 적이 없었다.

중학생, 고등학생 시절에도 장래 희망은 역사학자였다. 인류의 진화를 연구하는 학문 분야가 역사학이 아닌 인류학이란 사실을 어린 학생이 알 리 없었다. 체질인류학이니 고인류학이니 하는 연구 분야에 대해서는 대학에 들어간 후에야 알게 되었다. 대학교 진학을 앞두고는 고민 없이 사학과가 있는 인문대학을 택했다. 1학년 인문학 공통 과정을 마치고 2학년에 진입할 때 국사학과냐 고고학과냐 하는 선택의 기로에 선 적은 있었지만 목표는 동일했다. 그 후 지금까지 고대사와 고고학이라는 두 마리 토끼를 좇는 삶을 살아 왔다.

왜 하필 고대사인가 하는 질문은 스스로에게도, 타자에게도 수없이 들었다. 그때마다 답은 '민족'이었다. 중국이라는 거대한 흡인력을 지닌 용광로에도 녹아 버리지 않았던 한민족, 무수한 외세의 침략에도 살아남은 한민족, 일제의 민족말살정책도 극복한 한민족. 이 한민족의 실체를 밝히겠다는 것이 어린 예비 연구자의 목표였다. 정치학, 인류학, 민족학, 민속학, 국어학, 사회학, 종교학 등 인접한 학문을 닥치는 대로 기웃거렸지만, 고고학을 제외하고는 딱히 도움이 되는 학문 분야가 없어 보였다. 민족의 기원이니 정체성을 규명하는 작업도 쉽지 않다는 사실을 깨달았으며, 민족 문제 말고도 중요한 연구 주제가 무수히 많다는 점도 알게 되었다. 고대 사회와 관련된 많은 주제, 예를 들어 국가의 형성, 지배 구조, 묘제와 장제, 주거와 생업, 대외 교류 등 모든 주제가 매력적이었다.

대학원에 진학해서는 한국 고대사로 석사학위를 받고, 국립박물관에 근무하면서 전시도 해보고, 대학으로 옮긴 후에는 이런저런 강의도 해보고 논문도 쓰면서 말석이나마 학계의 한구석을 차지하였다. 그러면서 계속 놓지 않은 것이 '역사 대중화'라는 과제였다. 부산 동아대학교에 근무할 때에는 《시민을 위한 가야사》(1996)를 동료 연구자들과 만들어 보았고, 한국역사연구회 고대사분과 사업의 일환으로 《문답으로 엮은 한국고대사 산책》(1994), 《삼국시대 사람들은 어떻게 살았을까》(1998) 그리고 한국고대사학회의 《우리 시대의 한국 고대사》(2017) 집필에도 참여했다. 연구자와 역사 연구 성과를 소비하는 대중 사이의 간격을 좁혀야 한다는 사명 의식을 갖고 있었던 것이다.

2 유사 역사학과 역사 대중화

우리 사회에서 가장 많이 논의되는 한국사의 주제는 근현대사에 집중되어 있으나 이에 못지않게 많은 사람이 고대사에 해당되는 부분에도 관심을 보인다. 그런데 고조선의 영역과 위대함, 단군의 실존 여부, 고구려 광개토왕의 영토 확장, 백제의 중국 지배 등 매력적인 주제를 다룬 출판물들은 서로 인식의 편차가 너무 커서 시민들을 헷갈리게 하고 있다. 서점에 가보면 인기 있는 서적들은 대개 위대한 한국사를 강조하는 책들이어서, 까마득히 먼 오래전부터 우리 민족은 완성된 형태를 갖추고 유라시아에서 활동했으며 이미 광대한 영역을 차지하고 있었다는 내용이 많다. 이러한 주장에 대해 강단 역사학계는 유사 역사학 혹은 사이비 역사학이라고 비판한다. 유사 역사학자들은 고대사학계를 통째로 식민사학자 집단이라고 매도하고 스스로를 민족주의 사학이라고 평한다.

그런데 21세기에 들어와서 고대사 연구를 둘러싼 주변 환경이 한층 악화되고 있다. 한국 고대사를 자신의 정치적 목적에 맞게 왜곡하려는 흐름이 심해진 것이다. 사실 이런 흐름은 1970년대나 1980년대에도 심각했으나 21세기에 들어와서는 정권 차원에서 마음먹고 한국 고대사 집필에 관여하려는 무리수를 두기에 이르렀다. 이런 시도는 국정교과서 반대 운동을 거치면서 일단 중지되었으나 그것으로 끝이 아니었다.

유사 역사학자들이 일부 대중 매체와 정치인, 관료, 종교 단체를 등에 업고 고대사학계를 조직적으로 공격하는 일이 잦아졌다. 강단 고대사학계는 곧 식민사학계라는 억지 주장이 되풀이되면서 수많은 사람이 이 주장에 현혹되었다. 소장 연구자들이 중심이 되어 유사 역사학의 본질을 파헤치는 역작을 속속 발표했지만, 많은 역사 애호가는 딱딱하고 무미건조한 연구물보다 '달콤한 불량 식품'의 유혹에 빠졌다. 유튜브YouTube 일인 방송의 붐을 타고 고대사를 소재로 삼은 다양한 영상이 우후죽순처럼 나타났다. 그중에는 제작자의 노력이 돋보이고 유익한 것도 적지 않으나, 대다수는 불분명한 자료, 거친 논리로 한민족의 순수함과 고대 한국의 위대함을 찬양하면서 국수주의적 정서를 한껏 부추겼다. 고대사에 대한 지식과 정보가 부족한 이들은 이러한 영상을 자주 접하면서 고대사 연구자들은 모조리 식민사학자이며 공부하지 않고 녹고만 축내는 나태한 집단이란 인식을 굳혀 갔다.

역사 연구의 목적이 국민에게 자민족에 대한 자긍심과 자기 문화에 대한 자부심을 불어넣는 데에 있음은 어느 정도 사실이다. 국민에게 '부끄러운 역사'만 제시하거나 '역사를 통한 뼈아픈 자기 성찰'만을 강요하는 것은 바람직하지 않다. 하지만 최소한의 논리성마저 상실한 채 세계 고대 문명의 주인공이 모두 한민족이라거나, 삼국의 위치를 한반도 바깥에서 구하면서 신라가 중국 대륙, 때로는 아메리카 대륙에 있었다는 주장은 나가도 너무 나간 것이다.

중국과 일본 모두 자국의 역사를 부풀리는 경향이 있음은 분명하다. 동북공정에 입각한 고조선, 고구려, 발해 연구와 일본 우익의 임나일본부설, 남선경영론이 허구이고 왜곡된 것임도 분명하다. 하지만 중국과 일본이 그렇다고 해서 우리도 역사와 신화를 혼동하고, 세계 학계의 웃음거리가 될 비논리적 주장을 마음껏 펼칠 수는 없는 노릇이다.

민족주의 고양이라는 허울 속에서 온갖 음모론과 왜곡이 횡행했으나 고대사학계는 전반적으로 적극적인 대응을 꺼리는 분위기였다. 공연히 문제를 키울 우려가 있다는 신중론이 주류였던 것이다. 하긴 누가 나서서 온갖 돌팔매질을 당하며 자신의 소중한 연구 시간을 빼앗기려 하겠는가? 하지만 이러한 소극적 자세야말로 고대사학계가 무차별적 융단 폭격을 당하는 한 원인이었음도 사실이다.

연구자들이 적극적으로 대응한다면 어떤 방법을 취할 수 있을까? 우선 유사 역사학의 본질을 폭로하는 것을 떠올릴 수 있다. 그러나 이 경우에 양측의 이전투구 내지 감정 섞인 날선 대립으로 점철될 위험성이 있다. 유사 역사학의 본질을 파헤치는 작업 못지않게 중요한 것은 역사를 애호하는 대중에게 그동안의 연구 성과를 재미있게 재구성해 제공하는 작업이라고 생각한다.

하지만 솔직히 고백하자면 한국 고대사 연구 성과의 많은 부분은 대중의 관심을 전혀 끌지 못하는 주제로 채워져 있다. 연구자가 대중이 관심을 갖는 주제만 연구할 수는 없다. 하지만 대중이 알고자 하는 주제에 대한 답은 내놓지 못하고, 자료 여건이 좋다거나 자신의 능력을 발휘할 수 있다는 이유로 특정 주제에만 천착하는 것은 연구자로서 최소한의 책무를 저버린 셈이다.

이웃 나라 일본의 사례인데, 국공립 박물관이 개최한 대중 강연에서 가장 많이 다룬 주제가 토기의 편년이었고, 수강생들이 가장 싫증을 느낀 것도 바로 이 주제였다고 한다. 물론 토기의 편년도 중요한 주제이지만 이렇게 주제의 쏠림 현상이 발생한 이유는 일본 고고학계에 토기 연구자가 압도적으로 많기 때문이다. 연구자들은 제일 자신 있고 의미 있으며 대중도 알아야 한다고 생각한 주제로 프로그램을 짠 것이겠지만, 수강생의 욕구를 고려하지 않았다. 물론 수강생들의 선호도가 프로그램의 유일한 기준이 될 수는 없다. 하지만 연구자 사정에만 맞춰 편성한 프로그램은 '그들만의 리그'라는 비판을 면할 길이 없다. 한국 고대사로 눈을 돌리면 상황은 어떨까? 마찬가지일 것이다.

이런 생각을 하다 보니 기존 연구 성과를 충실히 반영하면서 대중의 욕구를 충족하는, 그러면서도 21세기에 걸맞은 개방적인 읽을거리, 볼거리를 만드는 것이 유사 역사학에 대한 최선의 대응이라는 결론을 짓게 된다. "저런 이야기는 사리에 맞지 않고 엉터리니 그쪽으로 가지 마." 하는 자세보다는 "여기에 재미있고 도움이 되는 것이 많이 있으니 오세요." 하는 편이 훨씬 효율적일 것이다.

3 한국 고대사를 **어떻게 다룰 것인가**

21세기의 한국 고대사는 우리 조상들이 과거에 이웃들과 어떤 관계를 맺으면서 정체성을 만들어 갔는지를 설득력 있게 설명해 주어야 한다. 고대사를 접하는 자세에서도 '식민사학 대 민족사학', '국뽕·환빠 대 친일·사대'라는 도식적인 구도를 벗어나야 한다. 과거의 땅 덩어리 크기를 갖고 경쟁하거나, 우리만이 순수한 혈통을 가진 우수한 민족이라는 선민의식도 버려야 한다. 우리는 잘못이 없는데 사악한 주변 민족에 의해 항상 억울하게 당했다는 자기기만도 버려야 한다. 역사에 대한 성찰이 없으면 과거의 치욕은 다시 찾아올 것이다.

역사를 바라보는 눈, 이방과 이방인을 대하는 우리의 태도는 종전과 비교할 수 없을 정도로 개방되고 확장되었다. 2019년 10월 기준으로 대한민국 영토에 거주하는 외국 국적 주민의 수가 222만 명에 육박하여 전체 인구의 4.3퍼센트를 차지한다고 한다. 이 수치는 대구 인구(243만)보다 약간 적고 충청남도 인구(219만)보다 많은 규모이다. 다문화 가정의 가구수는 이미 37만을 넘었으며, 가구원은 109만 명이어서 총인구의 2.1퍼센트에 달한다. 2021년 신생아 100명 중 6명이 다문화 가정에서 태어났다. 한민족의 순수성을 강조하는 도구로서의 고대사는 더 이상 설 자리가 없게 되었다.

한반도만 다루는 한국 고대사는 더 이상 존재할 수 없다. 중국과 일본이 포함된 동북아시아는 물론이고 중앙아시아와 동남아시아의 고대사에도 관심을 기울여야 한다. 고대 한국인의 교류 양상을 복원하기 위해서도 그러하고, 문헌 자료가 부족한 한국 고대사의 현실에서 비교사적 시각의 효용이 너무 크기 때문이기도 하다.

앞으로 고대사 연구는 전통적인 문헌학적 방법만으로는 금방 한계에 부딪힐 것이다. 고고학 자료의 활용 없이는 전진할 수 없는 상황이 되었다. 21세기에 들어와 대한민국 영토 안에서 이뤄진 유적 발굴 조사는 매년 1,800-2,000건에 달한다. 출토되는 유물의 양은 짐작조차 어려울 정도이다. 반면 《삼국사기》와 《삼국유사》와 같은 묵직한 사료는 더 이상 발견되지 않고 있다. 앞으로도 그 가능성은 희박해 보인다. 그렇다면 땅에서 새로 발견되는 빅데이터를 어떻게 처리하느냐에 따라 한국 고대사 연구의 성패가 좌우될 것이다.

그런데 이 작업은 역사학자와 고고학자만으로는 이뤄 낼 수 없다. 자연과학과 공학, 의학 등 다른 분야의 전문가들과 머리를 맞대고 연구 주제와 방법론을 고민해야 한다. 이러한 노력이 필요하다는 사실은 역사학계 전반에 해당되지만, 특히 문헌 자료가 매우 부족한 한국 고대사 연구에서 융복합적 연구는 선택이 아닌 필수가 되었다.

고고학적 자료를 활용한 융복합적 연구가 제대로 진전되면 고대사는 가설, 억측, 상상, 주관에서 벗어날 수 있을 것이다. 여기에 열린 마음과 글로벌한 시각이 결합하면 과거의 '우리 민족 제일주의'와 다른 새로운 형태의 고대사가 우리 앞에 모습을 드러낼 것이다. 미래를 여는 한국 고대사 이야기를 끄집어 내는 이유가 여기에 있다.

II

자료 확보를 위한 끝없는 노력

1 문헌 자료의 가치를 다시 본다

사료의 가치에 대한 질문

구미 대둔사에 소장된 조선시대의 경장經藏 한 쌍이 최근 대한민국의 보물로 지정되었다. 경장이란 불교 경전을 수납하는 가구인데, 이 귀한 목가구는 인조 8년, 즉 1630년에 만들어졌으며 화원, 기술자, 시주 등의 이름이 빼곡히 기록된 점, 그리고 문짝에 그린 사천왕도의 우수성 등이 인정되어 보물로 지정되었다. 그런데 필자의 관심을 끈 부분은 다른 데에 있었다. 경장의 뒷면에는 분명히 숭정崇禎 3년이라고 적혀 있는데 바닥에는 숭정 2년이라고 쓰인 것이다. 숭정 3년이 옳고 숭정 2년이 잘못된 것으로 판단된다. 비유하자면 2022년이라고 기록해야 하는 문서에 2021년이라고 적은 셈이다. 당시 지역 사회에서 떠들썩한 불사佛事였음에도 정작 기본적인 연대에서부터 오류가 발생한 것이다.

역사학자들은 문자로 남겨진 자료, 즉 사료의 기록을 매우 중시한다. 그런데 이보다 더 중시하는 것이 과거의 그 시점에 기록된 문서와 문자 자료이다. 고구려 광개토대왕비와 충주 고구려비, 백제 칠지도, 신라의 6세기 무렵 비문에는 감히 비판할 수 없는 절대성과

권위가 부여된다. 그런데 과연 그럴까? 그렇지 않다고 본다.

우선 당시 사람들도 실수를 한다는 점을 생각해야 한다. 대둔사 경장만이 아니라 한국 고대사와 불교사 연구의 바이블로 대접받는 《삼국유사》에서도 종종 심각한 오류가 발견된다.

《삼국유사》 권3 탑상 〈남월산〉조에는 경주 감산사에 있던 석조 미륵보살상과 아미타불상의 뒷면에 새겨진 기록, 즉 조상기造像記의 내용이 발췌되어 있다. 이 기사는 20세기 초까지 절대적인 권위를 누렸다. 관련 불상들이 발견되지 않았었기 때문이다. 그런데 1915년에 우연히 토함산 자락에서 석조 불상 2구가 발견되면서 상황은 급변했다. 불상의 뒷면에 새겨진 조상기에 의하면, 이 불상들은 719년에 김지성金志誠('김지전金志全'이라고도 씀, 동일인)이 국왕, 부모와 가족, 개원愷元 이찬伊湌을 위해 감산사를 지었을 때 만들어졌다. 하지만《삼국유

경주 감산사의 미륵보살상(좌)과 아미타불상(우)

사》〈남월산〉조에는 '金志誠'을 '전망성全忘誠'이라고 잘못 표기하고 있다. 가족의 이름과 관계도 잘못된 부분이 수두룩하며, 불상을 만든 주체와 불상을 통해 기원하는 대상이 뒤바뀐 부분도 있다. 당시의 이두식 한자를 잘못 이해하거나 의미 파악을 포기한 구절도 있다.

이런 사실을 지적하는 것은《삼국유사》의 사료적 가치를 깎아내리기 위해서가 아니다. 과거의 사료는 모두 이런 운명을 피할 수 없다. 어두컴컴한 금당 벽면에 붙여 모신, 높이 270센티미터가 넘는 거대 불상 2구의 뒤에 새겨진 수백 자를 정확히 판독하지 못한 허물을 일연 스님에게 추궁할 수는 없다. 이 정도라도 문자로 기록을 남긴 것은 위대한 업적임에 틀림없다. 하지만 만약에 이 불상 2구가 발견되지 않았다면 수많은 역사학자들은《삼국유사》의 내용을 금과옥조처럼 받들면서 역사를 재구성했을 것이고, 모순되는 기사에 골머리를 앓으면서 지루한 논쟁을 벌였을 것이다.

《삼국사기》의 빛과 그림자

위의 두 사례를 통해 문헌 자료 혹은 당대에 남긴 문자 자료가 아무리 중요해도 그 가치에 절대성을 부여할 수 없음을 알 수 있다. 하물며 글쓴이의 가치관과 종교, 정치적 입장에 따라 서술의 내용과 논조가 달라질 것임은 더 말할 필요도 없다. 단언컨대 모든 문자 자료는 객관적이지 못하다.

김부식을 필두로 한《삼국사기》의 편찬자들이 중립성을 지키려고 했으나 고구려나 백제에 비해 신라를 중시했음은 명확하다. 우선 〈본기本紀〉의 순서부터 신라가 가장 먼저이다. 〈본기〉의 분량, 〈열전〉에 수록된 인물의 수와 분량 역시 신라가 압도적이다. 고구려 초기의 왕위 계승 과정에서는 부자간에도 피를 보는 모습이 적나라하게 드러나는 반면, 신라에서는 처남과 매부가 서로 왕위를 양보하는 믿기 어려운 미덕이 나타난다. 어떤 것이 실상에 가까울지는 설명할 필요가 없다.

《삼국사기》는 제목 그대로 삼국의 역사이다. 고구려와 백제, 신라만을 입전했고 〈가야본기〉는 존재하지 않는다. 그렇다고 하여 가야사가 고구려, 백제, 신라의 역사에 비해 덜 중요한 것은 절대 아니다. 《삼국사기》가 만들어 놓은 틀을 벗어나지 못하고 맹목적으로 따라가면 가야, 부여, 탐라, 옥저와 동예는 한국 고대사에서 절대 제대로 대접받지 못한다. 즉, 삼국시대사를 제대로 이해하려면 《삼국사기》가 그리는 '삼국시대론'에서 탈출해야 한다. 영화 〈매트릭스〉에서 주인공 네오는 AI가 만들어 놓은 가상현실에서 탈출하면서 비로소 현실을 보게 된다. 하지만 그를 포함한 많은 주인공은 '순치된 가상현실'의 유혹에서 벗어나는 것을 두려워한다. 《삼국사기》가 세팅한 세계 속에서 《삼국사기》의 기사를 소재로 삼아 재구성한 삼국시대상은 매트릭스와 다를 바가 없다. 《삼국사기》의 기사를 부정한다는 이유만으로 식민사학자로 매도당하는 요즘의 시류는 어처구니없다.

《삼국사기》는 삼국의 문화와 전통을 중시한 점이 보이지만, 그럼에도 중국과 관련한 사대와 명분을 절대적으로 따랐다. 삼국의 왕은 모두 황제나 천자가 아닌 제후였고, 그들의 죽음은 '붕崩'이 아니라 '훙薨'으로 근본부터 차별 대우였다. 고구려 태왕릉의 문자 전돌("원컨대 태왕릉이 산악처럼 안전하고 굳건하기를 기원합니다")이나 무령왕릉의 지석("계묘년 5월 7일에 崩하셨다")이 발견되지 않았다면, 현재의 역사가들은 삼국시대에 대해 아주 그릇된 인식을 가졌을 것이다.

《삼국사기》의 사료적 가치가 높은 것은 사실이지만 국내외의 다른 사료, 당시의 문자 자료와 끊임없이 비교하고 검토해야 한다. 한국 고대사 연구의 두 바퀴라고 평가받는《삼국사기》와《삼국유사》의 권위를 이렇게 흔들어 놓으면 가뜩이나 사료가 부족한 한국 고대사 연구는 어떻게 하느냐는 하소연이 나올 듯하다. 사료적 가치가 높다는 점과 절대적 권위를 갖는다는 점은 엄연히 다르다.《삼국사기》에 누락된 수많은 사건과 인물들이 살아남은 기사보다 못할 것도 없다. 훨씬 중요한 사건들도 기록으로 남지 못했다. 신라에서 6-7세기대에 만든 목간木簡과 금석문金石文 자료를 볼 때,《삼국사기》에는 나오지 않지만 역사적 중요성이 매우 큰 인명, 지명, 관직명은 이루 셀 수 없이 많다. 기록을 남기지 못했다고 역사적 실재가 없는 것은 아니다. "No documents, No history." 즉, "기록이 없으면 역사도 없다."라는 말은 참이 아니다. 오히려 역사 기록에 남지 못한 역사적 사건이 훨씬 많다. 문서 자체가 희소한 고대사의 경우는 더욱 그러하다.

사료 부족이 연구의 걸림돌인가

한국 고대사학계의 원로이면서 초대 한국목간학회 회장을 지낸 주보돈 교수는 "역사란 문자로 시작하여 문자로 끝맺음한다."라는 명언을 남기셨다. 이런 정의에 반기를 들 역사학자는 없을 것이다. 하지만 한 걸음만 물러서서 곰곰이 생각해 보면 이런 정의는 일부 농경·정착민에게만 적용된다는 사실을 금방 깨달을 수 있다.

문자의 발명과 사용이 문명과 고대 국가 출현의 주요 징표가 되었던 4대 문명권과 달리 대부분의 고대 사회는 문자의 혜택을 받지 못한 채 발전했다. 스키타이와 흉노처럼 초원에서 성장한 유목 제국은 스스로의 역사서를 남기지 않았다. 주변의 농경 민족과 오아시스 상업 세력들의 기록에 객체로 잠깐 등장할 뿐이다. 바다를 무대로 해상 왕국을 구가한 참파Champa(임읍林邑)와 푸난Funan(부남扶南), 스리위자야 역시 스스로 사서를 남기지 못했다. 수많은 사원과 조각, 몇 안 되는 비문을 통해 그 자취를 연구할 뿐이다. 유럽의 켈트, 서아시아의 파르티아, 중남미의 마야와 아즈텍 문명 연구 역시 마찬가지다.

이탈리아 중부에서 기원전 8-1세기에 발전한 에트루리아는 12개 정도의 작은 정치체의 연합으로서 하나로 통일된 국가를 이루지는 못했으나 철기 문화, 세련된 종교, 가옥과 신전, 조각과 회화, 예술 등 여러 방면에서 로마에 큰 영향을 끼쳤다. 그런데 이들이 남긴 사료는 단 한 건도 없다. 거의 1만 개에 달하는 비문이 있기는 하지만 대부분 30단어 이하로 소략하며, 그 내용이래야 긴 이름, 종교적 문구, 시문 등이어서 역사 연구의 자료로 쓰기에는 턱없이 부족하다. 그리스어와 라틴어로 기록된 변변한 자료도 없다. 우수한 무기와 활발한 교역 활동으로 발전한 이들의 역사는 무엇을 통해 밝혀지고 있는가? 거의 대부분 이들이 묻혀 있는 무덤의 구조, 석관, 부장품과 장신구를 통해서이다. 고분 연구가 주조를 이루는 가야와 너무도 흡사하다. 에트루리아야말로 유럽의 가야라고 부를 만하다. 가야사 연구가 문헌 자료의 도움 없이 진행되는 것은 전혀 이상한 일이 아닌 셈이다.

앙코르의 역사는 주달관의 《진랍풍토기眞臘風土記》처럼 외국인의 기록에 의지하는 바도 있으나, 캄보디아 시엠립에 남겨진 사원과 왕궁, 저수지와 운하 등 건축물을 통해 연구되는 바가 훨씬 중요하다. 스키타이의 경우는 그리스인이, 흉노의 경우는 중국인이 각자 자신들의 필요에 의해 작성한 문헌이 도움이 되지만, 만일 스키타이의 쿠

에트루리아의 관

르간kurgan(대형 무덤)과 흉노의 고분이 없었다면 이들에 대한 우리의 역사적 지식은 너무도 빈약했을 것이다.

이 나라들을 연구하는 역사가가 문헌 자료의 부족을 원망하고 핑계 댄다는 소문은 들어 본 적이 없다. 중세 이후와 달리 고대는 세계적으로 문헌 자료가 너무 없어서, 문자를 통해 고대사를 연구할 수 있는 지역과 국가가 오히려 한정적이다. 자체적으로 문자를 개발하거나 고유한 사서를 남기지 못했다고 하여 이들이 이룩한 역사적 성취까지 부정되는 것은 아니며, 이와 상관없이 이들이 세계사에 끼친 발자취는 뚜렷하다.

우리는 은연중에 중국과 비교하면서 사료의 부족을 통탄하지만 우리만 유독 지독한 사료 부족에 시달리는 것은 아니다. 오히려 문자 자료가 풍부한 중국이 극단적인 예외다. 일본에서 고대사란 7세기

캄보디아 시엠립에
있는 앙코르 톰의 서문

이후에나 해당되고, 우리의 삼국시대와 시간적으로 많이 겹치는 고훈시대古墳時代(3-6세기)는 고고학의 연구 영역이다. 성문법이 없고 문서 행정도 도입되지 않았으며 문자 생활을 영위하는 자가 전체 구성원의 극히 일부에 지나지 않았기 때문이다. 그렇지만 3-6세기는 일본사에서 국가 권력이 태동하고 전통문화가 형성되던 매우 중요한 시기이다.

중국처럼 문헌 자료의 혜택을 받은 경우가 아니라면 문헌 이외의 사료, 즉 전승과 신화 같은 무형 자료, 유적과 유물 같은 물질 자료를 최대한 활용해야 한다. 이란 시라즈의 바위에 새겨진 기록화를 통해 사산조 페르시아의 역사를 연구하고, 캄보디아 시엠립에 남아 있는 거대한 저수지와 운하를 통해 앙코르의 역사를 연구해야 한다.

문자 자료의 혜택이란 측면에서 볼 때 한국과 일본, 베트남은 운이 좋은 편이다. 이 3개국은 중세에 접어들면서 자국과 관련되었다고 여긴 고대 국가의 역사를 한자로 기록했다. 우리에게《삼국사기》와《삼국유사》가 있듯이 베트남에는《대월사기》가 있다. 몽골의 침략에 의해 상처 입은 민족적 자존심을 되살리고자 13세기 후반에 편찬된《대월사기》는 현재 전해지지 않고 15세기에 편찬된《대월사기전서》의 형태로 남아 있다. 일본의 경우에는 8세기 전반에 편찬된《고사기》와《일본서기》가 남아 있다. 중국만큼 풍부하지는 못하지만 3개국의 사료 형편이 최악은 아닌 것이다.

사료 부족은 고대사 연구의 보편적 숙명이기 때문에 다른 방법을 강구하여야 한다. 시간의 흐름과 함께 변형된 사서와 단편적인 문자 자료, 여기에 고대인들이 남긴 다양한 유형·무형의 자료를 종합하여 연구를 진행할 수밖에 없다. 고대사 연구자가 신화학, 고고학, 미술사, 건축학 같은 인접 분야와 친숙해져야 하는 사정이 여기에 있다.

2 고대사 연구의 희망, 목간의 출현

새로운 문자 자료의 발견

충청도에서 백제 무덤 하나를 찾아냈다. 마침 해가 저물어서 무덤 속은 캄캄해 아무것도 보이지 않았다. 급하게 횃불을 만들어 안을 들여다보니 어둠 속에서 윤곽이 희미하게 드러났다. 무덤의 재료가 돌인지 전돌인지는 불분명하지만 긴 통로(연도羨道)에 시신을 모신 현실玄室이 붙어 있는 굴식이었다. 혼자라 겁나긴 했지만 연도를 통해 현실로 들어가자 바닥에는 깨진 돌조각이 잔뜩 널려 있었다. 횃불을 들이대 보니 돌 표면에 글자가 새겨진 모습이 또렷이 남아 있었다. 쪼그리고 앉아 돌조각들을 모아 이리저리 붙여 보니 신통하게도 모두 잘 맞더니 무덤 주인공의 정체와 행적을 기록한 묘지墓誌가 나타났다. 캄캄한 무덤 안에서 혼자 횃불을 들고 판독을 하는데 신기하게도 문맥이 술술 풀리면서 요 몇 주 골머리를 썩이던 백제 초기사의 수수께끼가 모두 풀려 버렸다. 제2의 무령왕릉, 그것도 시기가 더 오래된 한성기 왕릉이었던 것이다. 등에 땀이 나고 전율이 느껴지던 순간 잠에서 깨버렸다. 바로 직전의 일인데 아무리 생각해도 묘지의 내용이 떠오르지 않았다. 아! 빨리 기록해 둘걸.

1985년 가을, 석사 논문을 한창 준비하던 때에 꾼 꿈인데 신기하게도 지금까지 그 느낌이 남아 있다. 그 후에도 비슷한 꿈을 몇 번 더 꾸어서 그런지도 모르겠다. 이 글을 고대사 전공자가 읽는다면 "아! 나도 그런 적이 있었는데!" 하며 공감하는 분들이 적지 않을 것이다. 지금이라도 시골의 어느 고가에서 《삼국사기》보다 오래된 《구삼국사舊三國史》가 나와 준다면 얼마나 좋을까? 전체 내용의 극히 일부만 남아 있지만, 그것만으로도 한국 고대사에 대한 해명의 열쇠를 쥐고 있다고 평가되는 어환의 《위략魏略》이 전부 발견되면 굉장할 텐데…. 새로운 문자 자료의 출현은 모든 고대사 연구자의 소망이다. 이런 까닭에 1989년, 김대문이 찬술한 《화랑세기花郞世記》가 소개되자 학계는 흥분했다. 이 책은 치열한 논쟁을 거치면서 박창화라고 하는 한 지식인이 20세기에 저술했을 가능성이 매우 높다는 것이 밝혀져 많은 연구자에게 진한 아쉬움을 남겼다.

사료 부족에 시달리는 고대사 연구자들에게는 광개토대왕비나 칠지도와 같은 금석문 자료가 큰 위안이 된다. 1970년대 후반부터 약 10년에 걸쳐 집중적으로 발견된 신라비는 신라사 연구의 비약적인 발전의 일등 공신이었다. 단양 적성비, 경주 명활산성 작성비, 울진 봉평비, 포항 냉수리비가 연이어 발견되면서 5-7세기 신라사 연구는 백가쟁명의 시대에 접어들었고, 오래전에 발견되었지만 그동안 주목받지 못하거나 잘못 이해한 다른 비석들, 즉 진흥왕 순수비, 경주 남산 신성비, 대구 무술오작비戊戌塢作碑 그리고 바위 표면에 새긴 울산 천전리 각석刻石에 대한 재평가도 이루어졌다. 이에 더하여 충주에서 중원 고구려비가 발견되면서 삼국시대 연구에서 금석문은 중심 위치에 당당히 자리 잡게 되었다.

그런데 2009년에 발견된 포항 중성리비를 제외하면 21세기에 들어와서 신라사 관련 금석문 자료의 출현이 주춤해졌다. 연구자들의 문제의식과 방법론도 답보 상태에 빠지면서 신라사 연구는 활기를 잃은 듯 보였다. 하지만 새로운 총아가 탄생하면서 연구의 열기가 순식간에 다시 달아올랐다. 그것이 바로 목간木簡이다.

안압지 목간과의 만남 그리고 불발

필자는 1988년부터 1992년까지 국립중앙박물관에서 학예연구사로 근무했다. 학예연구사의 가장 중요한 업무는 상설 전시실의 운영이다. 출근하면 제일 먼저 밤새 전시실 유물이 무사히 잘 있었는지 확인하기 위해 전시실을 순회한다. 필자가 담당한 전시실은 삼국시대실과 통일신라실이었다. 상대적으로 유물이 빈약한 통일신라실은 빠른 속도로 휙휙 지나가기 일쑤였다.

그런데 1991년 어느 날, 통일신라실에 있는 목간 한 점의 표면에 좁쌀처럼 오돌토돌한 이물질이 잔뜩 붙어 있는 것을 발견했다. 목간이란 나무를 깎아 그 표면에 문자를 적은 일종의 공책, 메모장이자 꼬리표다. 문제의 목간은 경주 안압지에서 출토된 것이었다. 전시실이 쉬는 월요일에 문제의 목간을 유물의 병원 격인 보존과학실에 가지고 갔다. 경화 처리 과정에서 목간 내부에 침투한 약품이 제대로 자리 잡지 못하고 표면으로 배어 나온 것이란 보존과학실 선배의 설명을 듣고 나오려는데 신기한 기계가 눈에 띄었다. 육안으로는 보이지 않는 글자나 무늬를 보여 주는 적외선 촬영기가 보존과학실에 있다는 말은 들었지만 이를 사용하는 모습은 한 번도 본 적이 없었다. 지금은 작고한 보존과학실의 안병찬 선배가 적외선 촬영기로 목간을 촬영하고 그 결과를 보여 주었다. 육안으로는 희미한 먹 자국밖에 안 보여서 판독이 어렵던 문자 몇 자가 생생히 나타나는 광경은 경이로웠다.

안압지 목간은 1975년의 발굴 과정에서 발견되었다. 처음에는 설마 안압지 바닥에 유물이 있을까 하는 가벼운 마음으로 정식 발굴 조사가 아닌 준설 공사를 실시했는데 포클레인으로 땅을 파자마자 수많은 유물이 나왔고, 그 결과 안압지 조사가 속행되었다. 이 과정에서 목간이 50점 정도 발견되었는데, 삼국시대 이후의 것으로는 최초의 사례이다. 일제강점기에 평양 석암리 194호분에서 죽간竹簡 1점이 발견되었으나 문자는 확인되지 않았고, 남정리 116호분(채협총)에서 목독木牘 1점이 발견되었으나 본격적인 고대 목간은 안압지가 최초라고 할 수 있다. 그 내용은 안압지 발굴 보고서에 부록으로 실렸고 이기동 교수가 논문으로도 발표했으나, 당시 대부분의 연구자는 이 목간에 무관심했다. 그 이유는 내용이 단편적이며 먹의 흔적이 흐릿하고 지워져 있어서 판독이 어려웠기 때문이다.

안압지 목간에 적외선 촬영을 새롭게 진행한다면 목간에 남아 있는 수많은 문자를 판독할 수 있으리란 희망이 떠올랐다. 문제는 서울의 국립중앙박물관과 경주의 국립경주박물관에 분산된 유물을 어떻게 모을 것인지, 그리고 비용과 시간을 어떻게 감당할지 하는 방법이었다. 마침 국립중앙박물관 학술 사업 중에 '고고 유물의 과학적 분석'이란 사업이 있었기에, 잘 활용하면 안압지 목간의 판독을 완수할 수 있으리란 희망을 품고 열심히 계획을 수립했다.

그러나 그다음 해 3월, 필자는 국립중앙박물관을 떠나 부산의 동아대학교에 부임하게 되었다. 자연히 목간 조사는 무산되었고, 새로이 접하는 가야 유적 답사에 정신이 팔리면서 안압지 목간은 필자의 관심에서 멀어져 갔다. 2006년에 국립박물관의 함순섭 선생이 안압지 목간을 적외선으로 촬영했으니, 필자의 최초 결심에서 무려 15년의 세월이 흐른 후였다. 만약 애초 계획대로 1992년에 적외선 촬영 사업이 진행되었다면 우리 학계의 목간 연구는 좀 더 일찍 활성화되고 필자는 지금 목간 연구자가 되어 있지 않았을까 하는 상상도 해본다. 목간과 필자의 인연은 거기까지였던 것 같았다. 안압지의 정식 명칭은 이제 바뀌어 '동궁과 월지'로 불린다.

그런데 전혀 다른 기회에 다른 장소에서 한 점의 목간을 만나게 되었다. 2004년 여름부터 필자는 연구년을 이용하여 일본 오사카대학에 방문연구원 신분으로 체재하면서 현지의 유적 답사와 유물 견학을 진행하고 있었다. 그러던 중에 오사카의 구와즈桑津 유적을 알게 되었다.

오사카에는 고대에 가와치河內, 세츠攝津, 이즈미和泉라는 3개의 행정 단위가 존재하였고, 나라의 야마토大和, 교토의 야마시로山城와 함께 기나이畿內를 형성했다. 세츠에는 백제군百濟郡이 있었고, 한반도계 이주민인 다나베田辺 씨가 이곳을 거점으로 삼았다. 세츠에 속하는 구와즈란 곳에서 백제식의 벽주 건물도 발견되었으니, 이곳은 분명히 백제계 이주민의 집단 거주지라고 볼 수 있다.

그런데 이곳에서 목간 1점이 출토된 것이다. 앞뒷면에 걸쳐 북두칠성 그림, 그리고 인명을 포함한 몇 글자가 남아 있었다. 담당자에게 부탁하여 창고에서 꺼내 실물을 관찰할 기회를 얻었다. 과연 최초 보고자의 견해대로 '백가白加'라는 문자가 선명히 확인되었다. 발굴을 담당하고 목간을 보고한 일본 연구자는 이 부분을 인명으로 간주하여 이 글자가 일본 최초의 불교 사원인 법흥사(아스카데라飛鳥寺라고도 함)의 건설을 위해 588년 백제에서 파견된 화공 백가를 가리킨다고 보았다. 《일본서기》와 고대 문서에 나오는 백제 기술자, 그것도 유명한 백가의 존재를 목간과 고고 자료를 통해 확인했다는 생각에 흥분하여 논문 한 귀퉁이에 이 부분을 포함시킨 기억이 생생하다.

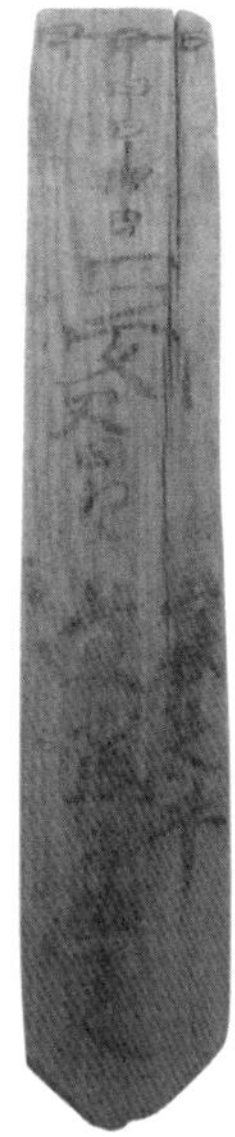

오사카의 구와즈 유적에서 출토된 목간

그러나 이 견해는 곧바로 김창석 교수의 비판을 받았다. '백가'는 인명이 아니라 '백'과 '가'로 끊어 보아야 하며 '백'은 '사뢰다'의 의미를 지닌다는 것이다. 곰곰이 생각해 보니 백가라는 명칭만을 갖고 논의를 전개한 것이 성급했다고 여겨졌다. 501년에 동성왕을 시해하고 반란을 일으켰다가 무령왕에게 진압당한 인물의 이름도 한자는 약간 다르지만 백가苩加였다. 백제 개로蓋鹵왕과 비슷한 개로蓋盧란 인물도 존재했다. 백제에서 망명한 귀실복신鬼室福信과 이름이 같은 고구려 망명인 고려복신高麗福信도 있었다. 당시에는 동명이인이 여럿 있었기 때문에 단편적인 문구만으로 무리하게 관련짓는 것은 성급했다. 게다가 이 목간을 588년에 파견된 백가와 관련짓는다면 그 연대가 6세기 말이라는 얘기가 되는데, 지금껏 일본에서 출토된 목간의 연대는 7세기 이후일 뿐 6세기대로 소급되는 자료는 나오지 않았다. 결국 섣부른 견해를 스스로 철회했고, 그후 필자와 목간의 인연은 재개되지 않고 있지만 언젠가 또 다른 기회가 오기를 기대하고 있다.

목간이 바꾼 중국 고대사 연구

중국에서는 대나무를 가지런하게 잘라서 한쪽 표면에 글자를 적은 것을 죽간, 나무를 두툼하게 다듬어서 여러 면에 글자를 적은 조각을 목독이라 구분하고, 합하여 '간독'이라고 한다. 다만 편의를 위해 국내 학계에서는 중국 자료도 목간이라고 부른다. 최근 급격한 경제 발전을 이룬 중국에서는 개발에 선행한 발굴 조사가 증가하고 있는데, 이 과정에서 새롭게 발견되는 목간이 폭발적으로 증가하고 있다. 한 번에 수만 점이 발견되는 것은 다반사이고, 심지어 수십만 점이 단일 유적에서 발견되는 경우도 있다.

우리의 경우에는 평양의 낙랑 무덤에서 발견된 두 사례를 제외하면 대부분 소나무를 깎아 만든 목독에 속한다. 대개 단일 유적에서 한 자리, 많아야 두 자릿수 정도의 목간이 출토되었다. 단일 유적에서 가장 많은 수량이 발견된 곳은 함안 성산산성인데 이곳도 200점이 조금 넘는 정도이다. 일본 목간의 수량은 33-37만 점, 중국은 100만 점, 한국은 500점 정도이니 그 차이가 어마어마하다. 목간의 수를 정확히 셀 수 없는 이유는 형태가 목간 같기는 한데 문자가 확인되지 않는 것들을 포함시킬지 여부, 한번 적은 내용을 손칼로 깎아낸 부스러기를 계산에 포함시킬지 여부에 따라 수가 달라지고 한 점의 목간이 여러 편으로 분리된 경우가 존재하기 때문이다. 중국처럼 수십 점의 죽간을 끈으로 묶은 경우는 사실 목간 낱장을 세는 것이 별 의미 없기도 하다. 게다가 중국에서는 과거에 도굴된 목간 자료를 각급 기관이 구입하여 정리하면서 그 수가 급증하고 있다.

그런데 삼국 간에 출토 목간의 숫자가 크게 차이가 나는 근본적인 이유는 국가별로 목간의 용도와 기능이 달랐기 때문이다. 중국에서는 종이가 개발된 후한보다 이른 시기인 진한시대의 목간이 대부분을 차지하는데, 당시 비단에 글자를 적는 백서帛書를 제외하면 목간이 가장 효과적인 방법이었기 때문에 논어 같은 전적, 공공 문서, 사적인 편지를 모두 목간에 적었다. 자연히 그 내용이 길고 체제를 갖추었기 때문에 끈으로 묶어 돌돌 말아 놓는 책冊의 형태를 취하게 된다.

반면에 한국에서는 6-8세기, 일본에서는 7-9세기의 목간이 주류를 이루는데, 이때는 종이가 이미 문자 생활에 깊숙이 들어와 있었기 때문에 목간의 용도가 한정적이었다. 공적인 문서를 작성하기 위한 기초 자료, 음식물이나 중요한 물품을 보관하거나 운송할 때 쉽게 알아보기 위한 꼬리표, 개인의 신분을 나타내는 신분증이나 통행증, 종교적 제의를 실행하면서 나무에 매달거나 땅에 세우는 등의 용도로 사용한 경우가 대부분이다. 이외에 논어나 구구단을 기록하고 공부를 하거나 행정에 즉시 사용하는 경우도 있었고, 한번 사용한 목간을 글자를 연습하는 필기장으로 재사용하는 경우도 있었다. 문서 행정의 단면은 보여 주지만 율령이나 정식 문서의 내용을 정연하게 정리한 것이 아니었던 것이다.

이런 까닭에 목간이 미치는 파급력은 중국이 한국과 일본을 크게 앞서 있어서, 진한시대 연구는 목간 발견 이전과 이후로 나뉜다고 할 정도이다. 중국의 목간은 20세기 초에 변경 지역을 시작으로 1930년대에 거연에서 1만 점이 넘는 한나라 목간(거연한간)이 발견되면서 주목을 끌었다. 하지만 그 내용은 대부분 변경 수비 업무에 한정되어 있었다. 본격적으로 고대사 연구에 활용되기 시작한 계기는 1975년 후베이성 윈멍현 수호지라는 곳에서 진행된 진나라 무덤 조사이다. 11호 무덤의 주인공은 '희喜'라는 이름을 가진 중년 남성으로 기원전 218 혹은 217년에 44-45세 정도의 나이에 사망했다. 생전의 직업이 하급 법조인이었던 만큼 자신의 직업과 관련된 총 1,150여 점의 죽간이 함께 묻혀 있었다. 그 내용은 희의 일대기, 관리로서의 마음가짐, 각종 행정 관련 규정집, 문답 형식으로 요약된 판례집 등 율령 조항이 망라되어 있다. 살아생전 법조인은 죽어서도 법조인이란 계세繼世 사상으로 말미암아 그의 주검 옆에 법률서를 잔뜩 끼워 준 것이다.

수호지 진간의 발견은 중국 고대사 연구가 전혀 새로운 단계에 접어들었음을 의미한다. 이후 후베이성 장림현 장가산(한간 1,600점), 후난성 룽산현 리야진(진간 3만 6,000점), 창사시 주마루(오간 10만 점 이상), 둔황 현천치(한간 3만 5,000점) 등지에서 목간이 쏟아져 전국시대부터 삼국시대까지 형법 체계, 신분제, 호적 제도, 경제 제도 연구에 획기적인 변화를 일으켰다. 예를 들어 주마루에서 발견된 오나라의 목간 10만 점에 기록된 글자가 300만 자 이상인데, 정사인 《삼국지》의 전체 글자가 36만 자, 《오서吳書》가 10만 자 정도임을 감안하면 그 파급력이 짐작될 것이다.

목간이 말해 주는 것

목간의 용도는 매우 다양하지만 문서, 특히 공문서나 공적인 행정 업무와 관련된 것들이 다수를 이룬다. 자연스럽게 목간의 생산과 사용 주체도 행정 관서나 사찰인 경우가 많기 때문에 국가의 도성, 즉 부여나 경주에서 발견된 것이 대부분이다. 이웃 일본의 경우도 1980년대 후반에 나라 헤이조쿄平城京 발굴 조사를 진행하면서 무려 10만 점이 넘는 목간이 발견되었는데, 이는 당시까지 일본 전국에서 출토된 목간의 총량에 버금가는 수효였다.

우리나라의 경우 지지부진한 목간 출토량을 한 번에 높인 유적으로 함안 성산산성이 있다. 이 유적은 함안에 자리 잡았던 안라국(아라가야)의 왕릉인 말산리 유적에 인접한 석성으로, 가야와 관련되었을 가능성을 증명하기 위해 발굴 조사가 시작되었다. 동문과 그 주변에 대한 발굴 조사 결과, 가야 유물은 나오지 않고 6세기 중엽 이후의 신라 유물이 나오면서 가야 산성일 가능성이 희박해졌고, 발굴의 열의도 덩달아 식어 버렸다. 그러나 반전이 일어났다. 성벽을 쌓는 과정에서 저습한 공간을 메우기 위해 나무로 만든 각종 도구와 폐기물들을 매립한 부분이 발견되었는데, 여기에서 목간이 쏟아져 나온 것이다. 200점을 훨씬 넘는 성산산성 목간은 단일 유적으로서는 가장 많은 양일 뿐만 아니라, 한국 고대 목간 전체 양의 절반을 넘었다. 이에 힘입어 2007년에 드디어 한국목간학회가 발족했다. 이웃한 중국과 일본에 비해 한참 늦은 후발 주자였지만 연구자들의 열정적 연구 덕분에 연구 수준이 빠른 속도로 높아지고 있다.

목간을 이용한 연구가 한국 고대사에 끼친 영향은 매우 광범위하여 한 번에 정리할 성질의 것이 아니다. 다만 사서와 금석문 자료에서 미처 해결되지 못한 부분을 여럿 풀어냈고, 오류를 수정하고 누락된 부분을 채울 수 있었다는 점은 아주 중요하여 언급할 필요가 있다. 제도에 치우친 사서에는 나올 수 없는 세세한 부분들, 예를 들어 불경을 베끼기 위해 종이를 구입하거나 도망친 백성을 잡아 오던 일, 상급 사원에 소금을 보내거나 덕이 높은 스님을 만나기 위한 접견 신청 등이 고스란히 남아 있다. 논어와 구구단을 공부하던 관료의 밝은

부여에서 발견된 백제 사비기의 목간

모습이 있는가 하면, 자신의 처지를 한탄하면서 벼슬을 청탁하는 어두운 모습도 볼 수 있다. 왕궁에서 사용할 온갖 음식을 담은 항아리에 달던 표찰, 전염병이 도성으로 들어오지 못하게 길에서 제사를 지낼 때 사용하던 남성 성기 모양의 목간도 있다. 일본 오사카에서 백제 사비성으로 온 인물의 이름이 적힌 것도 있고, 일본의 문서 행정이 신라와 백제로부터 비롯되었다는 사실, 중국의 정식 한자가 아닌 우리 고유의 한자가 만들어지고 사용된 점 등 일일이 언급할 수 없을 정도로 다양한 정보가 담겨 있다.

한편 성산산성 목간의 최고 가치는 신라가 새로 손에 넣은 가야 지역을 통치하기 위해 거점이 될 산성을 쌓으면서 대규모 토목공사에 필요한 인적·물적 재원을 모은 과정을 복원할 수 있다는 점이다. 이를 통해 6세기 중엽 신라 사회의 행정 시스템의 여러 측면을 엿볼 수 있었다.

우리 역사에서 목간과 문자의 사용은 언제부터였을까? 기원전 1세기 무렵에 만들어진 창원 다호리 1호묘에서 출토된 붓과 쇠칼(지우개용)을 볼 때, 기원전 108년 무렵 한반도 서북 지방에 설치된 낙랑군을 주목하는 것이 현재의 정설이다. 하지만 앞으로 위만조선의 실체가 밝혀지면 그 시기는 소급될 가능성이 높다. 위만조선과 비슷한 시기에 비슷한 길을 밟으며 국가 체제를 운영한 남월국의 궁궐과 관청 유적에서 100여 점의 남월국 목간이 발견되었기 때문이다. 사마천의《사기》가 편찬되기 80년 전에 기록된 2,400자, 그것도 라이벌인 한나라가 아닌 스스로 남긴 자료의 중요성은 두말할 필요가 없다. 장차 위만조선의 목간이 쏟아져 나와 고조선 연구가 활성화되는 미래를 그려 본다.

3 문자 자료로 보는 고대의 디아스포라

삼국이 정립하며 각축을 벌이던 7세기 중엽의 팽팽한 균형은 백제와 고구려의 멸망으로 종결되었고, 이에 수많은 유민이 발생했다. 그들의 운명은 여러 갈래로 나뉘었다. 고국을 떠나 타국으로 끌려가거나 유망한 사람들은 망국의 한을 품고 타국에 정착하면서 온갖 곡절을 겪었다. 이들의 이야기는 한국 측 사서에서는 모습을 감추었고 중국과 일본에서 그 흔적을 찾아 볼 수 있다. 이미 역사의 주역이 아닌 이들의 사연이 상세하게 남기는 힘들다. 그런데 전혀 예상치 않은 곳에서 디아스포라를 알려 주는 자료가 쏟아져 나오고 있다.

묘지에서 부활한 백제와 고구려 유민

당나라에 끌려간 백제와 고구려의 유민은 왕족과 귀족, 그리고 일반 백성으로 나눌 수 있다. 당나라에 간 백성들의 이후 이야기는 더 이상 알 수 없으나 왕족, 귀족들의 이야기는 단편적이나마 사서에 남아 있다. 서역에서 전공을 세우다가 비극적 최후를 맞은 고구려계 고선지 장군이 가장 많이 알려져 있다. 하지만 대부분은 사서가 아닌 금석문, 특히 죽은 후에 무덤에 넣어 주는 묘지를 통해 알려졌다.

대표적인 인물로 백제에서는 의자왕의 아들이자 웅진도독을 지낸 부여융, 흑치상지와 녜(예)식진, 고구려에서는 연개소문의 자손들(아들인 남생, 남산, 손자인 헌성, 후손 비)이 있다. 흑치상지는 백제부흥운동의 중요 장군이었으나 대세가 기우는 것을 보고 당의 무장 유인궤에게 항복하여 부흥운동의 거점인 임존성을 함락하는 데에 이용되는 묘한 운명을 맞았다. 비극적인 삶은 그것으로 끝나지 않고 당으로 건너가 당의 장군으로 토번(현재의 티베트), 돌궐(튀르크Türk)을 상대로 하는 전쟁에서 큰 공을 세웠지만 모함을 받고 689년 60세의 나이로 처형당했다. 녜식진은 원래 중국계 집안인데 백제로 넘어와 대대로 좌평직을 역임하는 최고 귀족 가문으로 행세했다. 그러나 660년 당나라 군대에 의해 사비(부여)가 포위당하고 의자왕이 웅진(공주)으로 피란 가자 그를 겁박하고 당에 바침으로써 반역자가 되었다.

한편 뤄양 룽먼 석굴 중 한 작은 석굴에 2구의 불상이 모셔져 있고 그 아래에 12자의 글자가 남아 있는데, 그 내용은 "일문낭장의 처 부여씨가 공경하는 마음으로 삼가 불상 2구를 조성했다."라고 읽을 수 있다. 불상의 연대는 680년 무렵이라고 하니 백제 멸망 직후임을 알 수 있다. 부여씨는 백제 왕실의 성으로서 망국 왕족의 여인이 머나먼 뤄양에서 불상을 조성한 것이다. 그 남편인 일문낭장의 정체는 알 수 없다. 일문이란 이름을 갖고 낭장 벼슬한 자로 볼 수 있지만 그가 백제인인지 당나라 사람인지도 불분명하다.

백제와 고구려의 유민들은 당시 당나라의 양대 중심인 시안과 뤄양으로 끌려가서 당의 신민으로 활동하다가 생을 마감했다. 그중 일부가 무덤에 묻힌 묘지를 통해 우리에게 모습을 드러낸 것이다. 부여융이나 흑치상지, 연남생과 연남산처럼 국내외 사서에 이름을 남긴 경우도 있고, 전혀 이름을 알 수 없는 상태에서 묘지를 통해 등장한 경우도 있다. 고구려 유민 고선지와 백제 유민 흑치상지는 당의 무장으로서 변방에서 활동하여 큰 공을 세웠지만 억울하게 비참한 최후를 맞이했다는 공통성을 보인다. 이는 가야의 유민들이 신라의 장수로서 숱한 무공을 세우고 때로는 자신의 어린 자식을 전쟁에 희생하면서 새로운 나라에서 살아남기 위해 몸부림을 치던 모습을 떠오르게 한다.

칠지문서에 나타난 백제 유민

1989년 아키타현에서 아키타성 54차 발굴 조사가 진행되었다. 아키타는 일본 고대에 '데와出羽'라고 불린 지역인데, 이른바 '동국('데와'와 '무츠'라는 최전방 지역을 합한 의미) 경영'이란 이름으로 새로운 율령국가의 질서가 뿌리내리고 다른 한편으로 '에조'라고 불리는 이종족 집단과의 충돌이 연이어 벌어지던 변경 지역이었다.

이 역할을 백제왕씨 일족이 담당했다. 백제왕씨 집단은 백제 왕족이자 부흥운동의 주역인 부여풍장의 동생이며 의자왕의 아들인 부여선광에서 비롯되었다. 백제 왕족들은 멸망한 백제를 떠나 일본에서 새롭게 인생을 개척했고, 8세기에는 이곳에서 수많은 백제왕씨들이 최고 귀족으로 활동했다. 이들은 처음에는 백제 왕족이란 의미에서 '백제왕'이었지만 일본 율령제 아래에서 천황의 권위를 높이기 위해 '백제왕'이란 성을 받고 활동했다. 고구려 왕족인 고려약광高麗若光에게 '고려왕'이란 성을 준 것과 같은 맥락이다. 백제왕과 고려왕을 신하로 거느린 일본의 왕은 왕중왕이 되는 것이다.

백제왕씨들은 학문과 군사 그리고 천황의 외척으로 두각을 나타냈다. 중앙에서는 율령국가의 내실을 기하고 통치의 일익을 담당했으며, 변경에서는 일본에 적대적이었던 에조와의 항쟁에 앞장섰다. 당시 에조와의 관계에서 최전방이던 무츠陸奥(후쿠시마, 미야기, 이와테, 아오모리)와 데와(야마가타, 아키타) 지역에 고위 지방관으로 파견된 이름만 열거해도 백제왕삼충, 문경(이하 백제왕 생략), 무경, 영춘, 경복 등이 나온다.

그런데 아키타성 발굴 과정에서 출토된 300점에 달하는 목간과 40점이 넘는 칠지문서漆紙文書를 정리하자 놀라운 점이 발견되었다. 칠지문서에서 백제왕삼충이란 이름이 또렷하게 확인된 것이다. 칠지문서는 폐기된 공문서를 칠 보관 용기의 덮개로 사용하여 종이에 칠이 스며들게 된 것을 말한다. 칠이 지닌 신비한 효능으로 일단 칠이 스며든 종이는 1,000년이 훨씬 넘는 장시간 동안 땅에 묻혀 있어도 부식되지 않고 살아남게 된다. 주둥이가 둥근 용기에 붙었기 때문에 둥근 부분 바깥의 칠이 묻지 않은 주변부는 모두 부식되어 사라지고 오직 칠이 묻은 부분만 남게 된다. 남는다고 하더라도 대부분 접히거나 구겨져서 발견되기 때문에 아무도 이것이 귀중한 문서라는 생각을 할 수 없었다. 따라서 1973년에 처음 발견되었지만 그 실체를 파악하고 판독에 성공한 것은 1978년의 일이었다. 용기에 붙어 있거나 구겨진 종이를 펴고 칠이 묻어 있는 부분을 치과용 드릴로 섬세하게 떼어 낸 후 적외선 촬영으로 판독한 문자들은 고대사 연구의 1등급 자료가 되었다.

한국에서 목간에 적외선 촬영을 실시한 것이 앞에서 다룬 대로 2006년이니 일본에 비해 늦어도 너무 늦었다. 유물에 대한 과학적 분석이란 측면에서 아직도 우리는 일본에 뒤처진 부분이 많다. 더욱 안타까운 것은 우리는 아직 칠지문서가 발견되지 않았다는 점이다. 어쩌면 이미 출토되었더라도 조사자가 인식하지 못하고 넘어갔을 가능성도 있다. 일본에서도 처음에는 이 정체불명의 유물이 칠지문서인 줄 모르고 '가죽 같은 정체불명의 유물'로 수장고에 처박아 놓은 채 여러 해를 보냈다고 한다. 그러니 유적을 발굴하는 고고학자가 칠지문서라는 존재 자체를 알지 못한다면 설사 귀중한 칠지문서가 출토되더라도 그 가치를 알고 부활시킬 것이라 기대하기는 어렵다.

한반도에서 칠기를 사용한 흔적

한반도에서도 칠기 사용의 시점은 매우 과거로 올라간다. 초기 철기시대의 함평 초포리 무덤에서 이미 칠의 흔적이 발견된 바 있다. 기원전 1세기 무렵의 창원 다호리 1호묘에서는 나무에 옻칠을 한 고배高杯, 칼집, 용기, 붓 등이 많이 발견되었다. 심지어 농기구의 나무 자루에도 옻칠을 할 정도였다. 지금도 칠은 고가이지만 고대에는 매우 귀한 대접을 받았다. 소량만 채집할 수 있었기 때문이다. 일본의 경우 15년생 나무 60그루에서 하루에 채집할 수 있는 양이 0.9리터 정도라는 추정치가 있다.

신라의 황칠은 당과 일본에서도 인기 상품이었고 삼국시대 유적에서 칠을 보관하던 용기가 발견되는 경우도 심심치 않게 나타난다. 경주 황남동에서는 황칠이 담겨 있는 토기가 발견되기도 했다. 따라서 우리나라의 경우도 칠지문서가 이미 나왔지만 모르고 지나쳤을 가능성이 높다. 일본의 고대 문서 행정의 기원이 신라와 백제에 있고, 문서를 작성하는 행정 관료들이 한반도에서 이주한 주민들의 후손일 가능성이 높다는 점을 고려하면 한국에서 칠지문서가 발견되는 것은 시간문제이다. 다만 그러기 위해서는 유적을 조사하는 고고학자가 칠지문서의 존재를 인지하고 있어야 하며, 공방지를 발굴할 경우에는 더욱 조심해야 한다. 칠이 부착된 토기가 발견되면 그 용기의 내부나 외부에 존재할지도 모르는 칠지문서를 찾으려는 노력이 필요하다.

백제왕씨 집단의 활약

일본에서는 100군데가 넘는 유적에서 200점 정도의 칠지문서가 발견되었다. 칠지문서는 당시의 공문서를 재활용한 것이기 때문에 지역 사회의 움직임을 밝혀 내는 데에 큰 도움이 되었다. 특히 8세기 무츠와 데와의 상황을 생생하게 해명하는 데에 칠지문서의 공헌이 매우 컸다. 그 결과 데와의 지방관으로 활동한 백제왕삼충의 행적도 드러난 것이다.

그런데 삼충 못지않게 유명한 인물이 백제왕경복이다. 당시 무츠의 중심은 미야기의 다가성인데, 이곳에서 출토된 칠지문서에서 선광의 증손자인 백제왕경복의 이름이 나타났다. 공교롭게도 백제왕씨의 양대 거물 중 삼충은 아키타성에서, 경복은 다가성에서 그 정체를 드러낸 것이다. 그는 무츠의 지방관으로 재직하면서 749년 당시 국가적 최대 사업인 도다이지東大寺 대불의 완성에 필요한 황금 900냥을 동족인 백제계 기술자들과 힘을 모아 제련해 중앙에 바침으로써 파격적으로 7단계나 승진했다. 경복의 활동은 동북 지방의 군사적 역할에 그치지 않았다. 오사카 세츠攝津에 있던 백제왕씨의 본거지를 가타노로 옮기고 백제 유민들의 구심체로서 백제사百濟寺(구다라데라)라는 사원을 창건했다.

일본 오사카에 있는 백제왕 신사

백제왕씨와 관련하여 굉장히 중요한 기록이 호류지法隆寺에 보관된 동판에 남아 있다. 백제가 멸망한 지 30년쯤 지난 694년에 승려 3명이 관세음보살상을 만들면서 동판에 부모의 은혜를 기리는데, 이들은 형제 사이이며, 그들의 아버지는 선광일 가능성이 높다고 한다. 총 82자의 글자가 새겨져 있는데, 마지막에 그들은 당시 최고 귀족인 오하라大原 박사와 같은 집안인데 백제에서는 왕이었으나 이 땅(일본)에서는 왕이 성으로 되었다고 살며시 한탄한다. 당당한 백제 왕족이었던 부모 세대와 달리 망국의 왕족 신분을 과시하면서도 눈치를 봐야 하는 그들의 미묘한 처지를 느낄 수 있다.

백제왕씨 여성들의 활약도 만만치 않았다. 간무桓武 천황의 부인 중에는 백제왕씨 출신의 여성이 8-9명이나 있었으며, 경복의 손녀

무령왕의 후예라고 전해지는 다카노노 니이가사의 무덤. 일본 교토에 있다.

이자 유부녀인 백제왕명신은 당대 최고의 여걸로서 간무의 총애를 받아 남편과 아들을 높은 관직에 올렸으며 오사카 가타노의 백제사라는 사찰을 보호했다. 790년에 간무 천황이 조詔를 통해 백제왕씨가 자신의 외척이라 천명하고 벼슬을 내린 것은 유명하다. 간무의 어머니인 다카노노 니이가사高野新笠는 화을계和乙繼의 딸인데, 화씨和氏는 무령왕의 태자였던 순타의 후손이라고 한다. 고닌光仁 천황과 혼인한 니이가사는 화和에서 다카노高野로 성을 바꾸었다. 이렇듯 고닌에서 간무로 이어지는 사이에 왕실이 백제계로 가득 차 있었음을 알 수 있다. 9세기 중엽에 일본 국내 정치 동향과 동북아시아 정세의 변화로 인해 백제왕씨의 세력이 쇠락하지만 그들의 활동상은 16세기까지 확인된다.

백제와 일본의 관계는 시간의 흐름에 따라 다양한 면모를 보이므로 한마디로 정의할 수 없다. 분명한 사실은 양국은 각자 자국의 이해를 위한 외교 활동을 전개했다는 점, 백제라는 국가가 존속할 당시는 물론이고 멸망한 이후에도 수많은 백제인이 일본 열도로 이주 및 정착했다는 점이다. 문제는 그 이주의 배경을 우리 사회 일각에서 거칠게 이야기하듯이 백제인의 일본 열도 정복사로 단순화할 수는 없다는 것이다. 왕의 명령을 받들고 외교를 위해 부임한 후 여러 사정으로 인하여 주저앉은 경우, 4세기 이후 강화되는 고구려의 압박과 475년 한성 함락의 혼란 속에서 바다를 건넌 경우, 왜왕의 요청으로 선진 문물의 전래를 위해 파견된 경우 등 그 이주의 요인이 매우 다양하기 때문이다. 물론 백제인, 백제계 유민이 일본을 문명화하는 데 큰 도움을 준 것은 사실이다.

이런 부분에 대한 연구가 한일 관계사에서 더 주목되어야 하지만, 안타깝게도 우리는 '위대한 한민족의 일본 열도 정복설'에만 경도되어 있다. 백제와 왜의 교섭에 대한 연구는 문헌 자료만으로 접근하거나 발음의 유사성을 강조하면서 견강부회하는 한계를 보이고 있다. 일본 열도에 분포된 백제 관련 물질 자료에 대한 보다 적극적인 집성과 해석이 필요하다.

III

비교사적 시각의 필요

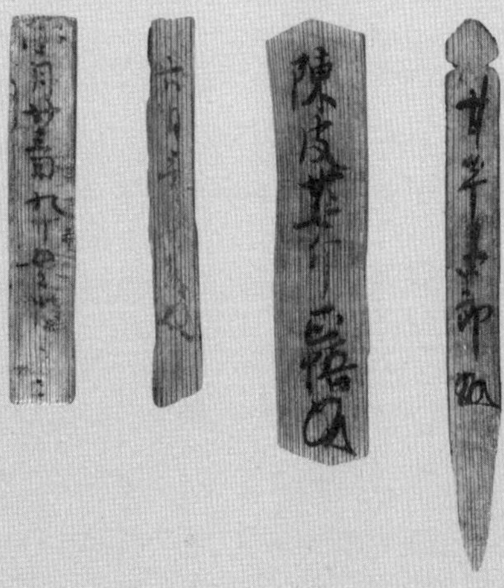

1 고대 동남아시아와 **다문화 사회**

남월과 위만조선

기원전 109년에 위만조선을 공격하기 위해 한의 대군이 출진했다. 해군 총사령관 격인 누선장군 양복楊僕은 5만 명을 이끌고 바다를 건넜다. 그는 3년 전에도 누선장군으로서 해군을 지휘하여 육군인 복파장군 노박덕路博德과 함께 남월국(현재의 중국 광둥성, 광시성, 베트남 북부에 해당)을 공격했다. 기원전 112년에 시작된 침략 전쟁은 기원전 111년에 남월국의 멸망으로 끝났고, 그 땅에는 훗날 '영남칠군'이라 불리는 7개의 군이 설치되면서 한의 지배가 시작되었다. 누선장군은 전쟁에서 큰 공을 세웠지만 복파장군과의 경쟁 과정에서 억울한 누명을 쓰고 한무제의 큰 책망을 받은 터였다. 게다가 산둥반도를 출발할 때 5만 명에 달하던 수군은 중도에 대부분 도주하여 7천 명밖에 남지 않았다. 설상가상 왕검성 공방 과정에서 또다시 육군 사령관 좌장군 순체와 알력이 생겨 누선장군은 죄인 신분으로 본국으로 송환되었다.

한의 동방에 위치한 위만조선과 남방에 위치한 남월국은 역사의 시작과 종말이 쌍둥이 같았다. 한의 지방 관리였던 조타趙佗가 재지인

남월국의 궁궐과 관청 터. 중국 광둥성 광저우시에 있다.

들과 힘을 합쳐 남월국을 세운 때가 기원전 203년이었고, 연나라 사람이라고 기록된 위만이 재지인들과 힘을 합쳐 고조선의 준왕을 몰아내고 새로운 왕조를 세운 때가 기원전 194년이었다. 한과의 사이에서 우호적 관계와 적대적 관계가 교차되면서 결국 한무제의 대군에 의해 왕성이 함락되고 군현이 설치된 것도 동일하다. 침략의 선봉에선 누선장군도 동일한 인물이었고 그의 운명마저 동일했다.

한국 고대사학계에서 위만조선의 역사는 연구가 가장 미흡한 분야이다. 그렇다면 남월국을 통해 위만조선의 역사와 문화를 유추할 수는 없을까? 중국 광둥성 광저우시에서 발견된 남월국의 왕궁과 정원, 관청, 왕릉은 '남월국의 유적'이란 명칭으로 2008년 유네스코 세계문화유산에 잠정 등재된 상태이다. 현지에 보존된 남월국 궁궐과 관청의 위용을 보면서 아직 찾지 못한 위만조선의 왕검성을 머릿속에 그려 본다.

위만의 손자이자 위만조선의 마지막 왕인 우거왕의 무덤은 소재 불명이지만, 조타의 손자이면서 남월국 2대 왕인 조말趙眜의 무덤은 이미 발견되었다. 잘 다듬은 돌로 만들어진 굴식 돌방무덤(횡혈식 석실묘)에서는 옥의玉衣를 입은 남월왕의 시신이 많은 부장품과 함께 발견되었다. '문제행새文帝行璽'라는 글자가 새겨진 도장도 발견되었다. 문제의 '제帝'는 황제를 의미하며, '새璽'는 황제의 도장을 의미한다. 문헌 기록에는 남월국이 한의 외신으로 기록되어 있으나, 남월왕릉의 발견으로 내부적으로는 황제를 칭하는 이른바 '외왕내제外王內帝'의 국가였음이 밝혀졌다. 우리 역사에서 발해와 고려가 '외왕내제'를 표방했음은 널리 알려져 있다. 남월국의 사례를 통해 위만조선도 '외왕내제'의 국가 체제였을 가능성을 엿볼 수 있다.

남월국 문제의 무덤에 대한 중국의 공식 명칭은 '서한남월왕묘西漢南越王墓'이다. 서한의 외신이었던 남월왕, 그것도 왕릉이 아니라 왕묘로 격하되어 있다. 이는 남월국의 역사를 중국사의 일부로 포함시키고자 하는 의지가 작동했기 때문이다. 고조선과 고구려, 발해 역사의 귀속 문제를 둘러싼 한국과 중국의 갈등을 연상시킨다. 남월국의 영토는 현재 중국과 베트남에 걸쳐 있었으며, '월남'이란 국명이 남월에서 유래했음을 고려한다면 그 역사의 귀속에서 현재의 베트남을 빼는 것은 곤란하다.

남월국의 옛 땅에 세워진 7개의 군 중에서 가장 중요한 곳은 왕성이던 광둥성 광저우시에 세워진 남해군, 광시성 베이하이시의 합포군 그리고 베트남 하노이의 교지군이다. 합포군과 교지군은 발굴조사를 통해 그 실체가 서서히 드러나고 있다. 반면 위만조선의 고토

광시성 합포군에 축조된 한나라의 전실묘(벽돌방무덤)

에 세워진 4군에 대해서는 그 위치와 성격에 대해 논란이 많다. 남월국을 통해 위만조선을 보듯이, 영남칠군을 통해 한사군을 볼 수 있지 않을까? 영남칠군의 역사가 중국이나 베트남 역사만이 아니라 한국사 연구에도 도움을 줄 수 있을 것이란 생각을 갖게 되었다. 게다가 교지-합포-남해-낙랑-김해-북부 규슈로 이어지는 경로는 고대 동아시아 해상 실크로드의 간선이다. 이 길을 통해 동남아시아의 물품이 동북아시아에 유통되었다.

항시와 항시국가

남월국과 교지군, 합포군, 남해군, 임읍, 부남, 낭아수(랑카수카)를 관통하는 키워드는 해상 교역이다. 남월왕릉에서 발견된 유물에는 베트남, 인도, 파르티아에서 생산된 물건이 섞여 있다. 교지군과 합포군, 남해군은 모두 항시港市(항만도시, 항구도시)에 해당하며, 임읍과 부남, 낭아수는 항시가 발전한 항시국가이다. 항시와 항시를 연결하는 해로를 통해 유럽과 아랍, 인도와 동남아시아가 중국과 연결되었다.

우리는 흔히 백제와 가야에 대해 '해상 왕국'이란 표현을 즐겨 사용한다. 해상 교역은 바다 위가 아닌 항로 위에서 번성한 수많은 항시를 무대로 진행되었다. 한반도의 서해안과 남해안에는 크고 작은 포구가 있다. 사천의 늑도는 작은 섬이지만 섬 전체에 걸쳐 낙랑, 제주도, 일본의 유물이 발견되었다. 이로써 이곳이 해상 교역의 중심지였음을 알 수 있다. 백제의 나주, 가야의 김해, 일본의 쓰시마, 이키, 후쿠오카와 가라츠도 대표적인 항시였다. 백제와 가야의 국가적 성격을 항시국가라고 단정하기는 어렵지만, 동남아시아의 항시와 항시국가에 대한 이해가 백제사와 가야사 연구를 더욱 풍부하게 해줄 것이다. 고대 해상 실크로드의 복원을 위해서도 동남아시아의 항시와 항시국가 연구는 필수적이다.

그런데 이것만이 전부가 아니다. 동남아시아에 대한 이해는 다문화 사회로 급속히 진입하는 우리에게 이웃과 공존하는 방법, 불확실한 미래에 대한 대비 방안을 알려 준다. 외국에서 태어나고 자란 사람들이 한국 사회에 들어와 정착하는 일은 고대에도 비일비재했다. 김해와 부산의 고대 마을 유적에서는 야요이彌生계 토기가 다량 출토되는 등 왜인들이 이곳에 집단적으로 거주했음을 알게 해준다. 남해안에 점점이 분포하는 왜계 고분은 해상 활동에 종사하던 왜인 중 일부가 예상치 못한 죽음을 맞이하여 묻힌 것으로 판단된다. 백제의 취락인 함평의 한 마을 유적에서는 승려의 얼굴을 그린 토기가 한 점 출토되었다. 삭발한 머리, 큰 코에 주걱턱을 한 이 인물은 아마도 중앙아시아나 서아시아 출신의 승려였을 것이다. 중국-한반도-일본 열도를 오가며 정치외교 업무나 교역에 종사하던 인물 중에는 출생지와 활동 무대가 다른 경우가 흔했고 부모의 국적이 다른 경우도 비일비재했다. 고구려 사회에는 수많은 말갈인과 돌궐인이 고구려 국민으로 존재했으며, 중국의 격변기에 난을 피해 고구려로 망명한 중국인도 많았다. 통일신라 왕릉 앞에는 서역인의 모습을 묘사한 무인석이 서 있고, 경주의 무덤에서 발견된 흙인형(토용) 중에는 서역인의 복식과 얼굴을 한 경우도 있다. 한창 발굴 조사가 진행 중인 경주 월성에서는 현재의 우즈베키스탄을 무대로 동서 교역에 종사하던 소그드인의 복장을 한 작은 흙인형(토우)이 발견되기도 했다. 이는 고대 한국이 이미 다문화 사회를 경험했다는 분명한 증거이다.

한민족이 한국사의 시작에서부터 완성된 형태로 나타나 민족사를 발전시킨 것도 아니며, 한민족은 순수한 단일민족이라는 주장도 허구이다. 민족이 먼저 출현하고 역사가 시작된 것이 아니라 역사가 진행되면서 현재의 한민족이 형성되었다. 민족은 역사의 산물이고 현재도 미래에도 끊임없이 변한다. 우리는 2018년 평창동계올림픽에서 대한민국을 위해 고군분투하던 남자 아이스하키 팀의 백인 선수들을 기억한다. 그들은 캐나다와 미국에서 자라고 성장했으나 자신의 꿈을 이루기 위해 대한민국 국적을 택했다. 반대로 한때 대한민국의 국민 영웅이었던 쇼트트랙 선수가 러시아 유니폼을 입고 경기에 임하는 모습도 보았다. 국민과 민족이 반드시 동일한 실체가 아니란 점, 민족은 고정불변한 존재가 아니라 과거와 현재, 미래에도 끊임없이 변화하고 있다는 당연한 사실만 인정한다면 한국인의 인종적 스펙트럼이 다양해지는 현상을 자연스럽게 받아들일 수 있다. '순수하고 단일한 우리 민족'의 역사가 이웃들과의 피비린내 나는 투쟁으로 점철된 항쟁의 역사임을 지나치게 강조하면, 이웃에 대한 경계와 적대감은 극대화된다. 단지 어머니의 국적이 대한민국이 아니거나, 생김새가 약간 다르다는 이유만으로 친구 사이가 파탄 나는 요즘 현실을 보면, 민족의 순수성과 단일성을 강조하는 한국 고대사 교육의 현재를 반성하게 된다.

페라나칸 문화란

이 점에서 다양한 인종의 혼혈과 문화의 접촉을 일찍부터 경험한 동남아시아의 역사는 우리에게 교훈을 준다. 동남아시아의 고대 항시국가들은 교역을 위해 내방한 인도 상인과 재지인의 결합을 통해 발전했다. 인도 상인의 역할은 훗날 중국, 일본, 태국, 유럽 사람이 대신했다. 외지 남성과 현지 여성 사이에서 태어난 이들을 일컫는 '페라나칸Peranakan'은 말레이어로서 '현지에서 태어난 아이'란 뜻이다. 처음에는 다양한 외국인과 현지 여성 사이에서 태어난 모든 혼혈인을 의미했으나, 15세기 이후 중국 남부의 남성 노동자들이 동서 교역의 최대 거점인 말라카로 몰려들면서 중국계 페라나칸이 압도적 다수를 점하게 되었다. 싱가포르와 말레이시아는 말레이계, 인도계, 중국계와 페라나칸이 평화롭게 공존하고 각자의 고유한 문화를 계승·발전시키는 모범적인 사례이다.

페라나칸 남성은 '바바Baba', 여성은 '논야Nonya'라고 부른다. 말레이시아의 믈라카, 피낭 그리고 싱가포르에서 맛볼 수 있는 논야 요리는 중국과 말레이의 음식 문화가 결합되어 탄생한 새로운 음식 문

싱가포르 페라나칸 박물관에 전시되어 있는 다양한 페라나칸의 모습

화이다. 페라나칸 문화는 주방용 도자기, 지갑과 신발 등의 장신구, 복식 등에서 독특한 매력을 발휘하면서 동남아시아 문화의 다양성과 개방성을 상징하고, 문화 상품의 역할도 톡톡히 하고 있다.

고대 한반도에도 중국계, 일본계, 북아시아계, 중앙아시아계 페라나칸이 존재했고 현재는 동남아시아계 페라나칸이 급증하고 있다. 우리는 이들에게 새로운 문화를 창조할 기회를 주지 않고 한국 문화에 동화될 것을 강요하고 있다. 우리보다 훨씬 먼저 다문화 사회를 경험한 동남아시아의 역사를 보면서 한국과 동남아시아의 문화가 절묘하게 버무려진 한국판 페라나칸 문화의 출현을 기대해 본다. 이웃에 대한 폐쇄적 마음을 버리고 사회 구성원의 평화로운 공존과 상호 발전에 기여할 수 있는 한국 고대사 연구와 교육이 절실한 때이다.

2 페르시아 문명과 고대 한국

아제르바이잔의 고대 유적을 찾아서

필자는 2009년 2월에 처음으로 이란을 답사하면서 비로소 페르시아 문명에 눈뜨게 되었다. 그러고 보니 2008년에 국립중앙박물관이 개최한 '황금의 제국 페르시아', 2007년에 일본 오사카 역사박물관이 개최한 '페르시아 문명전'을 관람했다는 사실에 생각이 미쳤다. 아케메네스 페르시아, 파르티아, 사산조 페르시아로 이어지는 여러 왕조의 휘황찬란한 유물에만 눈이 팔렸을 뿐, 정작 한국사와의 관련성을 인식하지 못한 실수를 자책하면서 테헤란을 떠나 귀국길에 올랐다. 그해에 한 번 더 이란을 방문하여 첫 답사에서 누락된 곳을 보완 조사할 수 있었다.

한국에서 페르시아의 고대 문명에 대한 연구를 추진하기에는 협업할 연구자, 관련 자료와 정보, 네트워크가 모두 미비했다. 이때 예기치 못한 일이 벌어졌다. 고대 페르시아 문명권과 밀접한 관련이 있는 유적을 조사할 기회가 생긴 것이다. 아제르바이잔의 세바SEBA(서울Seoul과 바쿠Baku에서 각각 앞의 두 자를 따서 만든 합성어로 한-아제르바이잔의 친선을 위한 민간 기구)에서 자국의 고대 유적을 공동 조사하자고 제안한 것이다. 그때까지만 하더라도 필자의 아제르바이잔에 대한 단상은 소비에트의 붕괴, 나고르노-카라바흐 분쟁, 아르메니아와의 전쟁, 회교도, 인종 청소 그리고 석유와 가스 정도에 불과했다. 무엇보다도 한국과 너무도 다른 낯선 환경에서 장기간 거주해야 하는 발굴 조사는 전혀 매력적이지 않았다. 하지만 페르시아 문명권에 속해 있는 고대 유적을 한국인의 손으로 직접 발굴할 수 있는 절호의 기회라는 서울대학교 김종일 교수의 설득은 페르시아와 고대 한국의 관계 연구에 목말라하던 필자에게는 거절할 수 없는 유혹이었다.

불의 나라에서 악전고투하며 진행된 발굴 조사

아제르바이잔은 코카서스(캅카스) 산맥의 남쪽, 카스피해의 서쪽에 위치한 공화국으로, 북으로 러시아, 서로는 아르메니아와 조지아, 남으로 이란, 동으로 튀르크메니스탄과 국경을 접하고 있다. 코카서스 북쪽으로부터 스키타이, 사르마티아, 알란 등 기마 민족의 영향을 받았으며, 서쪽에서는 메소포타미아 문명과 이슬람 문화, 남쪽에서는 페르시아 문화, 동쪽에서는 튀르크와 몽골의 영향을 받으면서 역사가 전개되었다.

2009년 여름, 국내 4개 대학의 교수와 학생으로 급조된 조사단이 인천공항을 출발하였다. 직항이 없기 때문에 모스크바를 경유하여 아제르바이잔의 수도인 바쿠에 도착한 후, 차를 갈아타고 비포장 도로를 7시간 정도 달려 아침에 도착한 곳이 가발라Gabala라는 지방 도시였다.

'불의 나라'라는 별명대로 오전부터 섭씨 40도를 넘는 무더위 속에서 휴식도 취하지 못한 채 곧바로 척갈라, 갈라, 살비르 유적을 잇

아제르바이잔 민속 공연단의 휴식 모습(오세윤 촬영)

달아 방문했다. 우리를 초청한 세바, 학술 업무를 총괄하는 사회과학원 그리고 지역의 행정 관료들과 거듭 만나면서 그들이 원하는 바를 뚜렷하게 알게 되었다. 현재의 아제르바이잔 영토에서 번영했던 최초의 고대 왕국인 코카시안 알바니아(동유럽에 위치한 알바니아와는 무관한 나라로 그와 구분하기 위해 앞에 '코카시안'이란 글자를 덧붙인다)의 역사를 규명하는 거대한 프로젝트에 한국 팀이 주도적 역할을 해달라는 것이었다. 척갈라와 갈라, 살비르 모두 코카시안 알바니아의 주요 도시였으니, 우리로 치자면 고조선의 왕검성처럼 중요한 유적을 한국 팀이 조사하게 된 것이다. 코카시안 알바니아의 역사성 계승과 영토의 귀속 문제를 둘러싸고 이웃한 아르메니아와 아제르바이잔이 오랜 분쟁을 겪고 있음도 곧 알 수 있었다.

우리 팀은 여러 조건을 고려하여 살비르성(Salbir-城)을 담당하기로 했고, 사회과학원의 학자들과 공동 조사에 착수했다. 생소한 환경에서 진행된 2009년과 2010년의 조사는 지지부진했고, 조사 방법을 둘러싼 현지 학자들과의 마찰도 만만치 않았다. 하지만 아제르바이잔 국민들은 한국에 매우 큰 호감을 갖고 있었으며, 튀르크의 후예인 까닭에 우리와 언어, 정서, 풍습에서 공통점이 많았다. 많은 오해와 이견에도 별문제 없이 장기 조사가 성공적으로 진행된 배경에는 양측 사이에 흐르는 따뜻한 유대감 덕분인 것 같다. 탐색기를 지난 3년차가 되는 2011년부터 조사가 본격적으로 추진되었고, 조사단의 규모, 조사 범위도 크게 확대되었다. 이후 여름에는 발굴 조사, 가을에는 학술 대회, 겨울에는 유물 정리와 보고서 작성으로 이어지는 일정을 소화하면서 10년 넘게 아제르바이잔과 인연이 이어지고 있다. 개인적으로는 조사 도중에 한 해에는 무릎 인대 손상, 다른 한 해에는 손목 골절을 당하는 바람에 현지 병원에 후송되어 한 번은 다리에 보호대를, 다른 한 번은 팔목에 깁스를 하고 조사를 지휘하던 아픈 기억이 생생하다.

살비르성에서 발견한 동서 교류의 증거

총 150명이 넘는 한국의 젊은 학생과 연구자가 귀중한 해외 조사 경험을 얻었고, 이들 대부분은 현재 국내에서 신진 연구자로 활동하고 있다. 참여 인원의 규모가 클 뿐만 아니라 전문 분야도 매우 다양했다. 땅을 파지 않고도 지하에 매장된 건물의 형태를 밝힐 수 있는 지하 레이더 탐사, 유물에 대한 과학적 분석과 연대 측정, 성벽 절개면을 단단하게 해주는 보존 처리, 발견된 구조물을 디지털 자료로 보존하기 위한 3D 스캔, 인골에 대한 체질인류학 연구와 동물 뼈에 대한 동물고고학 연구, 각종 영상 자료의 제작 등 수많은 공정을 소화하기 위해 국내의 많은 전문가를 초청했다. 이 과정에서 국립문화재연구소와 여러 문화재 조사 전담 기구의 인적·물적 지원도 뒤따랐다.

학술적으로도 수많은 성과를 얻었다. 살비르성을 축조한 시점은 기원전 1세기에서 기원후 1세기 언저리이며 그 주체는 코카시안 알바니아라는 사실, 그 후 4세기 무렵 사산조 페르시아가 성벽을 대대적으로 보수했음을 규명했다. 성 내부에서 수십 채의 벽돌 건물, 도로, 상수도와 하수도, 우물과 카레즈karez(지하 관개시설), 공중목욕탕, 토기 가마, 무덤 등을 발견하여 코카시안 알바니아에서 사산조 페르시아를 거쳐 이슬람 시대로 이어지는 도시의 변천 과정을 밝힐 수 있었다. 카라반caravan(대상이라고도 불리는 상인 집단)의 숙소로 추정되는 건물 터, 수천 점에 달하는 유리 용기와 도자기의 발견은 이곳이 실크로드에서 또 하나의 중요 거점임을 입증했다. 파르티아의 은화, 사산조 페르시아의 인장, 로마 유리 용기 등은 이 유적을 대표하는 유물로 인정되어 현지 박물관에 전시 중이다. 전혀 예상치 못한 성과도 거두었다. 수직 갱도를 통해 지하를 파고 다시 수평으로 통로를 만든 후 방 안에 시신을 모시는 카타콤Catacomb이란 무덤이 수십 기나 조사된 것이다. 그 안에는 3~5세기 무렵에 북에서 내려온 사르마티아, 알란 등 기마 민족이 묻힌 것으로 보이는데, 경주의 신라 고분 출토품과 유사한 로마 유리 용기가 많이 발견되었다. 유라시아 동서 교섭의 증거를 또 하나 확보한 셈이다.

매장 당시의 모습을 그대로 간직한 살비르 1호 카타콤(오세윤 촬영)

'백문이 불여일견'은 만고의 진리

살비르성의 북벽을 절개하면서 조사단은 큰 고민에 빠졌다. 그동안 국내에서 조사하던 판축版築(판자를 사방에 대고 그 안에 흙을 넣어 단단하고 평평하게 다지는 공법) 구조와는 전혀 다른 모습을 만났기 때문이다. 격론을 거듭한 결과, 판축이 아니라 햇빛에 말려 단단하게 굳힌 생벽돌Mud Brick(날벽돌)을 층층이 쌓아 만든 구조임을 깨닫게 되었다. 그 후 추가 조사를 통해 이런 구조물은 서아시아와 중앙아시아에서 보편적이며 중국과 한국에도 존재함을 알게 되었다. 그동안 국내에서는 발굴 조사한 대부분의 토성을 판축이라고 규정했지만, 살비르 조사의 경험을 살려 재검토해 본 결과 국내에서도 성벽, 고분, 제방, 건축물 중에 생벽돌로 축조한 것이 의외로 많다는 사실을 깨닫게 되었다. 특히 경주 동천동의 통일신라 건물은 중앙아시아의 생벽돌 건물과 매우 흡사했다. 익산 제석사 터에서 발견된 생벽돌도 새삼

살비르성 내부에서 발굴한 벽돌 건물

주목되었다.

여기서 유홍준 교수의 "아는 만큼 보인다."라는 명언이 떠오른다. 세상살이 모든 분야에 적용되겠지만 문화재와 관련해서는 정곡을 찌르는 말이다. 예를 들어 깨진 기와 편 하나를 두고 학부 저학년은 기와인지 토기인지 구분하지 못한다. 고학년이 되면 기와인 줄은 알지만 그것으로 끝이다. 대학원 석사 과정에 들어가면 삼국시대 기와인지 조선시대 기와인지를 구분할 정도가 된다. 기와를 공부해 본 박사 과정생이라면 백제 기와인지 신라 기와인지 구분할 수 있다. 기와를 주전공으로 삼은 연구자는 언제, 어디서, 어떤 용도로 만들었고 어느 사찰에 사용되었는지 꿰뚫어 볼 수 있다. 동일한 유물에 대해서도 관찰자의 눈높이에 따라 이런 양상이 벌어지는 것이 이쪽 세계의 실정이다. 현지답사와 실물 관찰을 거치지 않은 채 인터넷 정보만으로 진행되는 수많은 논의가 무의미한 이유가 여기에 있다. 아제르바이잔 조사를 통해 넓어지고 높아진 눈을 갖추게 된 젊은 연구자들이 앞으로 펼칠 활약이 기대된다.

조사단은 내친김에 한 걸음 더 나아갔다. 국내에서는 성벽을 절개 조사한 후 다시 흙으로 묻는 것을 최선의 보존 방법으로 여기지만, 우리 팀은 세바 측과 협상하여 살비르성의 북벽 단면 전체를 노출시켜 전시하기로 했다. 한서대학교 위광철 교수 팀이 성벽 단면에 약품을 도포하여 경화 처리했고, 세바 측의 설계와 시공으로 멋진 야외 전시관이 탄생했다. 이 전시관은 학생에게는 교육을, 국민에게는 관광을, 외국에서 온 내빈에게는 역사를 홍보하는 장으로 활용되고 있다. 이 전시관의 성공담은 한국에까지 전해져 일부 지자체가 이 사례를 참고하여 전시관 건설을 추진하고 있다.

다시 한번 절감한 비교사 연구의 필요성

아제르바이잔은 그 지정학적 위치로 인하여 주변 세력의 침입을 수없이 겪었다. 근대에 들어와서는 1828년 튀르크만차이 조약에 의해 북부는 러시아에, 남부는 이란의 카자르 왕조에 편입되었다. 북부는 소비에트 시기를 거쳐 1989년에 독립하여 아제르바이잔공화국이 되었지만, 남부는 여전히 이란에 속해 있다. 남과 북 아제르바이잔의 통일은 요원한 형편이며, 아르메니아와 조지아 등 주변국들 역시 통일된 강력한 아제르바이잔의 출현을 원하지 않는다. 민족의 이질화는 심화되고 있으며, 경제적 부를 달성한 북쪽의 젊은 세대는 통일의 필요성을 점차 느끼지 못하면서 분단은 고착되고 있다.

코카시안 알바니아라는 고대 국가의 진정한 계승자가 아제르바이잔인지 아르메니아인지를 둘러싼 역사 논쟁, 이와 관련된 영토 분쟁은 현재도 치열하게 진행 중이다. 이런 상황은 우리와 흡사한 점이 많다. 우리 역사학계가 아제르바이잔의 역사에 관심을 가져야 하는 또 하나의 이유가 여기에 있다. 아제르바이잔 측과 전개한 장기간의 공동 조사가, 코카서스 지역에 대한 우리 사회의 이해와 양국의 친밀도를 높이는 계기가 되기를 기대해 본다. 척 사울(아제르바이잔어로, 감사합니다)!

3 유라시아 쿠르간을 찾는 여정

신라 왕릉과 쿠르간의 관계

고대 한국의 교섭 상대는 동북아시아에만 국한되지 않고, 북아시아, 중앙아시아, 서아시아, 동남아시아 등 넓은 범위에 퍼져 있었다. 유라시아라고 불리는 광대한 대륙 이곳저곳을 이어 주는 수많은 경로는 크게 북방의 초원길, 오아시스길(오아시스와 사막을 잇는 좁은 의미의 실크로드) 그리고 바닷길로 삼분된다. 고구려와 신라는 주로 초원길과 오아시스길로 외부 세계와 소통했고, 백제와 가야는 바닷길로 소통했다. 따라서 고구려와 신라를 연구하기 위해서는 북아시아(몽골과 러시아 남부), 중앙아시아(카자흐스탄, 키르기스스탄, 우즈베키스탄), 서아시아(이란, 아제르바이잔)에 대한 이해가 필요하고, 백제와 가야를 연구하기 위해서는 인도와 동남아시아에 대한 이해가 필요하다.

예를 들어 4-6세기 무렵에 경주평야를 무대로 발전한 신라의 돌무지덧널무덤(적석목곽분)은 선행하던 재지在地 무덤을 계승한 측면이 인정되지만, 대형 무덤들은 구조와 장법, 부장품에서 유라시아의 기마 문화와 황금 문화와 맥을 같이한다. 이런 이유로 많은 학자가 신라 왕릉과 유라시아의 쿠르간의 관계에 주목하는 것이다. 쿠르간은 흙이나 돌로 덮은 거대한 무덤을 일컫는다. 기원전 4000년 무렵부터 만들어지기 시작하여 유라시아 북부 초원 지대에 광범위하게 분포되어 있는데, 특히 동유럽에서부터 중앙아시아에 집중되어 있다. 쿠르간은 광범위한 지역에 분포하기 때문에 각 지역마다 고유한 특징을 남겼다. 경주의 대형 돌무지덧널무덤도 한국인에게는 신라 왕릉이지만, 서양인의 눈으로 보면 유라시아 동쪽 끝에 있는 쿠르간이 된다.

유라시아적 시각에서 신라 왕릉을 연구하기 위해 카자흐스탄의 사카Saka-오손烏孫, Usun 시기 쿠르간을 조사하던 도중에 사정이 변했다. 2009년부터 아제르바이잔의 살비르 유적 인근에 있는 청동기시대의 대형 쿠르간을 조사하게 된 것이다. 아제르바이잔 당국과 협의하여 디자흘르Dizaxli라는 마을에 소재하는 직경 40미터급 대형 쿠르간의 발굴 조사에 착수했다.

한국 고고학계가 세계적으로 비교 우위를 가지고 있는 분야가 고분 조사이다. 국내 각급 기관에서 마치 의병처럼 모인 자원자들로 구성된 대한민국 조사 팀은 국내에서 갈고닦은 고분 조사 방법론을 마음껏 발휘하면서 2014년부터 2016년까지 3년간 디자흘르 쿠르간 조사에 몰두했다. 그 결과 이 무덤의 축조 공정과 구조 등을 상세하게 규명할 수 있었으나, 이미 여러 차례 자행된 도굴로 인해 부장품은 거의 남아 있지 않았다. 구조적으로는 신라 무덤과 유사한 점이 많았으나 시기적으로는 청동기시대의 무덤이어서 아무래도 신라 왕릉과 직접 비교하기는 무리였다.

아제르바이잔 조사를 함께해 오던 서울대학교 김종일 교수와 논의한 끝에 작전을 바꾸었다. 카자흐스탄과 아제르바이잔의 쿠르간 조사 경험을 바탕으로 스키타이 쿠르간 조사에 본격적으로 도전하기로 한 것이다. 러시아통인 국립박물관 이우섭 연구사의 도움을 받아 모스크바대학 역사학부 칸트로비치 교수가 담당한 코카서스 북쪽 유적을 하나의 후보로, 상트페테르부르크의 에르미타주 박물관 추구노프 박사 팀이 담당하는 러시아 남부의 유적 한 군데를 또 다른 후보로 올렸다. 모스크바대학 팀이 조사하는 쿠르간은 전쟁의 상처가 겨우 아물어 가는 체첸에 인접한 미네랄니예보디라는 곳에 있었다. 이곳은 러시아 최고의 온천 휴양지인데 스키타이의 중요 거점 중 하나이기도 하다. 칸트로비치 교수는 우리 팀을 친절하게 맞이하면서 그동안의 조사 성과를 설명하고 동참을 권유했다. 에르미타주 박물관 팀이 조사하는 유적은 알타이의 동쪽에 위치한 투바공화국에 소재했다. 쿠르간의 보존 상태는 훨씬 좋았으나 주변에 민가가 없어 망망대해와 같은 초원에서 말, 양과 함께 사는 유목민의 삶이 우리를 기다리고 있었다. 우리는 두 지역을 면밀히 비교한 결과 후자로 결정하는 모험을 택했다.

아르잔 쿠르간과 고조선의 무덤

투바는 러시아에 속해 있는 자치 공화국이다. 바이칼 호수 서편의 초원 지대에 위치하는데, 행정적으로는 부랴티야공화국, 하카시야공화국, 알타이공화국, 이르쿠츠크, 크라스노야르스크 등과 접하고 있다. 주민은 대부분 튀르크족인데 종교는 불교가 우세하며 문화적으로는 몽골과 유사하다. 고음과 저음을 동시에 발성하는 특이한 창법인 후미(몽골인의 창법, 'Khoomei'란 명칭으로 유네스코 무형문화유산에 등재됨)의 발상지이기도 하다. 투바 출신의 유명한 후미 가수의 이름이 콘가루 울 온다르Kongar-ol Ondar이듯, 투바에는 온다르Ondar란 성을 지닌 사람이 매우 많아서 고구려의 장수이자 평강공주의 남편인 온달이 이 지역 출신이라는 흥미로운 주장도 나오고 있다.

투바공화국이 세계 고고학계와 역사학계에 널리 알려진 계기는 아르잔Arzhan 쿠르간의 조사이다. 투란Turan이란 도시의 서편에는 동서로 펼쳐진 길이 20킬로미터에 달하는 긴 협곡에 180기가 넘는 대형 쿠르간이 2-3개의 열을 지어 장관을 연출하고 있다. 그중 1970년대 초반에 그라즈노프가 1호분을, 1990년대에 추구노프와 독일 팀이 2호분을 공동 발굴 조사했다. 단 2기만 발굴했을 뿐인데 스키타이의 역사와 문화에 대한 통설을 새로 써야 할 정도로 중요한 정보가 쏟아져 나왔다. 그리스의 헤로도토스가 그의 역작인 《역사》에 기록한 스키타이 왕의 장례 풍습을 연상시키는 구조가 확인된 점이 가장 인상적이었다. 1호분은 원의 중심에 주인공을 놓고 방사상으로 여러 개의 나무 방을 만들고 이 안에 인간과 말을 매장했다. 그 연대는 기원전 9세기 무렵으로 확인되어서, 스키타이의 심장부에 해당되는 기원전 7세기의 흑해 연안 문명보다 더 오래된 스키타이 문명이 알타이 동부에서 꽃피었음을 보여 주었다. 2호분은 기원전 7세기 무렵에 해당되는데, 심한 도굴에도 불구하고 화려한 금제 장신구와 매우 발달한 철제 무기류가 출토되었다. 이로써 스키타이 문화가 흑해 연안-코카서스 지역에서 먼저 발전한 후 동쪽으로 확산되었다는 기존 견해는 부정될 위기에 처했다. 결국 아르잔의 쿠르간 유적은 스키타이 연구가 흑해 연안-코카서스 지역만이 아니라 알타이와 남부 시베리아 지역을 대상으로도 진행되어야 함을 말하는 것이다.

아르잔에서 대형 쿠르간 문화가 발달하고 있을 때, 그 동편에서는 고조선이 성장하고 있었다. 아르잔과 고조선 사이에는 바이칼 호수가 위치하는데, 이 거대한 호수의 동편과 서편에서 각기 특색 있는 고대 문화가 발전하고 있었던 셈이다. 아울러 스키타이 문화의 시베리아형이라고 할 수 있는 스키토-시베리아 문화와 고조선의 관련성도 장래의 연구 과제로 제기된다. 이 점에 착목한 경희대학교 강인욱 교수가 아르잔 1호분과 고조선의 무덤인 강상묘崗上墓를 비교하는 글을 발표한 바 있다.

이렇게 세계적으로 중요한 스키타이 유적을 한국인 연구자가 직접 조사한다는 것은 과거라면 꿈도 꿀 수 없는 영광인데, 높아진 대한민국의 위상 덕분에 우리 팀은 에르미타주 박물관과 공동 조사의 형태로 참여하게 되었다. 드디어 2018년 7월, 한국의 젊은 연구자들이 용인대학교 김길식 교수와 함께 선발대로 인천공항을 떠났다. 투바공화국으로 가는 직항편이 없기 때문에 비행기를 세 번이나 갈아타고 도착한 곳은 투바공화국의 이웃인 하카시아공화국의 수도 아바칸이었다. 이곳에서 다시 지프차로 갈아타고 7시간을 달려 추구노프 팀의 캠프에 도착했다. 한국 팀을 위해 작은 텐트 3채가 준비되어 있었으나, 안락한 도시 생활에 익숙한 한국의 젊은 학생들에게는 일상생활 자체가 고역이었다. 선발대를 보내고 10일 후에 후발대로 현장에 도착해 보니 학생들이 잔뜩 풀이 죽어 있었다. 바로 전날 밤에 몰아친 돌풍과 폭우 때문에 텐트가 날아가 버리고 옷과 침구, 식료가 모두 침수된 것이다. 한여름인데도 밤에는 기온이 영하 가까이 내려가 걱정이 태산 같았지만 러시아 동료들이 방한복과 침낭을 기꺼이 빌려준 덕분에 한국팀은 버틸 수 있었다. 이렇게 초원에서의 고단한 생활과 즐거운 조사가 하루하루 쌓여 갔다. 지면을 통해 어려운 여건에서도 학술 조사에 몰두한 한국의 젊은 연구자들에게 존경을, 그리고 진심 어린 우정으로 우리를 대해 준 러시아 조사단에 감사의 마음을 전한다.

칭게테이 쿠르간으로 들어가다

추구노프 팀은 아르잔 1호분과 2호분에 이어 새로이 칭게테이Chinge Tey 쿠르간 조사에 착수하고 있었다. 이 쿠르간은 180기가 넘는 쿠르간 중 가장 서편에 위치하는데, 전체적으로 서쪽의 쿠르간이 오래된 것이고 동쪽으로 가면서 나중에 만들어진 것으로 보인다. 칭게테이 쿠르간은 이 거대한 유적이 시작되는 시기의 상황을 보여 줄 것으로 기대되는 고분이다. 거대한 쿠르간을 조사하기 위해서는 긴 시간과 많은 인원이 투여되어야 하지만, 겨울이 긴 초원에서의 조사가 항상 그렇듯이 아르잔 조사도 여름철 2개월만 가능하다. 추구노프팀은 2008년 이후 이미 11년의 시간을 투자했으나 정작 쿠르간의 내부로는 들어가지 못하고, 이 쿠르간을 위성처럼 감싸고 있는 소

러시아 투바공화국에 있는 칭게테이 쿠르간의 모습(좌)과 한국 팀과 러시아 팀이 칭게테이 쿠르간을 공동 발굴하는 광경(우) (오세윤 촬영)

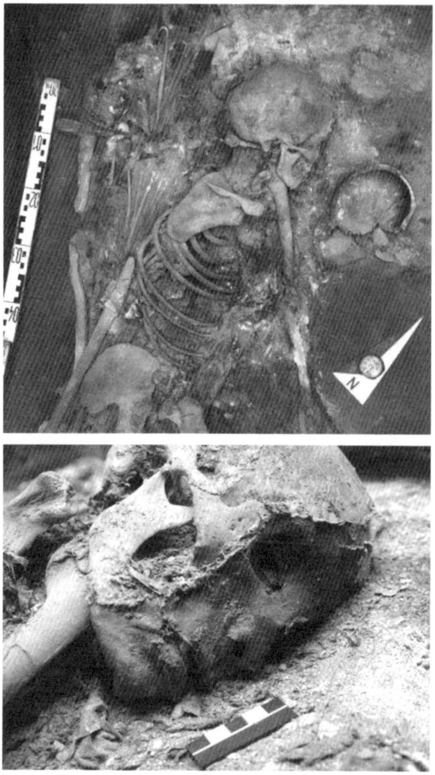

칭게테이 배장묘 인골
(추구노프 제공)

형 배장묘陪葬墓 조사에 머물러 있었다. 배장묘는 무덤 주인공을 위해서 사람을 순장하거나 말을 매장한 시설이다. 2018년까지 총 7기의 배장묘가 조사되었는데, 말이 배장묘이지 다른 지역 같으면 언론에서 대서특필될 정도의 센세이셔널한 유물이 출토되고 있었다. 러시아 팀이 한국 팀과 공동 조사를 원한 이유가 본격적으로 쿠르간의 내부 조사에 진입하기 위함임도 곧 알게 되었다. 하지만 충분한 재원도 없이 생소한 환경에 뛰어든 우리로서는 여러 가지 고려할 점이 많아서, 2018년도 첫해는 배장묘 1기를 조사하는 정도로 만족했다.

민족사를 넘어 세계사로

많은 사람이 질문한다. 왜 굳이 외국에 나가서 고생을 하는지, 그리고 그 유적이 우리와 무슨 관계가 있는지를. 필자의 답은 한결같다. "왜 미국 학자들은 중남미 유적을 조사하고, 유럽 학자들은 중근동 지역을 조사합니까? 이웃 일본은 왜 캄보디아 앙코르 와트에 많은 인력을 투입하여 복원 사업에 뛰어듭니까? 이제 대한민국도 우리 역사와 직접적인 관련성이 없더라도 인류 공동의 문화유산을 연구하고 보존하는 일에 뛰어들 때가 되었습니다." 말은 이렇게 하지만 사실 필자가 관심을 갖고 조사하는 유적은 한결같이 한국 고대사와 직간접적으로 관련된 것들이다. 앞으로 우리의 후배들은 중남미와 아프리카까지 진출하여 한국사와는 무관하더라도 세계사적 의미를 지닌 유적의 조사와 보존에 뛰어들 것이다. 민족사를 넘어 인류 공동의 역사 연구와 문화 보존에 앞장서는 것, 이것이 대한민국의 품격을 높이고 세계적인 책임을 다하는 길이다. 한국의 젊은 연구자들은 이 숭고한 임무를 감당하기 위해 지금도 연구실과 현장에서 땀을 흘리고 있다.

IV

융복합적 연구의 중요성

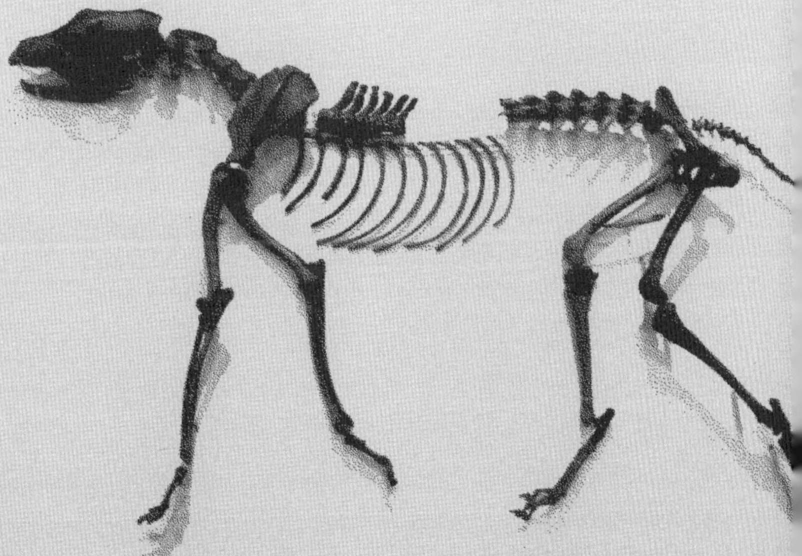

1 역사학과 토목공학의 융복합

백제가 멸망한 이유

475년 9월 고구려 장수왕의 3만 대군이 백제의 왕성인 풍납토성을 공격했다. 당시 고구려의 군대는 기수와 말이 철제 비늘 갑옷으로 몸을 감싸고 긴 쇠창으로 무장한 중장기병, 단병기로 무장한 보병으로 구성된 연합 부대였다. 동북아시아 최강의 기계화 사단인 것이다. 꼬박 7일 동안 이어진 공성전 끝에 고구려 군대가 사방에서 쳐들어오고 성문을 불태웠다. 성의 함락이 임박하자 백제의 개로왕은 기병 수십 명을 거느리고 풍납토성을 탈출하여 남쪽에 있는 몽촌토성으로 이동하려 했으나 도중에 고구려군에게 생포되었고, 결국 한강 건너 아차산으로 끌려가서 살해당했다. 이와 동시에 남녀 8천 명이 고구려에 포로로 끌려갔다. 죽음을 앞둔 개로왕은 어떤 생각을 했을까? 도림道琳이라는 요승妖僧의 꾐에 빠져 몸도 망치고 나라도 망친 자신의 실수를 뼈저리게 반성했을 것이다.

《삼국사기》에 의하면 이 비극이 일어나기 몇 년 전에 바둑을 좋아하는 개로왕에게 바둑의 고수인 승려 도림이 접근했다. 그는 순식간에 개로왕의 총애를 한 몸에 받고 국정에 깊숙이 간여했다. 그런데 도림은 백제를 멸망시키기 위한 임무를 부여받고 잠입한 고구려의 고급 스파이였다. 도림은 개로왕에게 "대왕의 나라는 사방이 모두 산, 언덕, 강, 바다이니, 이는 하늘이 만든 요새이지 사람의 힘으로 된 지형이 아닙니다. 그러므로 사방의 이웃 나라들이 감히 엿볼 마음을 갖지 못하고 다만 받들어 섬기기를 원하고 있습니다. 그러므로 왕께서는 마땅히 숭고한 기세와 부유한 치적으로 남들을 놀라게 해야 할 것인데, 성곽은 수축되지 않았고 궁실은 수리되지 않았습니다. 또한 선왕의 유골은 들판에 가매장되어 있으며, 백성의 가옥은 자주 강물에 허물어지니, 이는 대왕이 취할 바가 아니라고 생각합니다."라면서 대규모 토목공사를 권했다. 이 말에 넘어간 개로왕은 백성을 모조리 징발하여 증토축성烝土築城하고 그 안에 각종 건물을 지으니 웅장하고 화려하지 않은 것이 없었다. 한강에서 큰 돌을 캐서 무덤을 만들어 아버지의 유골을 장사 지내고, 사성蛇城 동쪽으로부터 숭산崇山 북쪽까지 강을 따라 둑을 쌓았다. 이로 말미암아 국고가 텅 비고 백성들이 가난해져서 국가는 큰 위기를 맞게 되었다. 이에 도림이 도망쳐서 장수왕에게 보고하자 장수왕은 백제를 급습했다.

증토축성의 수수께끼

도림의 사주로 백제는 국고를 거덜 낼 만큼 무리한 토목공사를 실시했는데, 그 기술이 "증토축성蒸土築城"이라고 표현되어 있다. 많은 역사학자가 증토축성이란 수수께끼 같은 표현을 풀기 위해 도전했다. '증토烝土'를 '흙을 찌다'라고 이해하고 판축의 다른 표현이라 해석하거나, '증'이란 글자에 '모으다'라는 의미가 있으므로 "많은 흙으로 쌓았다."라는 해석도 나왔지만 선뜻 수긍하기 어려웠다.

흉노의 나라인 대하에서 증토축성으로 만든 통만성. 중국 오르도스에 있다.

이 문제를 해결하기 위해서 연구실에서 머리를 굴리기보다는 외국의 사례를 비교하는 방법이 효율적이었다. 개로왕의 증토축성 바로 직전에 대하大夏라는 나라에서도 똑같이 증토축성 기술을 사용하고 있었기 때문이다. 413년 지금의 오르도스ordos(황하가 북쪽으로 크게 곡류하여 ㄇ 모양을 이루는 곳)에 위치한 대하의 왕성인 통만성을 축조하기 위해 10만 명이 동원된 대토목공사가 진행 중이었다. 통만統萬의 의미는 1만 종족을 통괄하겠다는 야심찬 의지를 담고 있다. 당시의 이야기는《진서》에 상세히 남아 있다. 흉노족 출신인 대하의 왕, 혁련발발의 명령을 받은 기술 관료 질간아리는 외적의 강력한 공격에도 허물어지지 않을 철옹성을 쌓기 위해 무자비하고 끔찍한 방법을 택했다. 일정한 구간의 공사 책임자를 세워 두고 감리자에게 쇠

송곳으로 공사 중인 성벽에 온 힘을 다하여 구멍을 뚫게 한 것이다. 2-3센티미터 정도 깊이로 구멍이 뚫리면 그 구간의 책임자를, 뚫리지 않으면 감리자를 성벽 안에 처넣어 죽이면서 공사를 진행했다. 누군가는 죽어야 하는 끔찍한 생존 게임에서 목숨을 건지고자 온 힘을 다하여 송곳을 찔러 대는 감리자, 제발 뚫리지 말기를 기도하며 눈을 질끈 감은 구간 책임자 사이의 목숨을 건 줄다리기가 눈앞에 선하다.

그로부터 1,500년의 세월이 흘러 중국 고고학자들이 통만성을 발굴 조사했다. 질간아리의 끔찍한 방법이 효험이 있었던지 통만성은 오랜 시간이 지났는데도 무너지지 않고 굳건하게 서 있었다. 중국 학자들은 성벽의 흙을 채취하여 과학적인 분석을 실시했다. 그 결과 석회 성분이 인위적으로 섞여 있음이 밝혀졌다. 석회에 물과 황토를 섞어 버무리면 석회가 화학 작용을 일으키면서 엄청난 열을 발산하는데, 마치 흙을 찌는 것처럼 보인 것이다. 증토축성의 비결은 석회에 물을 섞어 일종의 콘크리트 구조물을 만드는 것이었다.

고대의 최첨단 토목 기술

2012년 필자는 증토축성의 문제를 오랫동안 추적해 오던 고대 성곽 전문가인 심광주 토지박물관장과 중국 산시성 위린시 인근에 위치한 통만성 조사에 나섰다. 황량한 오르도스 벌판에 우뚝 솟아 있는 하얀색의 통만성은 장관이었다. 일반적인 토성과 달리 성벽이 흰색을 띠는 이유는 석회가 섞여 있기 때문임을 대번에 짐작할 수 있었다. 성벽의 강도는 상상을 초월할 만큼 단단하여 손으로 내려치면 손에 상처가 날 정도였다.

당시 필자는 고대 성곽의 축조 기술을 과학적·공학적으로 규명하는 연구를 수행 중이었다. 고고학자, 토목공학자, 역사 교사, 과학 교사와 진행한 학제간 협업 연구 덕분에 역사학자의 한계를 뛰어넘는 넓은 시각을 가질 수 있었다. 답사에 동참한 고등학교 과학 교사는 석회를 이용한 축성 기술의 발열 반응에 주목하여, 귀국하자마자 자신이 지도하던 과학반 학생들과 곧바로 실험에 들어갔다. 석회에 물을 부어서 일어나는 화학 반응, 석회와 황토의 비율에 따른 강도의 차이를 실험으로 멋지게 증명해 낸 것이다.

젊은 과학도들은 여기에서 만족하지 않고 한 가지 실험을 더 했다. 투명한 아크릴판으로 상자 여러 개를 만들고 토목 구조물의 통수성을 실험한 것이다. 나뭇잎을 전혀 넣지 않고 점토만으로 채운 아크릴 상자, 나뭇잎 층과 점토를 교대로 쌓은 아크릴 상자에 같은 조건으로 물을 부으면서 내부에 스며든 물이 어느 정도 배수되는지를 비교했다. 점토로만 쌓은 경우에는 그 내부에 스며든 물이 잘 빠지지 않아 꿀렁꿀렁한 상태에 처하는 반면, 나뭇잎을 층층이 넣어 준 상자는 그 층을 통해 물이 원활하게 배수되었다. 아크릴 상자가 토성의 성벽, 제방의 제체堤體라고 한다면 구조물의 안전성을 좌우하는 데에 나뭇잎 층의 존재 여부가 큰 영향을 끼침을 확인한 것이다. 이러한 나뭇잎 층을 부엽층, 그 공법을 부엽공법敷葉工法이라고 부른다.

부엽공법은 토성, 제방, 선착장 등 대규모 토목 구조물을 만들 때 발휘된 고대의 최첨단 토목 기술이다. 한국에서는 1970년대에 김제 벽골제를 발굴 조사할 때 최초로 그 흔적이 발견되었지만, 당시에는 부엽공법 자체에 이해가 부족해서 주목받지 못했다. 그러다가 1999년 서울 풍납토성의 성벽 절개 조사 과정에서 부엽층이 확인되면서 비로소 부엽공법이 주목되었다.

부엽공법이 발견된 울산 약사리제방. 신라 때에 만들어졌다.

서울 풍납토성의 성벽. 발굴 당시의 단면을 떼어 한성백제박물관에서 전시하고 있다.

국가의 장벽을 넘나든 과학 기술자

오사카에는 사야마이케狭山池라는 거대한 저수지가 있다. 주변 논에 안정적으로 물을 공급하는 수리 관개시설인데 그 혜택을 받는 몽리면적이 최대 17.9제곱킬로미터에 이를 정도로 대규모이다. 1988년부터 발굴 조사가 실시되면서 이곳에도 부엽공법을 발휘하여 제체를 쌓았음이 확인되었다. 제체의 안팎으로 물을 흐르게 하는 목통木桶도 발견되었는데, 나무의 나이테를 이용한 첨단 기술로 그 벌채 연대가 616년임을 알게 되었다. 조사가 점차 진행되면서 이 제방을 백제계 기술자들이 축조했음도 밝혀졌다. 이로부터 10년 후 풍납토성 성벽 조사에서 부엽공법이 확인됨으로써 백제의 기술자들이 일본에 정착하여 수리 관개시설의 확충에 관여했음이 명백해졌다. 요도가와淀川와 이시카와石川라는 큰 강의 범람으로 사람이 살기 어렵던 오사카 일대를 현재와 같이 번화한 곳으로 만든 기초 공사는 백제계 기술자들에 의해 진행된 것이다.

부엽공법을 이야기하려면 왕경이란 인물을 빠뜨릴 수 없다. 그의 조상은 원래 중국의 산둥 지방에 거주하다가 낙랑으로 이주했는데, 대대로 과학 기술자 집안이었다. 기원후 1세기 초 무렵에 왕경은 지금의 안후이성 일대인 여강태수로 복귀하여 '작피芍陂'라는 거대한 제방을 수리하여 수해를 막고 백성을 부유하게 만들었다. 작피는 현재 '안풍당安豊塘'이라고 불리는데, 발굴 조사 결과 부엽공법이 이용된 것을 알 수 있었다. 왕경과 풍납토성, 사야마이케를 통해 최고의 과학 기술자가 중국과 한반도, 일본 열도를 넘나들며 활동하던 모습을 그려 볼 수 있다. 부엽공법은 풍납토성에서 벽골제를 거쳐 가야와 신라, 일본으로 전래되면서 고대 동북아시아의 수리 관개시설의 발전에 크게 기여했다. 사람을 많이 죽이고 착취하는 상징물이 아니라 풍요롭고 윤택하게 해주는 농업 유산이란 측면에서 안풍당과 벽골제, 사야마이케를 연속 유산의 형태로 유네스코 세계유산으로 등재하려는 노력이 꾸준히 진행 중이다.

역사 유적은 과학 기술의 진수

증토축성, 부엽공법과 같은 용어는 인문학도에게는 생소할 수 있으나 과학자를 지망하는 학생에게는 커다란 흥미를 유발할 수 있다. 하지만 현실은 성곽이나 제방, 고분과 같은 역사 유적을 인문학적 상상력을 유발하는 소재로만 이용할 뿐, 우리 전통 과학기술의 생생한 증거로 이용하는 경우는 찾아보기 어렵다. 황남대총과 풍납토성, 벽골제나 의림지 같은 거대 토목 구조물 앞에서 축조 공법과 그 과학사적인 의미를 설명하는 강사나 해설사를 만나 본 경험은 드물 것이다.

고대의 토목 구조물은 역사 교육의 중요한 소재이자 과학 기술의 발전 과정을 설명해 주는 좋은 사례이다. 우리의 역사, 문화재 연구와 교육이 인문학적 범주에만 머물지 않고 과학과 공학의 도움을 받을 경우, 종전에는 상상하지 못한 새로운 세계가 열릴 수 있다. 나아가 한반도를 벗어나 외국의 유사 유적과 비교할 때, 한국 전통 과학기술의 가치를 제대로 인식할 수 있다. 앞으로의 역사 연구와 교육은 문헌에 고고학적 자료를 더하고, 자연과학과 공학적 분석을 추가하면서 주변 지역과 비교해야 할 것이다. 이렇게 시대는 바뀌고 있다.

2 역사를 풀어내는 **기생충**과 **동물**

기생충이 증언하는 고대의 화장실

2003년 12월 어느 날, 추운 날씨에도 전라북도 익산시 왕궁리 발굴 현장에서는 회의가 한창 진행 중이었다. 국립부여문화재연구소가 그동안의 발굴 조사 성과를 전문가들로부터 검토받는 학술회의였다. 자문위원으로 참석한 고려대학교 이홍종 교수의 눈에 좁고 긴, 그러면서도 깊은 구덩이 3개가 들어왔다. 일본 유학 중에 우연히 스쳐본 고대의 화장실을 기억해 낸 그는 발굴 담당자들에게 흙을 떠서 기생충 연구실에 분석을 맡기자고 제안했다.

사실 이 구덩이들은 조사원들을 오랫동안 괴롭히던 애물단지였다. 구덩이 바닥에 물기와 유기물을 잔뜩 함유한 검은 흙이 쌓여 있었기에, 조사원들은 부여 관북리 유적처럼 과일과 식료를 저장하던 창고 시설로 판단했다. 흙 속에서 짚신, 나무 막대기와 함께 식물 씨앗도 발견되었기 때문에, 조사원들은 안심하고 온몸에 흙이 묻는 것도 마다하지 않으며 비좁은 구덩이 안에서 조사에 몰두했다. 반들거리는 나무 막대기는 창고에서나 쓰임직한 일종의 자尺라고 판단하고 깨끗이 씻어 애지중지했다. 그런데 이상하게도 흙을 퍼내면 퍼낼수록 악취가 심해졌다.

기생충 연구실의 분석 결과는 놀라웠다. 회충, 편충, 간흡충 등 인간에 기생하는 기생충의 알이 엄청나게 많이 나온 것이다. 이 구덩이들이 인분으로 가득 차 있던 화장실이란 이야기다. 반들거리는 나무 막대기는 자가 아니라 볼일을 본 후 뒤처리하는 도구였다. 발굴단의 입장에서는 한국에서 처음 발견한 고대의 화장실이니 속된 말로 대박을 친 셈이지만, 몇 개월 동안 몸에 밴 악취의 정체를 알게 된 조사원들은 어떤 심정이었을까?

백제 사비기(538-660년)에 왕궁성 내부에서 사용된 화장실은 당시로서는 최신식의 수세식 화장실이었다. 구덩이 깊이 박힌 기둥 위에 걸쳐 놓은 나무판자 위에 주저앉아 볼일을 보면, 깊은 구덩이에 떨어진 오물이 흐르는 물에 의해 하수도로 모이고, 곧 성 밖으로 배출되는 위생적인 방식이었다. 가장 큰 화장실은 길이가 10미터를 넘고, 깊이가 3.4미터에 달하는 대형이었으니, 7-8명이 동시에 볼일을 볼 수 있는 규모였다. 왕궁에서 근무하던 관리들의 공중화장실이었던 셈이다. 나무로 만든 뒤처리 막대를 불결하게 생각할 수도 있으나, 물을 가득 담은 항아리를 옆에 놓고 볼일을 볼 때마다 씻어서 여러 번 사용하도록 한 친환경 제품이었다. 이상의 이야기는 국립부여문화재연구소가 2010년에 출간한《백제의 왕궁을 찾는 20여 년의 여정》에 상세히 소개되어 있다.

2017년에는 경주 동궁의 인근에서 잘 다듬은 돌 2장으로 발판을 만들고, 그 아래에 직경 12센티미터 정도의 구멍을 뚫은 명품 화장실이 발견되었다. 동궁은 태자의 별궁이므로 신라 왕족들의 화장실 문화를 고스란히 보여 준 셈이다. 왕궁리와는 비교할 수 없이 고

익산 왕궁리 유적에서 출토된 여성용 변기

급스러운 화장실이다. 수많은 인구가 거주하던 신라 왕경의 분뇨 처리 방식은 어떠했을지 도시공학적인 궁금증도 생긴다.

사실 오래전부터 부여와 익산 등 왕도에서는 흙으로 구워 만든 변기가 발견되었다. 모습부터 남성용과 여성용으로 구분된 변기는 서민들이 사용하던 것이 아니라 왕족과 귀족, 승려 등 사회적 체면의 유지가 필요한 계층을 위한 것이었다. 은밀한 곳에서 변기에 처리한 오물은 자연으로 돌아갔을까? 아니면 엄격한 하수 체계에 따라 처리되었을까? 의문은 꼬리를 문다. 변기가 출토된 유적은 당시의 최고 지배층들이 거주한 곳이란 논리도 그럴듯하게 성립된다.

이동식 변기와 고급스러운 화장실보다 더 소중한 것은 오물이 잔뜩 담겨 있던 익산의 화장실이다. 오물이야말로 보물이기 때문이다. 기생충 알의 분석을 통해 당시 사람들의 위생 상태, 음식의 종류와 조리 방법을 알 수 있다. 덜 소화되어 배출된 각종 식물 유체를 통해 음식을 섭취한 계절, 식물의 종자도 파악할 수 있다. 간혹 실수로 흘린 생활용품이 썩지 않고 보존되는 경우도 있다. 화려한 금관이 묻혀 있는 왕릉으로는 풀 수 없었던, 고대의 환경과 위생 상태를 살펴볼 수 있다는 점이 화장실 고고학의 매력이다.

화장실 고고학은 이것으로 그치지 않는다. 신석기시대 패총에서는 종종 정체를 알 수 없는 물질이 발견되는데, 인공적으로 만들어진 것은 아니지만 그렇다고 그냥 버리기에는 미심쩍은 물질들이다. 이것은 바로 당시 사람들의 변이 단단해진 것이다. 이를 분석糞石이라고 하는데 그 안에는 소화되지 않은 골편, 털, 섬유, 씨앗, 꽃가루, 기생충 알 등이 포함되어 있어서 이것을 분석하면 계절, 건강, 위생 상태를 파악할 수 있다. 일본에서는 전국의 분석을 집성하여 형태를 분류하고, 자신과 가족, 개의 똥과 비교하면서 식료의 종류에 따라 배설이 어떻게 변하는지를 연구하던 유일한 학자가 있었다. 하지만 한창 연구를 진행하던 젊은 나이에 사망하면서 이 방면의 연구는 더 이상 이어지지 못하고 있다.

화장실 고고학은 농업과 시비 방식에 대해서도 중요한 실마리를 준다. 1960년대만 하더라도 서울의 가정은 대부분 수세식 화장실을 갖추지 못하여, 분뇨 처리는 전문 업체에 의지할 수밖에 없었다. 어릴 적 수업을 마치고 귀가하던 도중에 필자는 나무로 만든 큰 바가지 2개를 장대 양 끝에 연결하여 어깨에 이고 가는 작업원과 부딪히면서 옷을 다 버린 기억이 아직도 생생하다. 당시 분뇨 처리 업체는 분뇨를 수거하면서 돈을 받고, 인분을 비료로 사용하는 농가에 또 돈을 받고 파는 이중의 수익을 올렸다고 한다.

인분을 비료로 사용하는 농법은 동북아시아에 널리 퍼져 있었다. 일본에서는 927년에 작성한 법령집인 《엔기시키延喜式》에 사람의 분뇨를 비료로 사용하는 데에 동원된 사람의 수가 나온다. 교토의 도후쿠지東福寺에는 승려들이 사용하던 대형 화장실이 남아 있어서 국가 중요 문화재로 지정되어 있다. 백설은白雪隱이란 우아한 이름으로 불리는데, 만든 시기는 무로마치 시대(1336-1573년), 규모는 길이 30미터, 너비 10미터, 높이 10미터이니 초대형이다. 항아리를 묻어 대변과 소변을 구분했고, 이것을 모아 인근 농가에서 사용했다고 한다.

한국사에서는 인분을 비료로 사용하는 농법이 고려 이후에 등장한 것으로 이해하고 있는데, 화장실 고고학은 그 시기가 옳은지 그른지를 판정해 줄 수 있다. 앞에서 본 익산 왕궁리와 경주의 화장실은 물을 통해 분뇨를 흘려보내는 방식이다. 이런 화장실은 분뇨를 모아서 거름으로 사용하려는 의도가 없었음을 보여 준다. 게다가 왕궁리에서는 뒤처리용 나무 막대가 많이 발견되었다. 인분을 거름으로 사용했다면 뒤처리 막대와 인분이 섞이지 않도록 막대를 따로 모았을 것이다. 따라서 왕궁리의 화장실은 인분을 비료로 사용할 생각이 없었음을 보여 준다.

파리가 복원해 준 장송 의례

파리는 바퀴벌레와 더불어 대표적인 해충이다. 그런데 이 파리의 구더기 덕분에 새로운 역사를 쓰는 경우가 일본에서 있었다. 일본에는 횡혈묘橫穴墓라고 하여 구릉의 경사면 혹은 평지를 굴처럼 파고 그 안에 시신을 매장하는 묘제가 5-6세기 무렵에 미야자키와 가고시마 등 남부 규슈를 중심으로 발전했다. 생토층 안에 무덤이 위치하기 때문에 내부는 완전히 진공 상태가 되어, 부장된 유물이 원래 모습 그대로 발견되는 경우가 많다. 인골이 고스란히 남거나 때로는 피부가 붙어 있는 상태로 발견되기도 한다.

그런데 간혹 유물이나 유골의 표면에 쌀알처럼 생긴 파리 구더기의 흔적이 발견되곤 한다. 곤충학자의 연구에 의해 보통 파리가 아니라 죽은 동물의 썩은 살을 먹고 사는 파리의 구더기임이 밝혀졌다. 완전 밀폐된 공간에 파리 구더기가 남았다는 것은 사망 후 시신이 곧바로 매장된 것이 아니라, 파리가 시신에 알을 낳고 알이 구더기가 될 때까지 외부에 놓여 있었음을 짐작하게 한다. 사망에서 매장에 이르기까지 상당한 기간을 무덤 바깥에서 보낸 사실은 빈殯의 의례가 진행되었음을 증명한다. 보잘것없고 더러운 파리 구더기가 규슈 남부에서 전개된 장송 의례의 일부를 복원해 준 것이다.

우리 학계에서도 동일한 발견이 있었다. 나주 복암리 정촌 고분은 5세기 말 무렵에 영산강 유역을 지배한 최고 지배자가 묻혀 있는 대형 무덤이다. 그런데 화려한 금동 신발을 신고 묻혀 있는 시신에서 파리 구더기가 발견된 것이다. 삼국시대 무덤에서 최초로 확인된 이 구더기 덕분에 영산강 유역에서도 빈 의례가 치러졌음을 알게 되었다. 인골 분석 결과 더욱 놀라운 사실이 밝혀졌는데, 무덤 주인공이 40대 여성으로 판명된 것이다. 고대 사회의 지배자에 대한 기존 통설을 재검토하게 만든 위대한 발견이었다.

동물의 뼈에서 추적한 고대 문화

기생충과 곤충만이 아니라 각종 동물의 유체와 흔적을 통해 당시의 환경을 복원하고 인간과 동물의 관계를 연구하는 동물고고학은 우리 학계에 많은 공헌을 하고 있다. 패총에 버려지거나 무덤에 공헌된 각종 어패류, 조류, 파충류, 양서류, 포유류의 종류를 밝힘으로써 당시의 음식 문화를 복원할 수 있다. 뼈에 남은 해체흔으로 전문 도축업자의 존재를 추정해 보고, 말의 어금니 법랑질(산과 온도 변화로부터 치아 내부를 보호하는 표면의 에나멜질)이 마모되어 에나멜질이 노출된 현상을 통해 재갈을 물렸음을 알 수 있다. 자연 상태의 멧돼지가 집돼지로 가축화되는 과정도 추적할 수 있다.

필자가 판단컨대 동물고고학의 최대 잔치는 2011년에 국립경주박물관이 개최한 '우물에 빠진 통일신라 동물들'이란 특별전이었다. 2000년에 국립경주박물관 부지에 위치한 통일신라시대의 우물에서 출토된 유물을 대상으로 한 이 전시는 유독 어린 학생들의 관심을 많이 끌었다. 조사된 우물 2개 중에 1호 우물에서는 개(4마리), 고양이(5마리), 소(1/4짝), 말(어금니 1점), 멧돼지(뼈 4점), 고라니(뼈 1점), 사슴(1마리), 토끼(뼈 1점), 두더지(2마리), 땃쥐(6마리), 쥐(71마리), 시궁쥐(1마리), 새매(뼈 1점), 까마귀(다수), 오리(1마리), 꿩(3마리), 참새(뼈 14점), 메추라기(뼈 1점), 뱀(뼈 6점), 개구리(다수) 그리고 고등어, 대구, 도미, 연어, 상어, 광어, 민어, 복어, 붕어, 숭어 등 이루 헤아리기 어려울 정도로 많은 동물 유체가 출토되었다. 최대 미스터리는 열 살이 채 안 된 어린아이가 머리를 아래로, 발을 위로 한 상태로 발견된 점이다.

어린아이는 실수로 빠진 것일까? 아니면 희생으로 우물에 던져

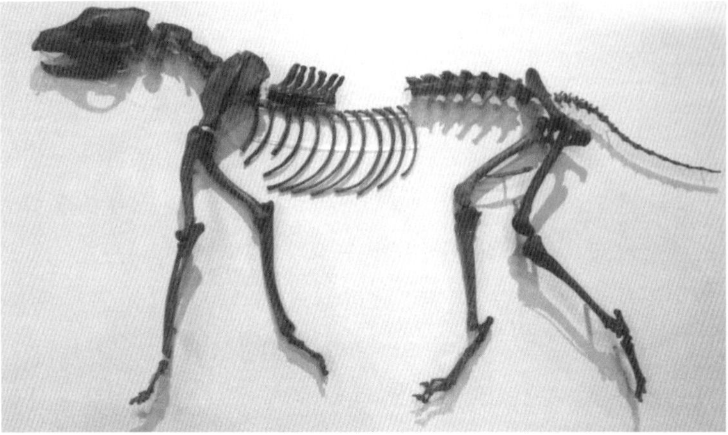

경주에 있는 통일신라시대의 우물에서 발견된 개의 모형

진 것일까? 8세기 말에서 9세기 전반, 신라 사회는 극심한 자연재해에 시달렸다. 가뭄이 자주 발생하여 곳곳에 우물이 많이 만들어지고, 기우제를 치르면서 용왕에게 각종 제수품을 바쳤다. 가엾은 어린아이가 희생으로 던져진 것인지, 실수로 빠져 죽은 아이의 명복을 빌기 위해 각종 제기와 함께 제수품으로 동물들을 넣은 것인지는 아직 밝혀지지 않았다.

동물들의 운명은 제각각이었다. 쥐와 개구리, 뱀은 우물에서 살다가 수명을 마쳤을 것이다. 소와 말, 멧돼지 등 대형 포유동물은 우물에 스스로 들어갔을 리가 없다. 함부로 죽이면 국법에 의해 처벌받는 소와 말까지 넣은 것을 보면 일반 백성들이 아니라 최고 귀족들이 제의의 주체였음을 알 수 있다. 각종 바닷고기는 제수용품으로 우물에 던진 것으로 보아야 한다. 경주 앞바다에서 나지 않는 고등어와

민어는 먼 곳에서 염장을 한 후에 가져온 귀한 음식이었을 것이다.

어린아이가 비극적인 삶을 마친 그날 어떤 일이 벌어졌는지, 어쩌면 이 문제의 해결은 동물고고학이 쥐고 있을지도 모른다. 화려하지도 아름답지도 않지만 많은 스토리를 간직한 동물 뼈였기에, 어린 관람자들에게는 토기나 철기보다 훨씬 흥미로웠을 것이다. 인문학보다 자연과학에 더 큰 흥미를 갖고 있는 학생들을 위해서라도 박물관의 전시 주제는 좀 더 다양해져야 한다.

말 발자국이 말하는 것

2006년 9월, 화성 용주사 뒤에 있는 송산동 유적을 발굴 조사 중이었다. 3-4세기 무렵에 만들어진 논, 그리고 논에 물을 대는 인공수로가 발견되었다. 논바닥을 정리해 보니 지름이 10센티미터 정도 되는, 둥그렇고 움푹 파인 흔적이 무수히 많이 확인되었다. 처음에는 논에 심은 작물의 흔적으로 보았지만 결국 소와 말의 발자국임을 깨닫게 되었다. 갈라진 것은 소, 갈라지지 않은 것은 말의 발자국이었다. 이 시기에 소와 말의 흔적이 논에서 발견된 사실은 큰 의미를 지닌다. 가축을 쟁기질에 이용했는지, 수확된 작물을 운반하는 데에 이용했는지를 밝힐 수 있기 때문이다. 발자국이 일정한 방향으로 이어지는지, 하나의 점을 중심으로 동심원을 그리는지, 무질서한 모습인지 밝혀 내면 이 동물이 짐을 싣고 이동했는지, 말뚝에 묶여서 서성거렸는지, 마음대로 뛰놀았는지도 밝힐 수 있다. 발자국 크기를 하나하나 계측한 이유는 말의 품종에 따라 키와 발굽의 크기가 다르기 때문이다. 계측치를 분석한 결과 송산동의 말은 소형마보다는 크고 중형마보다는 약간 작은 품종임을 알게 되었다. 나무 아래를 통과할 정도로 키가 작지만 힘이 셌던 고구려의 과하마, 소형마의 대표 격인 일본의 기소마와의 관련성을 떠올려 보았다.

국내에서 최초로 말과 소의 발자국을 상세히 조사했다는 자부심을 갖고 발굴 보고서를 출간했다. 그러나 곧 새로운 사실을 깨닫게 되었다. 말은 앞발굽과 뒷발굽의 형태가 다르다는 점, 평보(보통 걸음), 속보(평보보다 조금 강도를 올려 빠르게 걷는 것), 구보(천천히 달리는 것), 습보(전력으로 달리는 것)에 따라 발자국의 모양이 달라진다는 사실을 뒤늦게 알게 된 것이다. 진작 알았다면 발자국을 좀 더 세밀히 관찰하고 더 많은 정보를 얻어 낼 수 있었을 터인데, 안타깝기만 하다. 앞으로 한 번 더 말 발자국을 조사할 기회가 생긴다면 동물고고학자만이 아니라 장제사(말의 발굽에 편자를 박는 일을 전문으로 하는 사람)를 초빙하여 다학제적 연구 팀을 꾸릴 것이다. 21세기의 고대사 연구는 이렇듯 다양한 분야를 아우르는 통섭의 마인드를 요구하고 있다.

3 뼈가 들려주는 고대사

역사학과 법의학이 만날 때

2002년 가을 어느 날, 강의를 마치고 쉬는 도중에 한신대학교박물관의 이기성 박사(현재 한국전통문화대학교 교수)로부터 전화가 왔다. 발굴 조사 중인 현장으로 속히 와달라는 당부였다. 달려가 보니 조사원 몇몇이 모여 웅성거리고 있었다. 청동기시대의 유적을 조사하는 도중 투명한 비닐에 감싸인 여성의 시신이 발견된 것이다.

고인돌이나 조선시대 무덤에서 인골을 수습한 경험이 몇 차례 있기는 했지만, 이런 경우는 처음이었다. 마음을 가다듬고 서울대학교 의과대학 법의학연구실의 이숭덕 교수에게 연락을 취했다. 이 교수는 젊은 연구원과 함께 금방 현장에 도착했다. 두 사람은 주저하지 않고 비닐에서 꺼낸 시신을 꼼꼼히 살펴보았다. 이 교수는 피살자가 아니라 여름철에 자연사한 행려병자일 가능성이 높다고 하면서, 앞으로도 이런 시신이 더 나올 것 같다고 말하고 떠났다. 과연 발굴 조사가 진행되면서 비닐에 감싸인 시신이 속속 발견되어 이 교수의 예언은 사실로 입증되었다. 유적이 입지한 그곳은 무연고 상태로 돌아가신 분들을 모신 집단 매장지였던 것이다. 그 후에도 발굴 현장에서 유골이 발견되면 이 교수의 도움을 받고는 했다. 이 지면을 빌려 고고학 연구자들이 할 수 없는 작업을 마다하지 않는 법의학자들에게 존경을 표하고 싶다.

과학수사 드라마에나 나올 법한 법의학자들의 활약은 계속 확대되고 있다. 6·25 한국전쟁이나 5·18 광주민주화운동 과정에서 전사하거나 학살당한 분의 시신을 찾고, 사인과 신원을 밝혀 내는 작업은 법의학자와 체질(형질)인류학자의 도움 없이는 불가능하다. 이들의 연구를 통해 근현대사의 아픈 역사가 일부나마 복원되고 치유될 수 있다. 미국 뉴욕의 9·11 테러 사건의 희생자와 아르헨티나의 1970-1980년대 군부독재 시절 희생자의 신원을 밝히는 데에도 인골, 치아의 형태적 특징과 DNA 비교가 결정적 역할을 했다.

그런데 이들의 활약은 선사와 고대, 중세의 유적 발굴 현장에서도 이어진다. 중국 후난성 창사 마왕퇴馬王堆라는 곳에서는 기원전 2-1세기 무렵에 이 지역 고위 관리였던 리창利倉과 그의 부인인 신추辛追 그리고 그들의 아들이 각각 별도의 무덤에 묻힌 채 발견되었다. 신추의 무덤은 깊이가 16미터나 될 정도로 깊었고, 시신은 여러 겹의 목관과 목곽으로 감싸여 있었으며, 목곽 바깥에 두께 40-50센티미터, 총무게 5톤이나 되는 목탄을 다져 넣고 다시 그 바깥에 하얀 점토를 채워 습기와 해충을 완벽하게 차단했다. 그 결과 부패되지 않고 원상을 고스란히 간직한 엄청난 양의 부장품이 발견되면서, 한나라의 역사와 문화를 연구하는 데에 일등 공신이 되었다. 그런데 이 놀라운 발견의 압권은 신추의 시신이었다. 그녀의 시신은 관절이 움직이고 피부에 탄력이 남아 있었으며 모공과 지문이 확인될 정도로 생생했다. 시신을 감식한 의료진은 그녀의 나이는 50세 전후, 신장은

158센티미터, 위 속에서 참외 씨가 소화되지 않은 채 발견되어 사망 직전에 참외를 먹었으며 평소 동맥경화증으로 고생하다가 심장마비로 돌연사한 것으로 추정했다.

신추의 시신과 복원된 모습

우리나라에서도 조선시대의 무덤을 이장하는 과정에서 시신이 생생한 모습으로 출토되는 경우가 종종 있었지만, 과거에는 아쉽게도 곧바로 화장하는 경우가 대부분이었다. 하지만 최근에는 미라 상태로 발견된 시신을 연구하여 많은 성과를 내고 있다. 특히 이장 과정에서 발견된 최경선의 미라(1622년 사망)를 이용하여 고인의 초상화를 만든 성공적 사례도 있다. 고대와 중세의 무덤에서 출토된 시신은 문헌 기록만으로는 알 수 없는 당시의 환경, 식생활, 병리, 위생 등 여러 측면을 해명해 주는 역사 자료란 점에서 고인에 대한 적절한 예의를 갖추면서 연구가 진행되어야 한다.

유골에 남은 전쟁의 흔적

전쟁의 참상을 증명하는 유골은 근현대는 물론이고 선사시대 이후 전 역사를 거쳐 많은 사례가 알려져 있다. 대표적인 예가 임진왜란 당시 동래성 전투에서 학살당한 후 해자垓子에 버려진 조선 백성들의 유골이다. 남자와 여자, 어린아이와 성인이 모두 포함된 81구의 유골은 이들이 전투 중에 사망한 것이 아니라 포로로 잡힌 상태에서 학살당했음을 증명하고 있다. 조총과 칼, 창에 살해된 이들이 어떤 과정을 거쳐 절명했는지는 고인골 전문가인 동아대학교 김재현 교수에 의해 생생하게 밝혀졌다.

일본의 야요이시대(기원전 5세기-기원후 3세기)에 규슈 지방의 무덤에서는 머리가 잘리고 몸통만 옹관에 묻힌 경우와 반대로 머리만 묻힌 경우가 확인되는데, 이는 적의 수급을 취하는 형태의 전투가 치러졌음을 의미한다. 화살촉이나 돌칼, 동검 등 무기의 끝부분이 몸에 박힌 인골이 발견되는 경우도 많다. 이에 대해서는 곧바로 사망한 경우, 부상은 치료되었으나 후유증을 앓으면서 몇 년을 더 생존한 경우 등 다양한 경우의 수를 그려 볼 수 있다. 심지어 몸에 박힌 흉기의 나머지 부분을 다른 누군가의 무덤에서 찾아내면 그를 범인으로 지목할 수도 있다.

우리의 경우도 청동기시대 무덤에서 나오는 돌칼과 화살촉 중 일부는 부장품이 아니라 흉기일 가능성이 있다. 한반도의 토양은 산성 성분이 강하여 무덤에서 인골이 발견되는 경우가 드문 편이지만, 부장용으로 넣은 것과는 다른 형태의 화살촉이 발견되거나 부러진 화살촉이 몸통 부위에서 발견되는 경우, 그 화살촉은 부장용이 아니라 사람을 살상한 흉기였을 것이다. 청동기시대에 지배 엘리트들의 무덤에 많은 무기를 부장하는 풍습도 당시 사회가 전쟁으로 긴장 상태에 놓여 있었으며, 군사 지도자를 숭배하는 분위기였음을 말해 준다. 일본의 야요이 문화는 한반도 남부로부터 금속기, 쌀농사, 방어 취락이 통째로 전해지면서 시작되었는데, 이때 전쟁도 함께 전해졌다고 판단된다. 한반도와 일본 열도 모두 작은 지역 단위의 경쟁과 전쟁이 치열해지면서 집단 간, 개인 간 우열의 차이도 커지고, 이에 따라 고대국가의 형성으로 나아가게 된다. 살해당한 인골은 그 여정을 증명해 주고 있다.

과거에는 골절된 흔적을 찾으면 그 이유를 알기 어려웠으나 이제는 사고, 질병, 폭력으로 생긴 것인지도 밝혀 낼 수 있다. 부위별로는 머리에 남은 골절은 폭력에 의한 흔적일 가능성이 높으며, 팔 중 뒤팔뼈에 남은 골절은 적의 공격으로부터 머리를 보호하기 위해 팔을 들었다가 흉기에 다친 흔적일 가능성이 높다.

사회상을 새롭게 해석해 주는 고대 인골

인골은 고대 사회사 연구에도 결정적인 정보를 제공할 수 있다. 어릴 때부터 두개골을 돌이나 나무로 압박하여 변형하는 편두의 습속은《삼국지》에 기록되어 있는데, 김해 예안리 고분군에서 실제로 편두 인골이 발견되면서 그 실체가 확인되었다. 고구려 개마총 고분벽화의 주인공, 신라 금령총 출토 흙인형도 모두 편두로 추정되므로 편두는 기괴한 풍습이 아니라 당시 지배층 사이에서 의외로 광범위하게 유행했던 풍습일 가능성이 있다.

경산의 임당 고분군은 신라에 편입되기 전에 '압독국押督國'이라고 불리던 작은 국가의 우두머리들이 묻혀 있는 곳이다. 택지 개발에 앞선 구제 발굴 조사가 1980년대에 대대적으로 진행되면서 많은 무덤이 발굴 조사되고 인골이 출토되었다. 그 당시는 인골을 역사 복원 자료로 사용할 준비가 아직 갖추어지지 못한 상태였다. 최근 영남대학교박물관이 인골 자료를 하나하나 세세히 분석하면서 많은 사실이 드러났다. 우선 이곳에서도 편두 인골이 적지 않게 섞여 있다는 점이 밝혀졌고, 본격적인 분석 작업에 나서 성별, 수명, 신장, 생시에

앓던 질병, 골절과 치유된 흔적 등을 생생히 밝힐 수 있었다.

안타까운 사건도 확인되었다. 조영 1A-6호묘라고 불리는 한 무덤에서는 성인 여성과 10개월 남짓한 태아가 함께 묻혀 있었다. 출산하는 과정에서 산모와 태아가 모두 사망하는 사고가 난 것이다. 조선시대의 회곽묘灰槨墓에서는 이런 사례가 종종 보이는데, 살이 모두 썩어 버리고 뼈만 남은 고대의 인골에서 이런 사례는 처음 나온 것이다.

사천 늑도와 김해 예안리의 무덤에서 출토된 인골에서는 일부러 생니를 뽑은 흔적이 확인되었다. 발치는 극심한 고통을 수반하며 그 과정에서 목숨을 앗아 갈 수도 있다. 조선 후기의 고전소설《배비장전》은 기생 애랑이 비장 벼슬하는 배씨 남정네를 농락하고, 그 애랑의 사랑을 얻기 위해 생니를 뽑아 주는 배비장의 어리석음을 풍자한다. 고대인들이 왜 발치를 했는지 정확히 알 수는 없다. 다만 인생의 중요한 시점, 예컨대 성인식을 치르면서 실시했거나, 혹은 가까운 친척의 죽음을 애도하며 자신의 신체를 훼손하는 풍습('할체割體')의 한 부류일 가능성이 있다.

하나의 무덤에서 여러 구의 유골이 출토되면 역사학자와 고고학자는 가족묘라고 판단할 것이고, 남녀가 함께 매장되었으면 부부 관계라고 단정할 것이다. 그러나 인골에서 추출한 DNA 검사를 통해 친족 관계를 추적한 최신 연구는 역사학자와 고고학자의 막연한 추측이 그릇되었음을 밝혀냈다. 나주 복암리 1호분의 한 돌방에서는 대형 옹관이 4개 발견되었고, 그중 3호 옹관에서 인골 2인분이 합장된 상태로 출토되었는데, DNA 분석 결과 이들은 모계로 연결됨이 밝혀졌다. 그렇다면 그 관계는 할머니와 손자, 어머니와 아들, 남매,

이모와 남자 조카, 외삼촌과 여자 조카 등으로 좁혀진다. 분석이 실시된 1999년에는 남매의 근친혼을 추정하는 견해가 강했으나, 합장된 남녀가 반드시 부부라는 선입견은 버려야 한다. 21세기에 들어와 복암리 근처의 영동리에서도 여러 개의 돌방과 돌덧널로 구성된 무덤에서 인골이 다수 발견되었다. 김재현 교수의 분석 결과 하나의 매장 시설 안에서 발견된 인골들의 관계는 매우 다양하여서 형제가 함께 묻힌 경우, 남매가 함께 묻힌 경우, 자매가 함께 묻힌 경우, 부부일 가능성이 높은 경우, 혈연적으로 무관한 여성들이 함께 묻힌 경우 등 복잡한 양상을 띠고 있다. 고대 사회의 혼인과 가족 구성, 매장 단위 등에 대한 기존의 상식을 재고해야 함을 말해 준다.

순장 인골이 말해 주는 것

앞에서 살펴본 임당 고분군에서는 순장 인골이 많이 확인되었다. 조영 E3-8호묘라고 불린 무덤에서는 3-5세 정도 된 어린아이가 묻히고 그를 위해 15세 전후의 여성이 순장당한 채 발견되었다. 어린아이는 귀걸이 등의 장신구를 볼 때 귀족이었음이 분명하고, 여성은 시녀 신분이었을 것이다. 어린 자식의 죽음을 애통해하던 부모는 아버지가 착용하던 금동관, 아이가 갖고 놀던 장난감(돌과 토기로 만든 공)을 무덤에 잘 넣어 주었다. 이렇듯 순장을 통해 당시의 사회 풍조와 신분제를 규명할 수 있는 길이 열렸다.

국립가야문화재연구소는 2006년에 창녕 송현동 고분군 발굴조사에 착수했다. 이 유적은 6세기 초 창녕 지역 최고 지배자의 무덤이 몰려 있는 곳이다. 심하게 도굴되어 부장품은 대부분 사라졌으나, 15호분이라고 명명한 무덤에서는 순장당한 4명의 인골이 발견되었다. 조사단은 고고학적 지견만으로는 부족하다고 판단하여 유전학, 생화학, 법의학, 법치의학, 해부학, 병리학, 물리학 등 관련 분야의 연구자들을 소집했다. 상태가 가장 양호한 1구는 성장판이 채 닫히지 않은 신장 153센티미터 정도, 16세 전후의 소녀로 규명되었다. 생전 충치를 앓은 흔적이 있었으며 빈혈로 고생했음을 알 수 있었다. 사망한 시점은 무덤의 추정 연대인 6세기 초 무렵이란 점도 알 수 있었다.

이 정도의 분석은 다른 유적에서도 종종 이루어졌기 때문에 조사단은 한번 욕심을 내어 보았다. 이 소녀를 생생하게 복원해 보기로 한 것이다. 미국 할리우드 영화사들이 활용하는 최첨단 기법을 몸에 익힌 전문가들이 새롭게 추가되었다.

두개골을 컴퓨터 단층 촬영하고 이 소녀와 동갑인 16세의 현대 한국인 여성 40명을 소집하여 얼굴 살의 평균 두께를 계측했다. 평균치를 내어 두개골에 살을 붙여 보니 현대인보다 약간 짧은 턱뼈, 펑퍼짐한 얼굴의 소녀가 나타났다. 전신 뼈대를 복원하여 세우고 여기에 살을 붙였다. 손가락, 발가락, 머리카락과 코털 하나까지 세밀하게 붙이니 8등신에 가깝지만 마른 몸매의 소녀가 나타났다. 송현동이란 지명을 따서 '송현이'라고 불리게 된 이 소녀는 살아생전 모시던 주인의 죽음에 즈음하여 강제로 죽임을 당했다. 인골에 절단 흔적이 없는 것을 볼 때 독약을 먹이거나 목을 졸라 죽인 것으로 추정되었다. 송현이를 순장한 이유는 그녀의 주인이 저승 세계에서 안락한 생활을 즐기게 하기 위해서였다. 왼쪽 귀에는 금동제 귀걸이를 하고 있었지만 정강이와 종아리에는 어려서부터 무릎을 꿇고 생활한 가엾은 흔적이 고스란히 남아 있었다.

《삼국사기》에 의하면, 신라 사회에서 502년에 순장 금지령이 내

함안 말이산 고분군에서 발굴된 가야의 순장당한 소녀

려지기 전에는 "국왕이 죽으면 남녀 각 5인을 순장했다."라고 한다. 실제로 5세기 무렵의 왕릉인 황남대총에서는 순장당한 소녀의 인골이 출토되었다. 가야의 경우는 순장에 대한 기사가 없으나 김해 대성동, 함안 말이산, 고령 지산동 등 당시의 왕릉급 고분에서 많은 사람을 순장한 흔적이 발견되었다. 대표적 순장묘인 고령 지산동 44호분은 중심에 주인공이 묻힌 주곽이 자리 잡고 그 주위에 창고 기능의 부곽 2기, 그리고 순장자들을 매장한 곽 32기가 방사상으로 배치되어 있다. 주곽과 부곽에서도 순장자가 발견되었기 때문에 총 30명이 넘는 사람들이 순장된 셈이다. 그들의 나이는 10대부터 60대까지 다양하다. 마구를 갖추고 묻힌 사람은 주인의 마부로 추정되며, 순금제 이식을 착장하고 환두대도環頭大刀를 갖고 있는 청년 남성은 호위 무사, 금제 이식을 착장한 여성은 시녀로 추정된다.

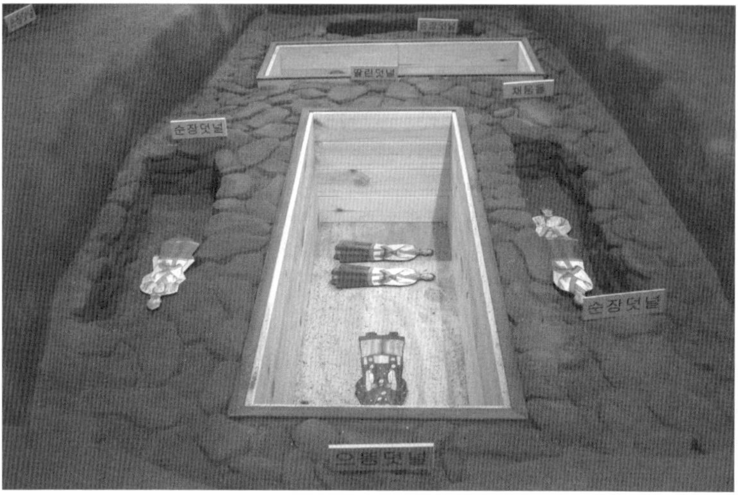

순장이 행해진 가야 고분의 모형

순장당한 사람의 사회적 지위는 노예이고, 순장은 고대 노예제 사회의 존재를 증명하는 유력한 증거라는 견해가 한때 역사학계의 통설이었다. 그런데 지산동 고분에서 순장당한 사람 중에는 이렇듯 귀한 물건을 소지한 자가 여럿 있었다. 심지어 73호분에서는 순장당한 인물이 금동관을 쓰고 있었다.

인골에 대한 골화학적 분석 결과는 더욱 놀라웠다. 고령만 아니라 가야 고분 여기저기에서 출토된 순장 인골들을 분석한 결과 이들이 생전에 육류와 곡류를 골고루 섭취했고, 심지어 육류 섭취가 많았던 경우도 있었다. 순장당한 사람이 모두 허기진 배를 움켜쥐고 강제 노역에 종사하다가 죽임을 당한 노예는 아니었다는 이야기이다. 왕궁이나 귀족의 저택에서 그들의 안락한 삶을 유지하기 위해 사역되었을 것이며, 심지어 그중 일부는 왕족이나 귀족의 먼 친척이었을 것이다.

삼국시대의 사회적 성격을 밝히는 데에 매우 중요한 순장의 구체적 내용을 알기 위해서는 문헌만으로는 불가능하고, 고인골에 대한 법의학적·체질인류학적 연구가 함께 이루어져야 한다. 그렇다고 역사학자가 체질인류학과 법의학을 겸할 수는 없고, 그럴 필요도 없다. 다만 인접한 학문 분야의 연구방법론을 적극적으로 활용할 때, 안개로 덮인 고대 사회의 면모가 서서히 밝혀진다는 희망을 품어야 한다. 역사학이 인문학의 철창에 갇혀 있던 시대는 지났다. 고대사 연구 역시 예외가 아니다.

4 뼈를 통한 역사 연구의 지평

백제 무왕의 죽음

대왕의 건강은 갈수록 나빠졌다. 백약이 무효했다. 왕후의 극진한 간호도, 의관의 약도, 불공도 소용이 없었다. 젊을 때 말에서 떨어지면서 다친 허리로 보행에 조금 불편함이 있었는데, 고령에 접어든 요즘은 원인을 알 수 없는 척추 통증이 더욱 심해졌다. 사택씨 가문 출신 왕후는 거금을 들여 미륵사 서편에 웅장한 석탑을 건립했다. 639년 1월 29일 석탑의 심초석 안에 중국, 동남아시아, 인도에서 들여온 온갖 진귀한 보물과 고위 관료들이 자발적으로 바친 보물들, 그리고 부처님의 사리를 모셨다. 왕후의 간절한 염원을 담아 순금제 판의 앞뒷면에 총 193자를 새겼다. 그 내용의 핵심은 "백제 왕후인 좌평 사택적덕의 따님은 긴 세월 선행을 쌓아 지금 생에서 특별한 보답을 받으셨습니다. (…) 대왕폐하의 수명이 산악처럼 굳건하고, 보위는 천지처럼 오래가기를 엎드려 바라옵니다."라는 글귀였다. 그러나 2년 2개월이 지난 641년 3월 대왕은 끝내 기력을 회복하지 못하고 붕어하셨다. 재위 기간만 40년이 넘고 나이는 60세를 넘기셨으니 당시로서는 장수한 편이지만, 젊을 때 산을 뒤져 마를 캐면서 얻은 건

강도 세월의 무게를 이기지 못했다. 《삼국유사》는 마를 캐서 팔던 이 청년이 신라 진평왕의 셋째 딸을 부인으로 얻고 백제왕이 되었다고 전한다. 출생에서부터 왕이 되는 과정이 수수께끼투성이인 무왕(재위 600-641년)이 바로 그분이다.

대왕의 장례는 왕실에 퍼져 있던 유교식 의례에 따라 치러졌고, 최고급 석재를 가공한 판석을 조립하여 대왕릉에 걸맞은 커다란 돌방무덤(석실묘)이 만들어졌다. 그 위치는 선대 왕들을 모신 웅진이나 사비가 아닌 대왕이 살아생전 온 힘을 다하여 건설한 새로운 왕도 금마저로 정해졌다. 일본에서 가져온 최고급 금송을 가공한 판재에 검은 옻칠을 하고, 금동판으로 장식하고 금동제 못으로 조립했다. 대왕의 시신을 모신 관은 무덤 중앙에 큰 판석 1장으로 만든 관 받침 위에 모셔졌다. 왕릉의 문이 닫히면서 장례는 종료되었다.

익산 쌍릉에 대한 소문

백제의 금마저에 해당되는 전라북도 익산에는 오래전부터 민간에서 '대왕릉'과 '소왕릉'이라고 불리는 큰 무덤이 2개 있었다. '쌍릉'이라고 불리는 이 무덤들은 고려시대부터 왕과 왕비의 무덤으로 인식되었다. 1327년경에는 대왕릉 도굴 사건이 벌어져 범인들이 수감되었으나 2년 만에 탈출하여 큰 사회 문제를 야기한 적도 있었다. 조선시대에 접어들면 어렴풋하게나마 쌍릉에 백제 무왕 부부가 묻혀 있다고 생각되었다.

1917년 12월 한겨울에 야츠이 세이이츠란 일본인 고고학자가 대왕릉의 문을 열었다. 오래전에 자행된 도굴로 무덤 내부에는 부장품이 별로 남아 있지 않았기 때문에 사람들의 관심을 별로 끌지 못하고 무덤의 문은 다시 닫혔다. 하지만 무덤의 규모가 워낙 대단했기 때문에 백제 말기의 왕과 왕비의 무덤이란 믿음은 더욱 굳어졌다. 이 때 수습된 사람의 어금니 몇 개와 목관의 잔편, 목관 장식품 몇 점은 우여곡절을 겪은 후 국립전주박물관에 보관되었다. 이후 쌍릉에 묻힌 사람은 백제 무왕과 그의 부인, 즉 선화공주라는 믿음이 널리 퍼졌다.

2009년 미륵사지 서탑을 수리하는 과정에서 출토된 금제 사리봉안기는 학계를 발칵 뒤집어 놓았다. 무왕의 왕비는 선화공주이고 두 분의 발원에 의해 미륵사가 조영되었다는《삼국유사》기사에 기초한 13세기 이래의 정설이 붕괴되는 순간이었다. 백제 왕후가 사택적덕의 따님이고 이 분에 의해 639년 서탑에 사리 봉안이 이루어졌다는 기록은 부정할 수 없는 사실이었다. 학계는 이윽고 무왕의 왕비가 선화공주인지 사택왕후인지, 선화공주와 서동의 러브 스토리는 허구인지, 미륵사 창건의 주체는 누구인지를 둘러싼 논쟁의 늪에 빠져들고 있었다. 쌍릉 중 왕비의 무덤이라고 하는 소왕릉에 묻힌 분이 선화공주인지 사택왕후인지도 쟁점으로 대두되었다.

당시 국립전주박물관 학예연구실장이던 이주헌은 대왕릉에서 출토된 어금니를 분석한 결과 여성의 것으로 판정되었기 때문에 이 무덤은 결코 무왕의 무덤일 수 없다고 주장했다. 그 결과 대왕릉이 사택왕후, 소왕릉이 무왕의 무덤이라는 주장까지 나왔다. 미륵사 창건과 쌍릉의 피장자를 둘러싼 대혼란을 잠재우기 위해 국립부여문화재연구소와 원광대학교 마한백제문화연구소가 재발굴 조사에 들어갔다. 2018년 3월, 대왕릉의 무덤 문을 열고 안으로 들어간 조사단은 놀라움을 감추지 못했다. 관 받침 위에 나무 상자가 놓여 있었고,

그 안에는 작게 조각난 사람의 뼈가 소복이 담겨 있었다. 야츠이의 조사에서는 전혀 발표되지 않은 이 유골함과 뼈의 정체는 무엇일까? 선화공주의 것일까? 사택왕후의 것일까? 대왕의 것일까? 이것도 저것도 아니라면 후대의 엉뚱한 사람의 뼈일까? 이번에는 가톨릭대학교 응용해부연구소가 나섰다. 작게 조각난 뼛조각들을 컴퓨터 단층촬영하고, 형태적으로 구분되는 위팔뼈, 넙다리뼈, 정강이뼈, 목말뼈 등 102개의 뼛조각을 집중 분석 대상으로 삼았다.

드디어 2018년 7월 17일 오후, 가톨릭대학교병원에 고고학, 역사학, 법의학, 유전학, 생화학, 암석학, 임산공학, 물리학 분야의 전문가들이 모였다. 부검용 테이블 위에는 실제의 인골, 그리고 약해진 인골의 상태를 감안하여 3D 프린팅한 모형이 놓여 있었다. 연구를 주도한 이성준 국립부여문화재연구소 실장이 취지를 설명하고 이어 인골 감정을 주도한 가톨릭대학교 의대 이우영 교수가 결과를 발표했다. 이 뼛조각들은 여러 사람이 아닌 한 사람의 것이며, 신장이 161-170센티미터 정도로서 상당히 큰 편이고 60대 이상의 남성, 생전에 낙상한 결과 골반뼈에 골절이 생겨 후유증을 앓은 사실, 늙어서 DISHDiffuse Idiopathic Skeletal Hyperostosis(광범위 특발성 뼈과다증)에 걸려 척추에 극심한 통증을 안고 살았다는 점을 밝혀냈다. DISH란 병은 인대가 골화(뼈처럼 되는 현상)되는 희귀 질환으로 50세 이상의 남성에게서 발병할 가능성이 높으며, 원인이 분명치 않으나 어패류를 장기간 다량 섭취한 결과로 생길 수 있다는 부연 설명도 덧붙였다. 법의학자들은 종전 연구에서 어금니를 여성의 것으로 본 주장에 반대하고, 연령이 높은 점은 분명하지만 성별은 알 수 없다고 했다. 연대 측정을 담당한 팀은 정강이뼈에서 떼어 낸 시료를 분석하여 이 인

익산 미륵사지 서탑을 수리하는 과정에서 출토된 금제 사리봉안기 앞면

해체 전 미륵사지 서탑 동측 면(좌), 무왕의 뼈가 담긴 상자(우)

골의 주인공이 숨을 거둔 시점은 620년부터 659년 사이일 가능성이 68퍼센트라는 결과를 발표했다. 임산공학 전문가는 유골함의 수종이 1917년 야츠이가 조사 종료 후 돌문을 닫을 때 사용한 나무쐐기와 같은 수종임을 밝혀냈다. 야츠이가 흩어져 있던 인골을 수습하고 부랴부랴 제작한 나무함에 넣어 두었을 가능성이 높아진 것이다. 공주대학교 정재윤 교수는 이 인골의 주인공이 노년에 DISH로 고생한 사실과 사택왕후의 기원이 담긴 금제 사리봉안기에서 유독 대왕의 건강을 기원한 사실이 무관하지 않음을 설명했다. 마지막으로 고고학 전공자인 충남대학교 박순발 교수가 가세했다. 대왕릉의 규모는 왕릉급임이 분명하고 그 연대는 7세기 전반 무렵으로 비정된다는 것이다. 전문가들은 의견을 종합해 보았다. 7세기 전반에 사망한, 평균 이상으로 큰 신장의 노년 남성, 고급스러운 음식을 장기간 섭취한 결과 발생한 질병으로 극심한 통증에 시달렸고 장기간 투병한 병력, 익산이란 신도시에 묻힌 백제의 왕.

무왕을 제외하고는 다른 누구도 떠오르지 않았다. 짧지 않은 침묵의 시간이 지나고 국립부여문화재연구소의 이상준 소장이 입을 열었다. "그렇다면 이 인골을 백제 무왕의 것으로 보아도 되겠습니까?" 모든 참가자가 입을 모았다. "네." 원광대학교 최완규 교수가 나지막이 말했다. "여러분, 백제 무왕이십니다. 예를 표하시죠." 참가자들은 뼛조각으로 우리 앞에 모습을 드러낸 무왕 앞에서 고개 숙여 예를 표했다. 다음 날 오전, 모든 언론에서 "백제 무왕의 무덤 확인"이란 내용의 기사가 일제히 발표되었고, 이 사건은 2018년 고고학, 고대사 연구의 최대 성과로 평가되었다. 이 과정에 참여한 필자는 여러 분야의 전문가가 모여 고대사 최고의 난제를 해결하던 과정을 생각하면 지금도 소름이 돋곤 한다.

2019년에는 소왕릉을 발굴 조사했으나 묻힌 사람의 정체를 밝힐 수 있는 적극적인 증거는 발견되지 않았다. 무왕의 부인이 선화공주라는 《삼국유사》의 내용은 허구일까? 선화공주와 사택왕후의 관계는? 두 분이 모두 무왕의 부인이었을까? 백제사 최고의 미스터리를 둘러싼 치열한 논쟁을 기대해 본다.

인골이 품은 수많은 비밀

인골 연구를 통해 특정 인물의 신원을 정확히 밝힌 무왕의 경우는 매우 극적이며, 이렇게 운이 좋은 경우는 드물다. 신원 파악에 실패하더라도 고인의 직업이나 생전 습관을 파악할 수 있는 경우는 많다. 남해안의 통영 욕지도에서 출토된 신석기시대의 사람 뼈에서 외이도 골종이 확인된 적이 있었다. 이는 장시간 잠수한 결과 수압으로 인하여 뼈에 생긴 염증이 점점 딱딱해지면서 외이도를 막는 병이다. 잠수부와 해녀에게서 많이 발생하는데, 지금이야 외과 수술로 치료가 되지만 당시에는 심한 난청에 시달렸을 것이다. 신석기시대의 직업병 중 하나인 셈이다.

때로는 폭력이 아니라 뼈에 역학적 스트레스를 받아 골절이나 변형이 이루어진 흔적을 찾을 수 있다. 살아생전 과도한 노동에 시달리거나 무릎을 꿇고 사는 시간이 많아지면서 뼈에 이상 징후가 나타난 경우를 통해 신분이나 직업을 추정할 수 있다.

나주 영동리의 한 고분에서 발견된 노년 여성은 이마 한복판에 종양을 앓은 흔적이 있었다. 노년의 나이가 되어서야 사망한 것을 보면 악성은 아니고 양성이었던 것 같다. 결핵, 나병, 매독과 같은 전염성 질병도 뼈에 흔적을 남긴다. 사천 늑도의 초기 철기시대 유적에서는 결핵의 흔적이 발견되었고, 서울 은평 뉴타운지구의 조선시대 집단 매장지에서는 매독의 흔적이 확인되었다. 질병의 흔적을 찾는 작업은 유라시아적 차원에서 퍼져 나갔던 전염병의 발생지와 확산 경로를 찾는 작업에도 이용된다.

고인골과 동물고고학 전공자인 서울대학교 이준정 교수는 안정동위원소 분석을 통해 흥미로운 연구 성과를 발표했다. 안정동위원소 분석이란 살아생전 섭취한 식료의 종류에 따라 특정한 안정동위원소 정보가 뼈와 치아에 기록되며, 시간이 흘러도 그 비율은 변하지 않는다는 원리에 따른 분석이다. 전북 완주 은하리에 있는 6세기 무렵의 백제 돌방무덤에서 출토된 남성의 뼈에서 콜라겐을 추출하여 분석해 보니 벼, 보리, 콩 등 식물성 식료는 많이 섭취한 반면 육식은 거의 하지 않았다는 사실이 드러났다. 무덤의 규모를 볼 때 신분이 상당히 높은 귀족이었음이 분명하기 때문에 무언가 개인적인 사정이 있었던 것 같다. 까다로운 식성에서 비롯되었을 수도 있으나, 당시 백제 사회에 불교가 널리 퍼져 있었음을 고려한다면 신실한 불교 신자였을 가능성이 높다. 독실한 불교 신자였던 29대 법왕은 599년에 명령을 내려 민가에서 기르는 사냥용 매는 풀어 주고, 물고기를 잡고 동물을 사냥하는 도구는 불태워 버리게 했다. 살생 자체를 금지한 셈이니 육식 문화가 크게 위축될 수밖에 없었을 것이고, 고위 관료들은 왕의 명을 거스르기 어려웠을 것이다.

이와 반대의 경우도 있다. 당진 우두리에서 역시 6세기대 돌방무덤들이 조사되었는데, 이곳에서 발견된 인골들은 어패류를 다량 섭취한 것으로 추정되었다. 바닷가에 위치한 지리적 장점을 한껏 살려 살았던 것이다. 반면에 바로 인접한 곳에 위치한 또 다른 무덤에서는 여러 명이 집단으로 매장되어 있었는데, 두개골 외상, 쇄골 골절, 견갑골 탈골 등 다양한 부상 흔적이 확인되었고 이로 인해 뼈가 변형된 양상도 나타났다. 사회적으로 매우 열악한 보건 및 위생 환경에 처해 있었던 셈인데, 어패류의 섭취는 매우 적은 반면에 육상 동물을 많이 먹은 모습을 보인다. 신분이 낮은 집단은 사냥을, 그보다 높은 집단은 어패류를, 더 높은 귀족은 채식만을 하던 식문화를 확인할 수 있다.

송현이가 포함된 창녕 송현동 15호분의 순장자들도 깜짝 놀랄 만한 사실이 있다. 남녀 2인씩으로 구성된 그들은 모두 젊은 나이였다. DNA 분석 결과 남성 2명은 모계가 같은 혈족으로 밝혀졌다. 그중 1명은 다른 사람들과 달리 쌀, 보리, 콩, 견과류를 많이 먹었고, 단백질도 다른 사람들보다 많이 섭취한 것으로 드러났다. 반면 가엾은 송현이는 주로 기장과 조를 먹었고 단백질 섭취량도 제일 낮았다. 그런데 여기서 끝이 아니었다. 단백질을 제일 많이 섭취한 남성의 발에는 인간의 발가락이 아닌 고라니의 발가락이 붙어 있었다. 어떻게 이런 일이 가능할까? 살아생전 잃어버린 발가락을 고라니 발가락과 발굽으로 대신하고 살았던 것인가? 아니면 순장할 때 없는 발가락을 달아 준 것인가? 후자라면 그 의도는 무엇인가? 죽어서도 주인을 위해 고라니처럼 뛰어다니라는 잔인한 주문인가?

우리는 이 문제에 아직 답할 수 없다. 뼈는 1,000년도 넘는 과거의 수수께끼를 품고 있다. 하지만 언젠가는 진실을 털어놓을 것이다. 단, 우리가 그 비밀을 들을 적극적인 자세와 치밀한 준비를 갖추었을 때만이다.

5 **과학적 연구**가 바뀐 **무령왕릉** 이야기

한국사학계의 바뀌어야 할 연구방법론

2021년은 공주에서 무령왕과 왕비의 무덤이 발견된 1971년 이후 정확히 반세기의 세월이 흐른 해이다. 무령왕릉 발견 50주년을 기념하여 2019년부터 관련 학술 대회가 줄줄이 개최되었다. 필자도 2019년 10월 서울과 2020년 11월 공주에서 두 번에 걸쳐 각기 다른 학술 대회에 발표자로 참석했다. 이 자리에서 필자는 많은 사람의 심기를 거스르는 발언을 했다. 듣기 좋은 말을 할 수도 있었지만 학계의 현실을 정확하고 냉정하게 진단할 의무감 같은 것을 느꼈다. 작심 발언의 핵심은 "무령왕릉 연구의 주도권이 역사학자와 고고학자의 손을 진작 벗어나 미술사학자의 손을 거쳐 이제는 완전히 보존과학자에게 넘어갔다."라는 것이었다. 관련 학자와 청중 대부분이 불쾌감을 느꼈겠지만 분명한 사실이다.

50년 동안 수많은 전시 도록, 보고서, 연구서, 논문이 출간되면서 무령왕릉과 출토 유물, 무령왕의 시대에 대한 학계의 이해는 매우 깊어졌다. 그런데 21세기에 접어들면서 새로운 현상이 관찰되었다. 출토 유물을 다루는 미술사 연구는 그나마 꾸준히 이어지고 있으나 고대사와 고고학적 연구 성과는 퇴조하고 있었던 것이다.

반면 유물의 제작 기술, 재질 분석, 보존 처리 방안 등 과학적인 연구가 크게 늘어났고, 첨단 장비를 이용하여 연구자들을 눈으로 보이지 않고 손으로 만질 수 없는 마이크로한 세계로 안내하는 성과도 크게 늘었다. 그런데 아쉽게도 과학적 연구는 역사학계와 고고학계로 환류되지 못하고 있었다. 새로운 과학적·분석적 연구 성과가 역사학계와 고고학계에 별 영향을 끼치지 못한 것을 볼 때, 학문 분야 간의 장벽 낮추기가 성공하지 못한 셈이다. 냉정하게 말하자면 새로운 과학적 연구의 성과를 적극적으로 수용할 자세가 역사학자와 고고학자에게 부족했던 것이다.

불편한 진실을 공식적인 자리에서 언급했으니 분위기가 좋았을 리 없다. 하지만 필자는 이 문제에 대해 양보할 수 없다는 판단이 섰다. 오래전에 전자공학을 전공하는 교수와의 자리에서 들은 이야기이다. 진공관이 개발되었을 때 관련 공부를 한 교수는 귀국 후 평생 진공관만 강의하고, 트랜지스터가 개발되었을 때 유학을 다녀온 교수는 평생 트랜지스터만 강의한다고 한다. 시대는 바뀌어 집적회로(IC)의 시대에 접어든 지 오래되었지만, 같은 학과에서 교수의 세대에 따라 진공관, 트랜지스터, 반도체 강의가 각각 진행된다는 자조적인 이야기였다. 대부분의 연구자가 젊었을 때 공부한 내용과 방법론을 평생 버리지 못하므로, 새로운 방법론과 정보에 어두워지고, 나이가 들어도 자신이 아는 것만 가르친다는 것이다.

이 말을 들으면서 한국사학계가 떠올랐다. 전자공학계는 유학이라도 다녀오면서 새로운 사조를 경험하지만, 박사학위를 받을 때까지 유학은커녕 해외 연수도 별로 접하지 못하는 한국사 연구자들이 세계의 최신 흐름을 학습할 기회는 매우 제한적이다. 아마 모든 학문 분야를 통틀어서 가장 심각한 분야가 한국사, 그중에서도 고대사일 것이다. 수십 년이 지난 고색창연한 연구 주제와 방법론이 여전히 통용되는 것이 학계의 현실이다. 사회는 아날로그 시대를 벗어나 디지털 시대에 깊숙이 진입했으나 우리 학계에서는 복사물을 읽으면서 발표하는 연구자를 보는 것도 드물지 않다.

여기에 까마득히 먼 옛날의 드넓은 강역을 주장하는 것이 고대사 연구의 본령인 것으로 오인하는 사회적 분위기가 겹치면서, 우리 학계는 여전히 위치 비정, 영역 추정 작업에 동원되어야 한다. 최근에는 낙랑군의 위치는 물론이고 백제, 신라, 가야가 한반도에 있었다는 당연한 사실을 증명해야 하는 고충을 겪고 있다. 백제의 왕성이 중국이 아니라 서울, 공주, 부여에 있었다는 당연한 사실을 증명해야 하며, 신라의 위치가 북아메리카가 아니라 한반도 동남부에 있었다는 사실도 입증해야 한다. 가야의 여러 세력이 쓰시마나 규슈가 아닌 경상도 일대에 퍼져 있었다는 자명한 사실을 증명하면서 시간을 보내야 한다. 이런 시대착오적인 작업으로 세월을 보내면서, 눈부시게 발전하는 과학 기술을 활용하여 고대 사회를 복원하려는 시도는 지지부진할 뿐이다.

다양한 관점에서 바라본 무령왕릉

물론 역사학자와 고고학자에 의한 무령왕릉 연구가 답보 상태에 있는 것만은 아니다. 역사학자들은 주로 묘지와 매지권買地券에 대한 재해석 부분에서 활동했는데, 기존의 해석에 의문을 제기하고 새로운 해석을 시도하거나 국내 연구자의 성과가 미미하던 역법, 서예

사적 가치 등이 논의된 점은 의미가 크다.

하지만 왕비의 은제 팔찌 1쌍에 새겨진 명문을 "경자년 2월에 만들었다. 多利作 대부인이 영원토록 백세의 소유주이실 뿐입니다." 라고 읽어서 왕비의 이름이 다리작이란 주장, '急使'명 전돌의 '급사'가 전돌의 사용 부위가 아닌 관직이라는 견해는 수용하기 어렵다. 고대의 공인의 이름이 새겨진 수많은 공예품의 사례, 급사라는 동일한 글자가 새겨진 중국 남조의 전돌을 고려하면 비교사 연구의 빈곤을 절감할 뿐이다. 고대사 연구자들이 발휘할 수 있는 방법론이 문자 자료 분석에 국한되면서 나타난 현상인데, 중국의 묘지와 매지권, 명문 자료에 대한 광범위한 소화가 우선되어야 함을 절감하게 된다. 한편 매지권, 진묘수鎭墓獸, 구리 거울銅鏡을 근거로 도교적 요소를 추출하려는 시도는 문자 자료를 넘어 유물의 기능과 의미에 대한 역사학적·사상사적 해석을 시도한 점에서 의미가 있다.

고고학적 연구는 발굴 조사 당시 출토 위치가 분명치 않던 일부 유물의 위치를 재조사하거나 누락된 유물을 보고하는 정도였다. 그래서 무령왕릉과 유사한 중국 남조 고분을 전공하는 중국인 연구자들이 묘지와 매지권, 진묘수, 청자, 구리 거울, 유리 동자상, 탄목제 동물 모양 장식, 철제 오수전과 동제 다리미 등을 중국의 것과 비교하는 연구가 주목되었다. 동북아시아의 고분 문화를 대상으로 하는 연구가 활성화되는 데에는 무령왕릉에 대한 고고학적인 연구가 일조했다고 평가할 수 있다.

미술사 연구는 무령왕릉 출토 유물에 보이는 문양을 통해 종교적인 지형을 그려 보거나, 첨단 기술이 동북아시아에서 이동 및 확산되는 모습을 그린 연구가 많았다. 무령왕릉에서 발견된 유물 중에는 용무늬고리자루칼, 베개와 족좌 등에 육각형무늬(귀갑문, 거북등무늬)가 표현된 것이 많다. 이런 무늬가 한성기 이후 중앙 공방에서 지속적으로 발전했음을 논증하면서, 제작지를 둘러싸고 말도 많던 무령왕의 용무늬고리자루칼이 백제산임을 논증한 연구도 주목된다.

무령왕릉만이 아니라 거의 모든 경우에 미술사는 고대사와 고고학보다 자유롭게 국경을 넘나드는 분야이다. 대부분의 미술사 연구자는 현재의 국경에 구애받지 않고 문양 모티프나 양식, 기술의 전래와 관련하여 광범위한 공간을 연구 대상으로 다루곤 한다. 많은 미술사 연구자들이 세계 곳곳의 박물관이나 유적을 답사하면서 고대사와 고고학 연구자들에게 자괴감을 줄 때가 많다.

무령왕릉에 관한 비논리적인 신화 깨기

21세기에 접어들면서 충남대학교 박순발 교수를 중심으로 필자를 포함한 연구자 10여 명이 뜻을 모아 '육조문화연구회'를 결성한 적이 있었다. 고대사, 고고학, 미술사 전공자들이 한국 고대사와 고대 문화를 이해하기 위한 방편으로 중국의 육조六朝 문화를 본격적으로 연구하자는 취지로 모인 것이다. 매년 2회 이상 중국의 유적을 답사하고 유물을 관찰하며 중국 연구자들과 교류했다.

그때의 성과를 기초로 필자는 무령왕릉에 대한 단행본을 낼 수 있었다. 하지만 그 과정에서 몇 차례 억울한 경험이 있다. 무령왕릉의 구조와 장법, 일부 유물이 같은 시기의 중국 남조 양나라의 것과 닮았고 그 원인은 당시 백제가 양나라의 선진 문화를 적극적으로 수용했기 때문이라는, 지금으로 보아서는 지극히 온건한 주장이었다. 하지만 사회와 학계 일각의 반발은 만만치 않았다. 백제의 기술과 문화 수준을 감안할 때 무령왕릉 정도의 건축물은 백제 공인들이 충분히 만들 수 있고 부장품은 대부분 백제에서 제작했을 터인데, 왜 걸핏하면 중국에 갖다 붙이냐는 비판이었다. 민족문화의 독자성에 대한 모독으로 비쳐진 모양이다.

하지만 30가지가 넘는 크고 작은 전돌을 수천 장 구워 터널 모양의 무덤을 완벽하게 만드는 것은 자체 기술만으로는 불가능하다는 것이 필자의 생각이었다. 그러자 백제인들이 중국 양나라의 도성인 난징을 방문하고 황제릉을 관찰하면 무령왕릉을 만드는 것도 가능하다는 반론이 나왔다. 하지만 외국의 사절단과 공인에게 자국의 황제릉을 만드는 공정과 무덤 내부를 공개한다는 것은 절대 있을 수 없다는 것이 필자의 반론이었다.

무령왕릉의 지석과 묘지에는 의미를 알 수 없는 구절이 몇 군데 있는데 '不從律令(부종율령)'이란 표현도 그중 하나이다. 중국에서 발견된 묘지와 매지권은 그 수가 아주 많은데 '율령'이란 표현이 나올 경우에는 대개 '如律令(여율령)'이나 '急急如律令(급급여율령)'으로 마무리된다. 그 의미는 "이미 고인이 된 이상 인간 세계의 구질구질한 법률 체계에 따를 필요가 없다."라는 것이지만, 거의 주문이나 후렴구처럼 되어서 내용을 이해하는 데에 무의미한 표현이다. 그런데 무령왕릉에서 '不從律令'이란 표현이 발견되자 고대사학계는 두 가지 주장을 하게 된다. 우선 당시 백제 사회에 율령이 존재했음을 입증하는 사례이며, 이 문자를 통해 백제 율령을 파악할 수 있을 것이란 기대이다. 그다음은 중국의 표현과는 다른 백제 고유의 표현이므로 백제 독자성의 발현이라는 것이다.

하지만 필자는 이런 추론에도 반대했다. 묘지와 매지권을 무덤

① 중국 동진시대 왕흥지의 묘지 ② 한국 삼국시대 백제 무령왕의 묘지
③ 중국 남북조시대 양나라 계양국 태비의 묘지 ④ 중국 육조시대 각종 묘지

에 넣는 풍습 자체가 중국적 장례 풍습이므로 여기에서 백제 고유한 면모를 찾으려는 노력은 무의미하다고 판단했기 때문이다. 율령이란 표현도 지하의 신에게서 땅을 구입한다는 내세관의 산물이므로 이를 통해 현실 세계의 율령 조항을 복원하겠다는 시도는 애초에 잘못된 것이다.

내친김에 중국 한나라와 삼국, 육조시대(동오, 동진, 송, 제, 양, 진)의 묘지와 매지권을 모두 찾아보았다. 난징 서선교에서 발견된 양나라 보국장군의 무덤을 보고 무릎을 쳤다. 무령왕릉과 거의 같은 시기

중국 육조 박물관에 전시되어 있는 남조의 연화문전돌

인 6세기 전반에 만들어진 이 무덤에서 출토된 매지권을 중국인 학자들은 '不從侯令(부종후령)'으로 판독했다. 육조시대 난징에서 만든 묘지와 매지권은 대부분 무르고 표면이 떨어져 나가기 쉬운 암석으로 만들었다. 게다가 새긴 글자의 깊이가 좁고 얕아서 판독이 불가능하거나 어려운 경우가 많다. 따라서 '不從侯令'이 아니라 '不從律令'을 잘못 판독했을 것이란 심증이 굳어졌다. 이런 사정을 감안하여 무령왕릉의 '不從律令'이란 표현이 결코 백제 고유의 표현이 아니란 주장을 했던 것이다.

이런 예는 부지기수이다. 무령왕릉의 벽을 쌓는 방식은 전돌을 눕혀 4층으로 포개 쌓고 그 위에 한 장을 세우는 방식(4평1수)을 반복하면서 위로 올라가는 방식이다. 그런데 중국 무덤은 3평1수 방식으로 쌓았기 때문에 무령왕릉의 축조 방식은 비중국적이고 이는 곧 무령왕릉의 독자성을 입증하는 근거란 주장도 있었다. 하지만 중국의 전돌무덤을 찾아보면 무령왕릉과 동일한 4평1수 방식은 얼마든지 있다.

매사에 이런 식이다. 우리는 전통문화의 독자성과 우수성을 강조하기 위해 중국의 영향을 받지 않았거나 덜 받았음을 애써 강조한다. 하긴 일본도 마찬가지여서 한반도를 통해 선진 문물이 유입된 것을 '반도계'라고 하지 않고 굳이 '대륙계'라고 표현하곤 한다. 쌀농사, 마제석기, 환호취락, 금속기, 한자, 문서 행정, 불교, 율령 등이 그 예이다.

하지만 그런 주장은 연구가 진전되어 자료가 축적되면 대개는 사상누각처럼 무너질 운명이다. 이런 의미에서 필자는 무령왕릉과 관련된 우상을 많이 무너뜨린 셈이다. 백제적인 고유성을 강변하는 것은 사실 왜곡이며 무의미하다는 생각이다. 웅진기 백제 왕실이 왜 양나라의 묘제와 장제를 고스란히 수입했는지를 규명하는 것이 정상적인 연구자의 책무이다. 백제는 사비로 천도하면서 양나라 묘제와 장제의 좋은 점만 취하고 나머지는 과감하게 버렸다. 그 결과 부여 능산리 고분군은 전돌이 아닌 다듬은 돌로 만들면서 과거의 돌방무덤 전통으로 회귀했다. 다만 양나라 무덤의 장점만 수용하여 단면이 육각형을 띠는 터널 모양을 창출했다. 이것이 백제가 외래문화를 대하는 기본적인 룰이었다.

이제는 역사학이 인문학의 울타리를 벗어나야 할 때

무령왕릉 연구에서는 역사학, 고고학과 미술사를 대신하여 고고유물을 대상으로 하는 과학, 즉 고고과학이 연구를 주도하게 되었다. 고고과학자의 손길이 미치지 않은 곳이 없다고 해도 될 정도이다.

무령왕릉 자체의 안전도 검사, 봉토 함몰 방지, 내부의 온도와 습도, 이끼와 곰팡이, 홍수 피해나 결빙 현상 방지, 전돌의 내구성과 토압에 의한 훼손 방지 등 이들의 활동이 없었으면 대한민국의 사적이자 유네스코 세계유산인 무령왕릉이 온전히 보존될 수 없었을 것이다.

식물학자의 분석 덕분에 왕 부부를 모신 목관은 금송이고, 이 정도로 큰 금송이 한반도에 없었기 때문에 일본산일 가능성이 오래전부터 논의되었다. 일본에서도 지위가 높은 인물의 목관 재료로 금송이 사용되었고, 중국에서는 아직 금송으로 만든 목관의 발견 사례가 없기 때문에 무령왕 부부를 모신 목관 재료가 일본산 금송임은 거의 확실한 것 같다. 그런데 연구가 진행되면서 사비기 왕, 아마도 위덕왕이 묻혀 있을 가능성이 높은 부여 동하총도 금송, 무왕의 무덤이 확실시 되는 익산 쌍릉 대왕묘의 관재도 금송으로 밝혀지면서, 이제는 일본에서 벌목한 금송이 어떻게 백제로 들어오고 관리되어 목관으로 제작되었는지를 규명할 과제가 대두되었다.

무령왕릉에서는 수천 점의 유물이 발견되었지만 토기는 단 한 점도 없었다. 화려한 부장품과 착장품에 눈을 빼앗겨 얼핏 놓치기 쉬우나 매우 주목해야 하는 현상이다. 이승의 지위가 저승으로 이어진다는 계세적 내세관을 가진 신라와 가야의 왕릉에서는 토기의 다량 부장 현상이 관찰되지만, 백제에서는 토기의 부장 자체가 그다지 성행하지 않았으니 분명 기이하다. 대신 청자가 3점, 흑자가 1점 그리고 백자라고 주장되는 잔 6점이 출토되었다. 표면에 유약이 발라져 있어서 자기임은 분명하고, 동일한 형태가 중국에 있으므로 백제의 자기라고 할 수는 없는 노릇이다. 등잔으로 사용된 작은 잔이 세계 최초의 백자라는 주장이 국내 학자에 의해 제기되었으나, 이것도 연구가 진행되면서 백자가 아닌 청자로 정정되었다.

이는 고고학과 미술사에서 담당할 수 있는 영역이다. 문제는 등잔의 심지에 눌러 붙어 있는 기름의 정체이다. 여기에서도 고고과학자가 등판했다. 모든 생물은 주요 생체 성분 중에서 지방을 구성하는 지방산의 구조와 비율이 각각 다르다. 따라서 아주 미세한 양이라도 유물에 남은 잔존 지방산의 종류와 비율을 분석하면 그 생물의 정체를 밝힐 수 있다. 칼에 남아 있는 잔존 지방산을 분석하여 벼를 베었는지, 돼지를 잡았는지를 알 수 있는 세상이 된 것이다. 무령왕릉 등잔에 사용된 기름은 주로 유채기름, 들기름이었고 여기에 동물성 기름을 섞어 쓴 등잔도 있었다고 한다. 반대로 부여 능사에서 발견된 등잔의 기름은 동물성이 주류를 이루었는데, 사슴 기름일 가능성이 높다고 한다.

이런 연구가 심화되면서 나주 복암리의 빈 토기 안에 제수용으로 멸치와 가자미류 등 생선이 놓여 있었던 사실, 조선시대 나전칠기 모서리에 상어의 가죽과 기름이 보강재로 사용되었다는 사실도 규명되었다. 이 기술이 널리 보급되면 경주와 김해의 왕릉급 고분에 부장된 수백 점의 토기 안에 어떤 제수용품이 올려져 있었는지를 낱낱이 복원하는 날이 올 것이다.

국립공주박물관 수장고에는 무령왕릉 발굴 조사 당시에 무엇인지 인지하지 못하고 수습한 것이 상당히 많다. 박물관 측에서 꾸준히 그 내용을 공개하는데, 둥그런 청동녹이 선명하게 묻어 있는 나무판이 하나 있었다. 청동녹의 직경을 계산해 보니 청동제 용기와 딱 들어맞았다. 복원해 보니 이 나무판 위에 큰 청동 그릇 2점, 접시 2점, 작은 종지 4점이 올라가 있었음을 알 수 있었다. 제기를 올려놓은 제대였던 것이다. 한편 은어 뼈도 발견되어 제수용품으로 은어를 사용했음을 알 수 있었는데, 뼈에 청동녹이 묻어 있는 것을 볼 때 청동제 용기에 넣었음을 알 수 있었다. 종합해 보면 제수를 넣은 청동 용기들을 나무 제사상 위에 배치하고 왕과 왕비를 위한 제사를 치렀던 것이다. 이로써 왕과 왕비를 무덤에 안치하면서 치러진 제사의 모습을 생생하게 복원할 수 있었다.

무령왕릉에서는 머리에 쓰는 금제 관장식을 비롯하여 순금제 비녀, 은제 팔찌, 허리띠와 신발 등 다양한 귀금속제 장신구, 청동제 완盌과 다리미, 은잔과 청동합 세트, 용무늬고리자루칼 등 왕과 왕비에 어울리는 일종의 위세품이 많이 발견되었다. 이 유물의 생산지에 대해서는 갑론을박이 이어지면서 차츰 정리가 되어 가고 있다. 아직 의견이 일치되지 않은 것은 금속 용기류와 수저 정도로, 나머지는 대부분 백제의 최고 기술자가 만들었다는 점이 규명되었다.

가장 문제는 왕의 권위를 상징하는 용무늬고리자루칼이다. 이 칼은 금은을 사용하여 용이 여의주를 물고 있는 모습을 멋지게 표현한 명품 중의 명품이다. 그런데 이 유물의 제작지가 백제가 아닌 중국 남조이며, 무령왕이 양나라로부터 영동대장군의 직함을 받을 때 그 상징으로 받아 온 것이란 주장이 오래전부터 일본 학계에서 제기되었다. 문제는 이런 칼이 정작 중국 남조에서는 나온 적이 없다는 것이다. 이에 대해서는 주변 세력에게 나누어 주기 위해 특별히 제작한 것이기 때문에 중국 내에서는 나오지 않는다는 억지 주장도 등장했다.

이 문제를 풀기 위해 역사학계가 달려들었다. 하지만 문헌적인 증거로는 이 칼의 제작지를 밝힐 수 없어서 별 성과 없이 물러났다. 가야와 일본에서 이와 유사한 용무늬고리자루칼이 많이 출토되면서 고고학자와 미술사학자가 도전했다. 과연 용과 봉황을 고리에 장식한 칼은 동북아시아 지역 중 백제에서 가장 유행했고, 가야와 일본의 일부 지역으로 이런 칼이 전래되었음이 밝혀졌다. 따라서 무령왕릉의 용무늬고리자루칼도 중국 양나라가 아니라 백제에서 제작하고 그 기술이 가야와 왜로 전래되었다는 주장에 무게가 실리게 되었다. 하지만 결정타를 가하지 못하고 시간이 흘러갔다. 마지막으로 고고과학자들이 나섰다. 무령왕릉에서 발견된 왕과 왕비의 귀금속 장신구들을 금속학적 방법론으로 분석한 결과, 복잡한 장신구는 금의 함량이 서로 다른 복수의 재료를 능숙하게 부위별로 달리하여 제작했고, 기술적으로는 모두 동일한 공인 집단이 만들었다는 것이 확인되었다. 육안으로는 보이지 않지만 칼 속에 포함된 붉은 물질이 백제 제작임이 분명한 다른 물건에도 사용되었음이 밝혀졌다. 결론적으로 이 칼은 백제의 공인들이 만든 것

무령왕릉에서 출토된 용무늬고리자루칼의 환두 부분

이 분명해졌다. 이 과정에서 의료 장비인 고가의 컴퓨터단층촬영CT 검사기가 동원되기도 했는데, 국내 고고과학자들의 쾌거임이 분명하다.

반면 연구가 진행되면서 국외에서 제작되고 수입되었음이 밝혀진 유물도 있다. 대표적인 것이 구슬류이다. 무령왕릉에서 출토된 다양한 구슬 대부분이 국외에서 생산된 후 반입 및 부장된 것이라는 주장은 이미 여러 차례 개진된 바 있다. 대부분 인도-태평양 유리구슬Indo-Pacific Glass Beads에 속하는 부류란 점도 인정된다. 여기서 한 걸음 더 나아가 무령왕릉에서 출토된 유리구슬 일부는 현재 태국 방콕 서북 250킬로미터 지점에 위치한 송 토Song Toh 납 광산에서 채굴된 납이 사용되었다는 연구가 발표되었다. 이 광산은 고대부터 중세까지 사용되었고, 동남아시아는 물론이고 동북아시아에도 그 흔적이 많이 남아 있으며 일본에서는 전국시대에 유입된 예도 확인되었다. 연구가 진행되면서 무령왕릉만이 아니라 한성기의 풍납토성, 화성 마하리, 완주 상운리, 오산 수청동, 사비기의 부여 능산리와 익산 미륵사지, 심지어 경주 황남대총과 창녕 계성리 고분군 출토 유리에서도 태국 깐차나부리Kanchanaburi 지역의 광산에서 생산된 납이 포함되어 있음이 밝혀졌다. 문제는 이 광산들이 고대에는 모두 부남의 영토에 속한다는 점이다. 부남의 외항이자 중요한 생산 기지인 베트남 옥에오Oc Eo 유적에서 채집된 유리구슬의 화학 조성이 백제 유리구슬과 동일함은 뒤에 언급할 것이다. 부남의 영토에 속해 있는 광산에서 생산된 납을 원료로 삼은 유리구슬이 부남을 넘어 한성기 이후 웅진기, 사비기에 걸쳐 장기간 유통되는 양상을 그려 볼 수 있다. 이 점에서 무령왕릉 출토 유물에 대한 연구는 동북아시아를 벗어나 동남아시아로 확대되어야 한다는 당위성을 확인할 수 있다.

무령왕릉에서 출토된 장신구에 사용된 재질 중에는 알 수 없는 것도 있다. 검고 표면이 반들반들한 정체불명의 물질을 탄정, 매정, 흑옥으로 불렀는데, 그 산지가 중국 요령성 일대와 장쑤성 난징 일대에 집중됨을 규명한 연구도 획기적이다. 아직 중국 출토 흑옥에 대한 과학적 분석이 진행되지 않아서 비교가 어렵지만, 앞으로 북중국과 남중국의 자료를 비교하면 흑옥의 채굴과 유통, 흑옥을 이용한 장신구 제작의 실체에 접근할 수 있을 것이다.

과학과 기술이 만능은 아니다. 하지만 역사학이 인문학이란 울타리를 벗어나서 새로운 세상을 접하는 것도 신나는 일 아닌가? 다학제간 융복합적 연구는 선택이 아닌 필수가 되었다. 역사가들이 자신의 울타리를 벗어나길 주저하고 인문학적 가치를 지켜 내려고 몸부림치더라도 대세는 이미 정해졌다. 진맥과 문진으로 질병을 진단하고 처방을 내리던 단계에서, 능숙한 외과의가 개복하고 환부를 도려 내는 단계를 지나, 공학과 의학이 통합된 의공학의 시대를 보고 있지 않은가? 경험 많은 외과의에게 몸을 맡기던 환자들도 차츰 로봇 팔이 진행하는 수술을 선호할 것은 분명하다.

다만 역사 연구에서는 과학 분석의 목표와 문제의식의 설정, 역사적 맥락에 대한 이해가 함께하지 못하면 '분석을 위한 분석', '무의미한 분석'에 그칠 수 있다. 각 학문 분야의 담을 허물려는 노력이 절실히 요구된다.

6 역사 연구에 레이더를 활용하는 시대

경주 월성을 파지 않고도 아는 방법

옛말에 "열 길 물속은 알아도 한 길 사람 속은 알기 어렵다."라고 했다. 필자는 이 말을 살짝 바꾸어 "한 길 사람 속은 알아도, 한 치 땅 속은 알기 어렵다."란 말을 즐겨 사용했다. 실제로 발굴 조사 과정에서 전혀 예상치 않은 지점에서 중요한 유물이 출토되는 경험을 하곤 했다.

가장 유명한 사례는 일본의 시마네島根현 고진다니荒神谷 유적이다. 1984년에 발굴 조사가 진행될 당시, 기존에 출토된 일본 동검의 총수량을 훨씬 웃도는 358점에 달하는 동검이 구덩이 하나에서 네 줄로 묻힌 채 발견되면서 전 일본을 떠들썩하게 만들었다.

조사단은 구덩이가 위치한 지점이 경사가 급한 사면이기 때문에 일부 동검이 유실되어 아래로 굴러 떨어졌을 가능성을 고려하여 그다음 해인 1985년에 추가 조사를 실시했다. 이번에는 지하탐사를 위한 레이더, 전자탐사기, 금속탐지기를 총동원해서 주변 지점을 샅샅이 뒤졌다. 그 결과 동검이 출토된 구덩이의 동편 7미터 지점으로부터 금속이 묻혀 있다는 신호가 왔다.

시마네현 고진다니 유적 복원 광경

그런데 하필이면 이 지점은 조사의 열기가 뜨겁던 1984년 당시 발굴 현장에 몰려온 탐방객들의 안전한 보행을 위해 임시 도로를 만들어 놓은 지점이었다. 발이 미끄러지는 위험을 방지하기 위해 통나무를 놓고 그 끝에 말뚝을 박았던 곳이어서, 발굴단은 자신들의 손으로 박은 말뚝이 국보급 유물을 이미 파괴했을지도 모른다는 불길함을 느끼며 발굴에 임했다. 다행히도 말뚝은 유물을 피해 박혀 있었고 이번에는 청동 종방울(동탁) 6점과 투겁창(동모) 16점이 가지런히 발견되었다. 연이은 발견에 고진다니 유적은 시마네뿐 아니라 일본 전체를 대표하는 유적이 되었지만, 수천 명의 탐방객들이 밟고 다니던 바로 그 지점, 불과 30센티미터 아래에 귀중한 유물이 잠들어 있음을 예상한 이는 없었다. 이러니 "한 치 땅속을 알 수 없다."라는 말은 틀린 말이 아니다.

그런데 이런 일은 점차 사라질 것 같다. 땅을 파지 않고도 그 안을 속속들이 들여다볼 수 있는 기술이 계속 개발되고 있기 때문이다. 고진다니 유적에서도 당시로서는 최첨단의 기계가 총동원되었지만 현재는 그때와는 비교할 수 없는 새로운 기술이 사용되고 있다. 인간의 몸은 X-Ray를 투사하여 볼 수 있고, 보다 미세한 부분을 보려면 CT와 MRI 촬영을 할 수 있다. 유적도 마찬가지이다. 레이더를 투과시켜 지하에 어떤 구조물이 있는지 고스란히 그려 내는 GPR Ground Penetrating Radar 기술이 널리 보급된 것이다. 이 기술은 1980년 미국에서 고고학적 조사에 활용되기 시작했으나, 우리나라도 곧 이 기술을 도입하여 노하우를 축적해 가면서 세계적인 기술 수준에 올랐다.

특히 경주처럼 신라의 왕경 유적이 고스란히 지하에 남아 있는 경우, 굳이 땅을 파헤치지 않더라도 GPR 조사를 통해 건물과 도로의 모습을 온전히 그려 낼 수 있다. 월성, 동궁과 월지(옛 안압지), 첨성대 주변 지역을 사전에 탐사하면서 왕경의 모습을 복원할 수 있었다. 특히 월성은 발굴 조사의 결과를 GPR 결과와 비교할 수 있었는데, 선물의 규모와 형태가 놀라울 정도로 서로 일치했다.

필자도 아제르바이잔 살비르 유적을 조사하면서 광대한 면적을 일일이 사람 손으로 발굴 조사하는 데에 한계를 느끼고 국립문화재연구소 GPR 팀에 도움을 요청한 적이 있다. 과연 지하에 묻혀 있는 도로와 건축물의 형태가 선명하게 드러났으며 그 정보를 아제르바이잔 학자들과 공유했다. 우리의 정보를 통해 아제르바이잔 학자들이 발굴 조사를 진행하면서 GPR 탐사의 정확도에 놀라움을 표하던 기억이 선명하다.

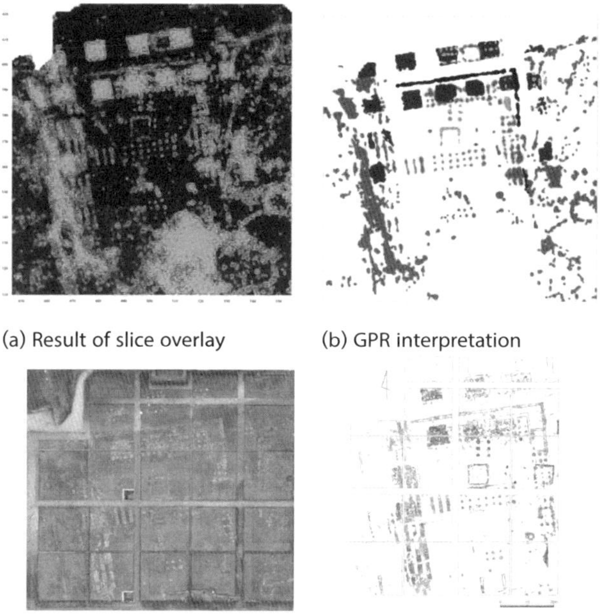

(a) Result of slice overlay　(b) GPR interpretation

(c) Result of excavation　(d) Excavation drawing

GPR 조사의 정확도 검증(오현덕 2021에서)

GPR 기술은 국내는 물론이고 세계적으로 널리 보급되었다. VII장에서 볼 말레이시아의 숭아이 바투 유적은 광대한 면적으로 인해 일일이 땅을 파는 것이 불가능했으나, GPR 조사를 통해 고대의 선착장, 침몰선, 벽돌 건물 등의 대체적인 윤곽을 알 수 있었다. 태국에서는 철기시대에 번성했던 문Mun강 유역의 여러 유적을 조사하면서 처음에는 유적을 감싼 해자 시설이 없다고 여겼으나 GPR 조사를 통해 해자와 수로 등 관개 시설을 발견했다. 물의 관리가 취락과 도시,

농경지의 사활을 좌우하던 동남아시아의 여러 고대 유적에서는 앞으로 GPR 조사에 크게 의지할 것이 확실해 보인다. 유적을 파괴하지 않고 비교적 단기간에 많은 정보를 얻을 수 있는 GPR 조사는 고대 도시의 윤곽, 공동묘지의 범위 및 무덤의 개수, 육지화된 해변에 묻혀 있는 침몰선의 구조, 거대 구조물의 기초 안전 진단 등 그 쓰임새가 무한하기 때문에 앞으로는 고고학적 발굴 조사 실시 이전에 거의 의무적으로 진행될 가능성이 높다.

항공촬영이 밝혀 준 사실

GPR보다 큰 스케일의 조사도 진행되고 있다. 앙코르 와트로 유명한 캄보디아의 시엠립에서 최근 중요한 발견이 있었다. 관광객의 감탄을 자아내는 앙코르 와트와 앙코르 톰은 모두 12세기에 만든 것들이다. 그런데 앙코르 왕국은 802년 자야바르만 2세가 개창한 캄부자Cambuja 왕조에서 시작했다. 그렇다면 9세기부터 12세기까지 앙코르 왕국의 중심은 어디에 있었는가?

앙코르 왕국 최초의 도성인 마헨드라파르바타Mahendraparvata는 시엠립의 북편에 위치한 쿨렌산에 자리 잡았다고 전해진다. 이 산은 힌두교의 성산으로 취급되었으며 이곳에서 발원한 강이 시엠립 평원을 적셔 주는 덕분에 앙코르 문명이 발전할 수 있었다. 하지만 이 산을 덮고 있는 울창한 밀림과 내전 기간에 매설된 지뢰 때문에 조사가 불가능했고 도성의 발견도 불가능해 보였다.

그런데 호주의 젊은 30대 고고학자 데미안 에반스Damian Evans가 주도하는 연구 팀이 항공기에서 레이저 스캔한 결과를 지도화하는 데에 성공하면서 쿨렌산 밀림 아래에서 9세기에 만들어진 거대한 도시를 발견했다. 항공기에서 쏜 레이저가 돌아오는 형태와 강도를 계산하고 미국 NASA와 같이 인공위성을 활용하면서 밀림의 바닥까지 샅샅이 뒤진 결과, 면적이 40-50평방킬로미터나 되는 거대한 도시를 찾았다. 삽 한 자루 안 쓰고, 땅 한 번 안 파고 초대형 도시를 발견한 것이다. 정연한 도시 구획과 수리 시설, 수많은 신전이 발견되면서 앙코르 왕국의 초기 역사 연구는 완전히 새로운 국면에 접어들었다.

이런 꿈 같은 이야기는 남의 일이 아니다. 우리나라에서도 여러 차례 비슷한 조사가 진행되었다. 세종시 행정중심복합도시를 건설할 때의 일이다. 당시 연기 대평리(과거 명칭) 일대는 지표면에 아무런 유물도 없었고 유적의 흔적도 없었다. 그런데 조사 기관은 대평뜰 지하 8미터 깊이에 유적이 있으니 이 깊이로 흙을 다 뒤집어엎고 발굴조사를 해야 한다는 의견을 제출했다. 천문학적인 시간과 비용이 소요될 이 조사를 달가워할 시행사는 없었다. 중장비 여러 대를 동원하여 엄청난 양의 흙을 퍼나르는 동안에도 유적의 흔적은 보이지 않았고 조사 기관인 한국고고환경연구소는 수세에 몰리고 있었다. 유적이 나오지 않으면 모든 책임을 뒤집어써야 할 형국이었다. 하지만 결국 지하 8미터 깊이에서 청동기시대의 논 유적이 대규모로 발견되었다. 조사단은 지하 깊숙한 곳에 논이 존재할 가능성을 확신하고 있었다. 자체적으로 오랫동안 개발하고 축적한 항공촬영 기술을 믿었기 때문이다.

유적 조사에 항공촬영을 이용한 것은 1950년대에 베트남 남부의 옥에오 유적에서 시작되었고 그 후 세계 각지에서 다양한 기술의 발전이 이루어졌다. 한국에서 사용되는 방법은 과거의 항공촬영 사진을 이용한 것이다. 항공기가 넓은 지역을 촬영할 때에는 비행 방향으로 60퍼센트 정도, 인접 비행로와는 30퍼센트 정도 중복되도록 촬영한다고 한다. 이 사진들을 겹쳐 놓고 중복되는 부분을 입체적으로 관찰하면 평면에 불과했던 사진이 3차원적인 모습을 보이기 시작한다. 물론 이것도 다년간 숙달된 전문가의 눈에만 보이는 것인데, 육안 관찰의 한계를 극복하기 위한 프로그램과 3D 모니터의 개발로 기술이 급속히 발전했다. 그 결과 충적평야 지대의 과거 지형이 눈앞에 나타난 것이다. 선사 및 고대의 취락은 선상지와 자연 제방 위에, 논은 배후 습지에 분포할 가능성이 높다. 반면 과거에 물이 흐르던 구하도에는 유적이 존재할 가능성이 낮다. 이런 원리로 충적평야 지대에서 유적이 분포할 가능성이 높은 지역과 낮은 지역을 구별하면 발굴 조사의 대상 지역을 쉽게 선정할 수 있다. 유적이 없는 구역에 시간과 비용을 투자할 위험성도 줄일 수 있고, 중요한 지역을 집중적으로 조사할 수 있다. 땅을 파지 않고도 대략의 결과를 안 상태에서 발굴 조사에 임하는 것이다.

서울시 송파구 헬리오시티는 거의 1만 가구에 육박하는 대규모 아파트 단지인데 백제 왕족의 공동 묘역인 석촌동 고분군의 남쪽 근처에 있다. 따라서 아파트 건설에 앞선 구제 발굴 과정에서 대규모 유적이 등장할 가능성이 제기되었지만 항공촬영 결과는 이곳이 과거에 하천이 흐르던 구하도 지역임을 보여 주고 있었다. 발굴 조사 이전에 전문가들은 대규모 유적이 존재할 가능성이 낮을 것이라 예측하고 있었는데, 과연 발굴 조사가 진행된 결과 과거에 하천이 흐르던 흔적과 조선시대 기와 가마 몇 기만 나올 뿐 대규모 유적은 존재하지 않았다. 항공촬영 분석 결과가 정확히 맞았던 것이다. 유적이

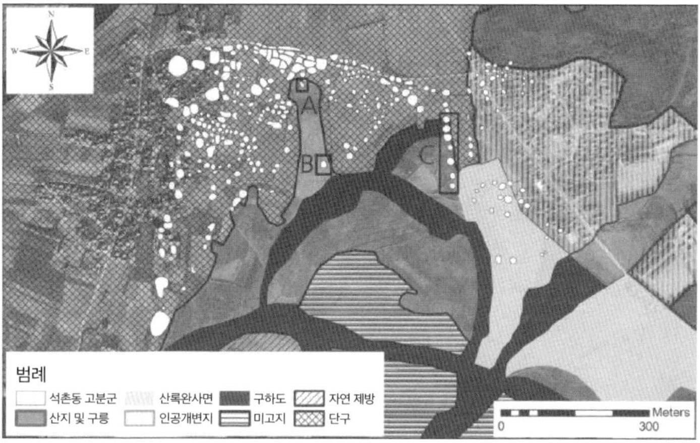

석촌동 고분군 주변 지형 분석(이홍종 · 안형기 2020)

없는 지점에 공연히 귀한 시간과 비용을 낭비할 위험성이 크게 감소했음을 보여 준 사례는 매우 많다.

이렇게 항공촬영은 광범위한 면적을 대상으로 유적의 존재 가능성을 예측하는 데에 큰 역할을 하고 있다. 여기에 시추, 즉 볼링한 자료를 분석하여 지하의 지층 구조를 예측하면 유적의 존재 가능성 여부를 좀 더 분명하게 판단할 수 있다. 서울시 관내에서는 이러한 사전 조사가 많이 진행되었다. 급속한 도시화로 지형의 변화가 크더라도 1950년대의 항공촬영 사진과 시추공 자료를 결합하면 지하 유적의 존재 가능성을 예측하는 것도 그리 어려운 일이 아닌 세상이 되었다.

V

한일 관계사에 대한 새로운 인식

1 한반도의 **전방후원형 고분**과 일본 열도의 **'도래인'**

굴식 돌방무덤의 전래

외모는 달라도 모든 인류는 호모 사피엔스에 속한다. 호모 사피엔스의 공통적이고 보편적인 심리는 공간적인 거리를 뛰어넘어 지구 곳곳에 유사한 유적과 전승을 남겼다. 사랑하는 부인을 찾아 하데스가 통치하는 지하 세계에 들어간 트라키아의 오르페우스가 일본에서는 이자나기노미코토伊奘諾尊(이하 '이자나기'로 약칭)로 나타난다. 《일본서기》 신대편(신들의 이야기)과 《고사기》에 등장하는 이자나기와 그 누이이자 부인인 이자나미노미코토伊奘冉尊(이하 '이자나미'로 약칭)는 천지 창조의 주역이다.

둘은 일본 열도와 산천초목, 해와 달, 바람과 바다를 낳았는데, 마지막으로 불의 신을 낳던 이자나미는 그만 화상으로 죽게 된다. 이자나기는 먼저 죽은 이자나미를 찾아 황천국黃泉國에 가고 마침내 그녀를 만난다. 이자나미는 남편에게 왜 이렇게 늦게 왔냐고 책망하면서 자신은 이미 황천의 음식을 먹었고 이제 누워 쉬려고 하니 자신의 모습을 보지 말라고 한다. 그러나 이자나기는 횃불을 켜는데, 썩어 문드러져서 구더기가 나올 지경인 이자나미의 모습을 보게 된다. 깜짝 놀란 이자나기는 되돌아 나오려 하고, 이자나미는 자신의 말을 듣지 않아서 자신을 부끄럽게 만든 남편을 원망하여 황천의 추녀 8명을 보내어 추적한다. 긴 추격전 끝에 이자나기는 황천을 빠져나온다.

이 설화는 굴식 돌방무덤(횡혈식석실묘)이 도입되고 추가장을 실시하는 과정에서 이미 사망하여 무덤방에 안치된 시신을 본 친지의 반가움과 두려움을 반영한다. 이자나기가 지하 세계인 황천으로 내려가는 과정은 땅속에 마련된 굴식 돌방으로 들어가는 것을 상징하고, 이자나기가 도망쳐 나오는 과정은 돌방에서 긴 통로를 통해 바깥으로 나오는 것을 상징한다. 컴컴한 돌방에서 부패된 시신을 본 후, 그것을 뒤로하고 밖으로 나오는 과정에서는 제법 담력이 있는 자라도 뒷덜미가 서늘했을 것이다. 황천의 음식을 먹었기 때문에 이미 황천의 사람이 되어서 나갈 수 없다는 이자나미의 말은 저승의 음식을 먹으면 이승으로 돌아가지 못한다는 황천에 대한 관념을 반영한다.

5세기 후반부터 일본 열도의 심장부에 해당되는 기나이畿內 지역, 즉 오사카, 나라, 교토에는 새로운 무덤이 등장했다. 시신을 위에서 아래로 넣고 한 번 매장하면 종료되는 종래의 장법에서, 다듬은 돌로 방을 만들어 부부나 친족 등 복수의 사람을 매장하는 방식으로 변화했다. '기나이형 석실(돌방)'이라고 불리는 새로운 묘제가 도입된 것이다. 이런 무덤에서는 소형 취사 용기(솥, 시루, 자배기, 부뚜막)와 반지, 팔찌, 비녀 등 귀금속제 장신구를 넣는 풍습이 자주 확인된다.

종전 일본 학계는 기나이형 석실은 백제의 영향이지만 귀금속제 장신구와 취사 용기를 부장하는 풍습은 중국의 영향으로 간주했다. 취사 용기의 부장은 무덤 안에서 취사 행위가 이루어졌음을 상징하는 것이고 이는 황천국의 음식을 먹음으로써 이승과의 인연이 단

나라의 이와야야마 고분(긴 통로를 통해 어두운 무덤방으로 들어가는 구조)

절된다는 의미로 해석되었다. 하지만 백제의 무덤에서는 취사 용기와 귀금속제 장신구가 함께 나오는 경우가 없었기 때문에 기나이형 석실의 직접적인 기원지로서 백제를 인정하지 않는 분위기였다.

그런데 근래 하남 감일동에서 60기가 넘는 백제의 돌방무덤이 발견되면서 문제가 말끔히 해결되었다. 일본 기나이형 석실의 원류로 추정되는 무덤에서 귀금속제 장신구와 취사 용기가 발견되었던 것이다. 이로써 일본 기나이형 석실과 장법의 원류가 백제 고분에 있었음이 증명되었다.

그런데 문제는 여기서 그치지 않는다. 무덤 안에 취사 용기를 넣는 풍습은 동북아시아에 널리 퍼져 있었기 때문이다. 신라와 고구려는 물론이고 낙랑, 나아가 한나라의 무덤에서도 수많은 예가 확인된다. 황천국의 사상 자체가 중국에서 만들어지면서 이와 관련된 저승관, 장례 풍습이 한반도와 일본 열도로 퍼진 것이다. 이런 해석에 실망할 필요는 없다. 우리는 지나치게 우리 문화의 독창성을 강조하고 "三最(가장 오래된 最古, 가장 훌륭한 最高, 가장 큰 最大)"에 연연한다. 한반도에서 일본 열도로 전래된 문화는 대서특필하면서도 그 문화의 원천이 중국을 비롯한 외부였다는 사실의 인정에는 매우 인색하다. 외부의 영향을 인정하는 순간 사대주의자라는 비난을 받기 일쑤이다.

정체불명의 금산리 방대분

2018년 12월 26일, 고대 한일 관계사 연구에서 매우 중요한 행사가 열렸다. 전남 함평 금산리에 소재하는 한 변이 60미터에 달하는 대형 무덤에 대한 발굴 조사 성과를 소개하는 자리였다. 이 정도면 고구려, 백제, 신라, 가야를 통틀어서 왕릉급 규모이다. 신라의 황남대총 북분과 남분은 각각 그 직경이 70미터 정도, 고구려의 장군총은 한 변이 30미터, 태왕릉은 63미터, 백제의 석촌동 3호분은 50미터이다. 무덤의 규모와 국가 권력의 강도가 비례하는 것은 아니기 때문에 규모만으로 비교하는 것은 무리이지만 영산강 유역에서 최대급인 금산리의 고분은 삼국의 왕릉에 비교해도 그 규모에서 밀리지 않는다. 그런데 이 무덤은 전면에 돌을 타일처럼 입혔는데, 즙석葺石이라고 불리는 이런 시설은 한반도에서는 보이지 않고 일본 열도에서 발달했다. 무덤의 외부에서는 흙으로 빚은 인물, 닭, 말 모양의 형상이 여러 점 출토되었다. 아무리 부정하고 싶어도 일본 열도의 고분 외부에 세워지는 하니와埴輪를 쏙 빼닮았다. 발견된 토기 중에는 일본에서 생산된 것으로 보이는 스에키須恵器(한반도 남부 경질 토기의 영향

함평 금산리 고분 조사 광경

을 받아 일본에서 만든 회색의 단단한 토기)도 있었고, 중국 남조에서 생산한 도기와 자기도 여러 점 발견되었다.

이렇다 보니 유적 조사의 성과를 소개하는 행사는 난감한 자리가 되었다. 한반도 서남부에서 왜색이 짙은 무덤과 유물이 나왔으니 뭐라고 설명할 것인가? 발굴 담당자는 "6세기 전반까지도 백제에 흡수되지 않고 독자성을 유지하던 마한 세력의 활발한 국제 교류의 흔적"이라 하면서, 일종의 안전장치로서 이 조사와 전혀 무관한 "임나일본부설을 증명할 증거가 전혀 없다."라고 마무리했다. 담당자들의 곤혹스러움이 방송을 통해 고스란히 드러났으며, 그 흔한 전문가의 멘트도 없었다. 그 누가 영산강 유역에서 왜색이 짙은 고분이 나왔다고 공개적으로 말하고 돌팔매질을 당하려 하겠는가?

2012년에 순천 운평리에서 전형적인 대가야 고분을 발굴 조사했을 때에도 언론들은 "임나일본부설을 반박할 유물 대거 출토"라는 제목의 기사를 썼다. 사실은 "섬진강 유역까지 대가야 고분 문화 확산의 증거 발견" 정도가 정답이다.

우리 사회는 식민사학의 폐해로 지나치게 위축되고 한편으로는 격앙되어 있다. 그러다 보니 가야사나 한일 관계사 연구의 최종 목표는 언제나 '임나일본부설의 극복'이다. 이런 분위기에서는 한반도에서 발견되는 왜계 유적과 유물에 대한 조사와 해석이 극도로 제한될 수밖에 없고, 심지어 자료의 공개나 연구를 꺼리는 분위기마저 형성되는 것 같다. 지금까지 영산강 유역에서 발굴 조사된 전방후원형 고분 중 아직 공식적으로 보고되지 않은 것이 절반 정도이다.

고대 한일 관계사의 진실

우리 사회에서 보이는 고대 한일 관계사에 대한 뜨거운 관심은 우리 근현대사의 질곡을 고려하면 당연한 것이기도 하고, 학계의 든든한 후원이기도 하다. 그러나 결론을 미리 정해 놓고 모든 해석을 한 가지 방향으로만 몰고 가는 경향은 비이성적이다. 가야사를 야마토 정권의 한반도 남부 지배의 역사와 동일시하는 황국사관을 용서할 수 없듯이, 일본 고대사를 한국인의 일본 열도 정복사로 치부하는 논리도 성립할 수 없다. 한반도계 이주민이 일본 열도에 정착한 흔적과 그 의미에 비할 바는 아니지만 왜인들이 한반도 곳곳에서 활동한 것도 사실이다. 그들은 때로는 신라를 침략하고 때로는 백제의 용병으로 고구려와의 전투에 동원되었다. 동성왕을 호위해 백제에 입국한 왜인도 있었으며 동북아시아의 해상 교류에 참여하여 한반도와 일본 열도를 오간 상인과 선원도 있었다. 그중에는 죽어서 한반도에

광주 월계동 전방후원형 고분 항공촬영 사진(대한문화재연구원 제공)

묻힌 경우도 드물지 않았다.

앞은 모나고 뒤는 둥글어서 전방후원분이라고 불리는 고분은 일본의 나라 지역에서 3세기 중반 무렵부터 나타나서 6세기 말까지 수백 년간 발전했다. 지금까지 일본 열도에서 발견된 전방후원분은 5천 기에 달한다. 영산강 유역에서 전방후원형 고분이 발견되었음은 분명하며 그 수는 15기 정도, 시기는 5세기 말에서 6세기 전반 무렵에 국한된다. 그렇다면 상식적으로 판단할 때 한반도의 전방후원형 고분이 일본 전방후원분의 조형이라고 볼 수는 없다. 한반도가 발생지라고 강변할 필요도 없다. 일본에서 유래한 전방후원형 고분이 왜 한반도 서남부에 남아 있는지, 그 국제적인 계기는 무엇인지, 그 안에 묻혀 있는 인물의 정체는 무엇인지를 차근차근 풀어야 한다. 그러기 위해서는 한반도는 물론이고 일본 열도를 포함한 동북아시아의 고분 문화, 정치외교적 상황을 종합적으로 고려하는 것이 정상이다. 이러한 사실을 발굴하고 연구하는 것이 자유로워야 하지만 우리의 현실은 그렇지 않다.

고대 한일 관계사의 실상은 무엇일까? 한 가지 분명한 사실은 고대 한국인의 일본 열도 정복의 역사도 아니고, 야마토 조정의 한반도 남부 지배의 역사도 아니란 점이다. 극단적 주장은 실상을 호도하게 마련이다. 한국의 고대 국가들과 일본 열도의 여러 정치체는 각각 자국, 혹은 자기 집단의 이익을 위해서 바다를 넘나들며 활동했다. 그 이익은 정치, 외교적인 이익일 수 있고 경제적인 이익일 수도 있다. 일본 열도에 이주 정착한 한반도계 이주민의 수는 막대하고 이들이 일본의 문명과 사회 발전에 지대한 영향을 끼쳤음은 분명하다. 일본의 왕실에 한반도계 주민의 피가 섞여 있음도 사실이고, 유력한 지배 집단 중에 한반도에서 이주한 주민이 중심이 된 경우가 많음도 분명하다.

일본 학계에서 '도래인'이라고 불리는 이들이 일본의 장수들에 의해 노예사냥을 당하듯이 포로로 잡혀 오거나, 천황의 덕을 흠모하여 자발적으로 귀화했다는 과거의 견해는 이미 부정되었다. 전쟁 포로로 잡혀 온 경우도 아주 없지는 않겠지만, 한반도의 불안정한 정세를 피해 이주하거나 선진 기술과 문화를 갈구하는 일본 지배층의 간청으로 이주한 경우가 대부분이다. 특히 고구려의 남하정책이 초래한 475년 백제의 한성 함락, 663년 백강전투의 패배로 인한 백제 부흥운동의 종말은 한반도 남부의 주민 집단이 무리를 이루어 일본 열도로 건너가는 결정적인 사건이었다. 그 결과 일본 열도 곳곳에는 한반도계 이주민과 관련된 지명, 전승, 유적과 유물이 무수히 발견되는 것이다. 그 양은 한반도 남부에서 발견되는 왜계 유적, 유물의 수백 배는 될 것이다.

21세기의 고대 한일 관계사 연구는 한반도와 일본 열도를 무대로 전개되던 수많은 집단의 다양한 형태의 교류(전쟁, 혼인, 이주, 교역)를 거시적인 안목에서 설명하는 것이어야 한다. 철지난 '임나일본부설'의 타도를 외치고 만족할 것이 아니라, 일본 열도 곳곳에 남아 있는 이주민의 역사를 오롯이 복원하는 작업에 몰두해야 한다. 일본 땅 속에서 출토된 한반도계 이주민의 수많은 흔적이 우리의 손길을 기다리고 있다.

2 백제 주민이 대거 이주 정착한 오오미 지역

게이타이의 고향, 오오미

한반도와 관련된 전승, 유적과 유물이 일본 내에서 가장 많이 발견되는 지역은 혼슈의 기나이, 그중에서도 오사카와 나라이다. 수많은 한반도계 이주민이 정착하여 살던 취락, 그들이 묻힌 고분 등이 남아 있다. 백제에서 전래된 불교 역시 이곳을 무대로 확산되면서 초기 사찰은 기나이에 집중되어 있다. 그 결과 기나이는 고대 한일 관계사의 중심 무대가 된 상태이다. 그런데 이에 못지않게 한반도 관련 유적과 유물, 전승이 많이 남아 있는 곳이 시가滋賀이다. 시가는 비와코琵琶湖라는 담수호를 품고 있는 곳으로, 고대에 오오미近江라고 불렸다. 일본 고대의 심장부인 기나이에서 살짝 벗어난 곳이어서 한국인 관광객들의 발걸음은 기나이 지역에 비할 바 없이 드물다.

하지만 시가에는 수많은 한반도계 이주민이 거주하였고, 이곳의 대표적인 이주민 집단인 시가노아야히토志賀漢人는 백제계로 추정되고 있다. 백제계 부뚜막과 온돌이 딸린 주거지가 많이 발견된 아노오穴太 유적, 백제계 횡혈식 석실묘의 영향을 받은 아노오카이고메穴太飼込, 다이코즈카太鼓塚 고분군 등은 널리 알려져 있다.

그런데 이곳은 6세기 초에 일본 열도를 통일한 대왕, 게이타이繼體의 고향이다. 폭군인 부레츠武烈 대왕이 후손 없이 506년에 사망하자 귀족들에게 옹립되어 마지못해 대왕의 자리에 나아간 게이타이는 원래 시가의 작은 우두머리로서 '오호도男大迹'라고 불렸다. 그의 가계에 대해서는 일본 고대사학계와 고고학계에서 수많은 논의가 이어지고 있다. 분명한 사실은 그가 이전의 야마토 대왕가大王家와는 직접적인 관계가 없다는 점이다. 게이타이 왕조의 시작은 새로운 왕조의 등장인 셈이다.

오호도는 대왕의 자리를 차지하기에는 역부족이었고 귀족들의 옹립에도 주저했다. 이때 그를 적극적으로 설득하여 대왕의 자리에 오르게 한 인물이 현재 오사카 지역에 자리 잡고 있던 가와치노우마카이베河內馬飼部, 즉 말 키우는 집단의 우두머리인 아라코荒籠라는 인물이었다. 근년 오사카 북부의 시조나와테四條畷시와 네야가와寢屋川시 일대에 분포하는 목마 관련 유적이 발굴 조사되었는데 이곳이 바로 가와치노우마카이베 그리고 아라코와 관련된 곳임이 규명되었다. 당시에 말을 키우는 집단의 힘은 막강했다. 말은 곧 군사력을 의미하며, 정보와 통신, 운송을 상징할 뿐만 아니라 고기, 가죽의 용도로도 중요한 재화였다. 이런 점에서 오호도는 아라코로 대표되는 말 키우는 집단의 힘을 믿었던 것이다. 이들이 남긴 유적을 조사한 결과 말을 키우던 집단이 살던 마을, 말을 훈련시키기 위한 재갈과 채찍, 말빗, 말에게 먹이기 위한 소금을 만들던 제염 토기 등이 발견되었다. 놀라운 사실은 이들이 사용하던 취사 용기가 충청도와 전라도 지역에서 사용하던 것이란 점이다. 즉 게이타이 대왕의 등극 배후에는 마한-백제계 이주민의 힘이 작용했음을 알 수 있다. 그 영향

가모이나리야마 고분에서 출토된 백제계 금동 신발의 복원품

이었는지 게이타이는 재위(507-531년) 기간 시종일관 친백제적인 정책을 취하면서 무령왕과 우호적인 관계를 유지했다.

게이타이가 탄생했다고 전해지는 곳은 시가현 다카시마高島시이다. 이곳에는 가모이나리야마鴨稻荷山 고분이라는 작은 전방후원분이 있다. 전체 길이가 45미터에 불과한 소형 고분이지만, 석관 내부에서 화려한 금동관과 백제계 금동 신발이 발견되어 큰 주목을 받았다. 피장자는 게이타이가 속해 있던 가계의 한 사람으로 보는 데에 이견이 없다. 전방후원형前方後圓形이란 외형, 석관의 사용을 보면 여기에 묻힌 사람을 한반도계 이주민으로 보기는 어렵다. 그런데 당시 왜인들은 귀금속제 관과 신발을 착용하는 습속이 없었다. 이런 풍습은 삼국과 가야의 풍습이다. 왜 가모이나리야마 고분의 피장자는 백제계 장신구로 온몸을 장식하고 누워 있을까?

오오미에 정착한 이주민의 마을

이 의문을 오랫동안 간직하면서 필자는 여러 번 가모이나리야마 고분을 답사하곤 했다. 그러다가 우연히 인근에 다카시마 역사민속자료관이 있음을 알고 들렀다가 뜻밖의 성과를 올리게 되었다. 가모이나리야마 고분에 인접한 미나미이치히가시南市東란 취락 유적에서 출토된 한식계 토기 2점이 전시되어 있음을 발견한 것이다. 한식계 토기란 일본 열도에서 제작되기는 했으나 야요이시대 이래의 일본 전통적 토기와는 형태와 제작 기술이 완전히 다르며, 한반도 남부로부터 반입된 토기 그리고 이 토기들을 모델로 삼아 현지에서 제작한 토기, 특히 조리용 토기를 일컫는 말이다. 미나미이치히가시 유적에서 출토된 한식계 토기는 갈색을 띠며 푸석푸석한 표면, 무른 질, 끝이 잘린 뭉툭한 우각형파수가 부착된 시루인데 바닥의 구멍 형태까지도 모두 백제 권역에서 출토된 시루와 닮아 있었다. 이는 이 마을에 백제계 이주민이 정착하여 생활하고 있었음을 암시한다. 토기의 연대는 5세기 후반으로 추정되므로 가모이나리야마 고분에 묻힌 인물이 활동하던 시기이다. 이러한 정황을 적극적으로 해석하면 게이타이가 일본 전체의 대왕으로 등극하기 전 그의 집안이 오오미 지역에서 수장 노릇을 할 때, 그 세력권에 백제계 이주민들이 있었다고 볼 수 있다. 게이타이 집단은 원래부터 백제계 이주민과 긴밀한 관계를 맺고 있었을 가능성이 높다.

이러한 추정은 시가에서 많이 발견되는 벽주건물과 무덤을 통해서 증명할 수 있다. 벽주건물이란 종전의 움집(수혈주거)과는 다른 구조의 건물인데, 방형이나 장방형의 구조, 지붕을 지탱하는 기둥이 벽체 안에 위치하는 일체식으로서 일종의 내력벽耐力壁 구조를 지닌 가옥이다. 일본 고훈시대에는 100기를 훨씬 넘는 벽주건물이 조사되었는데 그 기원지에 대해서는 일본 연구자들도 백제라고 믿어 의심치 않고 있다. 그런데 시가는 일본에서 벽주건물이 가장 많이 분포하는 곳이다. 특히 비와코 남부 오츠大津시 아노오穴太, 시가사토滋賀里 유적에 집중되어 있다. 2011년 당시 통계로는 60기가 넘는 벽주건물이 아노오와 시가사토에서 조사되었다. 이 지역 벽주건물의 특징은 시간적으로는 6세기 이후, 구조적으로는 온돌, 연통과 결합된 것이어서 백제 사비기 자료와 직접 비교되곤 한다.

그런데 문제는 시간의 역전 현상이었다. 백제의 벽주건물은 모두 웅진 천도, 즉 475년 이후의 사례뿐이고, 일본의 가장 오래된 벽주건물은 나라현 고세御所시 난고南鄕 야나기하라柳原 유적의 5세기 전반 자료이기 때문에 기원지인 백제보다 전래지인 일본의 자료가 더 오래되었다는 모순된 결과가 나온 것이다. 필자는 오래전부터 이러한 주장을 부정하고, 475년 웅진 천도 이전, 즉 한성기에 이미 백제에서 벽주건물이 등장했다고 주장했다.

그런데 2010년에 바로 이 시가현 다카시마의 덴진바타天神畑라는 유적에서 4세기 무렵으로 시기가 올라가는 벽주건물이 발견되었다고 하여 큰 화제가 된 적이 있다. 한반도와 일본 열도를 통틀어서 덴진바타 유적의 벽주건물이 가장 오래된 것으로 간주되면서, 일본 열도 벽주건물의 고향이 백제라는 기존 통설에 균열이 생겼다는 것이었다.

하지만 벽주건물은 대부분 지상식 구조로서 축조와 폐기 시점을 명확히 판정하기 어려운 경우가 많기 때문에 덴진바타의 자료가 과연 4세기 대에 속하는지는 엄밀한 검토가 필요하다. 설령 덴진바타의 벽주건물이 4세기대로 소급된다고 하더라도 대세는 변하지 않는다. 한반도에서도 시기가 올라가는 자료가 속속 발견되고 있기 때문이다. 이미 양주 광석리(3-4세기)와 평택 세교지구(4-5세기)에서 중요한 자료가 발견되었다.

여기에서 주목하고 싶은 것은 덴진바타의 벽주건물이 비록 4세기 자료가 아닐지라도 시가에 백제계 이주민들의 이주, 정착을 보여 주는 또 하나의 증거란 점이다. 덴진바타와 미나미이치히가시가 비와코의 서편, 아노오가 남편, 마한-백제 스타일의 토제 연통이 다수 출토된 야스쵸野洲町와 주즈쵸中主町 유적은 비와코 동편이다. 결국 백제계 주민들은 비와코의 서, 남, 동에 넓게 분포했음을 알 수 있다.

한반도계 이주민들이 묻혀 있는 무덤

취락에서 삶을 영위하던 이들의 최종 정착지는 무덤이다. 시가에도 수많은 고대 무덤이 남아 있다. 적게는 수십 기, 많게는 수백 기에 이르는 대규모 고분군을 일본 학계에서는 '군집분'이라고 부른다. 한국의 삼국시대 유적에서는 수백 기, 심지어 수천 기가 한데 어우러져 장관을 이루는 고분군을 쉽게 찾아볼 수 있으나 일본에서 이런 현상은 매우 드물다. 일본 고유의 묘제는 최고 우두머리의 무덤과 그를 모시던 부하들의 무덤, 즉 배총 몇 기를 주변에 배치하는 것이 일반적이다. 최근 유네스코 세계문화유산에 등재된 오사카의 모즈-후루이치 고분군도 이런 모습이다.

오사카, 나라 등 기나이 지역에서 굴식 돌방무덤으로 구성된 군집분이 있으면 여기에 묻힌 사람들은 십중팔구 한반도계 주민이다. 오사카의 이치스카 고분군, 아스카베센즈카 고분군, 나가하라 고분군, 나라의 니자와센즈카新沢千塚 고분군 등이 대표적이다. 여기에 못지않은 군집분이 비와코 남부 오츠 일대에 분포하는 시가志賀 고분군이라고 한다. 크게 보면 하나의 고분군이지만 152기가 모여 있는 아노오노조에穴太野添 고분군, 20-70기의 고분으로 구성된 사카모토坂本, 아노오穴太, 시가사토滋賀里, 미나미시가南滋賀 고분군으로 나눌 수 있다.

이곳의 굴식 돌방무덤은 백제계 토기, 명기 모양의 소형 취사 용

한반도계 이주민인 에치하타씨가 남긴 시가현의 곤고지노 고분군

기와 금속제 가랑비녀가 부장되었다는 특징이 있다. 이는 오사카와 나라의 일부 고분군과 상통하며 피장자 집단이 한반도에서 이주한 집단임을 의미한다. 소형 명기형 취사 용기는 일본 열도에 기나이畿內형 석실과 함께 도입된 황천국에 대한 인식을 반영한다. 죽은 자는 지상 세계와 구분되는 지하 세계의 가옥에 거주하며, 그 안에서 밥을 지어 먹는 데에 필요한 취사 용기를 명기로 넣는다는 관념의 발로다.

황천국 관념의 존재를 상징하는 소형의 명기형 취사 용기가 그동안 백제 권역에서 많이 발견되지 않아서, 시가 고분군의 피장자들을 막연히 도래인으로 간주하거나, 김해를 비롯한 가야와의 연관성을 추정하는 견해가 발표된 적이 있었다. 그러나 최근 성남 판교와 하남 감일지구에서 한성기에 속하며 구조와 출토 유물 면에서 일본 기나이 지역의 횡혈식 석실묘와 유사한 사례가 많이 발견되었는데, 소형 명기형 취사 용기가 부장된 경우도 여럿 보인다. 따라서 시가 고분군을 비롯한 시가 군집분에 묻혀 있는 인물들은 대부분 백제계라고 볼 수 있다.

그런데 문제는 이렇게 간단하지 않다. 비와코 동편의 아이쇼쵸愛莊町 일대에는 298기의 소형 굴식 돌방무덤인 곤고지노金剛寺野 고분군이 남아 있다. 이 고분군은 에치하타依智秦씨가 남긴 것으로 보는데, 이들은 한반도계 이주민이란 점을 제외하면 그 성격에 불확실한 점이 많다. 하지만 곤고지노 고분군의 구조가 백제 고분과 다른 점, 출토 유물에서 금동제 태환이식은 발견되는 반면 백제계 이주민의 표지적 장신구인 가랑비녀가 없는 점, 소형의 명기형 취사 용기가 보이지 않는 점도 백제계가 아닌 신라계일 가능성을 높여 준다.

에치하타씨가 거주하고 묻힌 에치군愛智郡 일대의 불교 사원에서는 고도시키湖東式라고 불리는 수막새기와가 사용되는데 이 역시 에치하타씨와 관련된 것으로 보고 있다. 백제계 이주민과 신라계 이주민이 지점을 달리하여 집단 거주하던 양상을 그려 볼 수 있다.

시가에서 발견되는 한반도계 자료는 이것으로 그치지 않는다. 비와코 동편의 구사츠草津시 안라신사安羅神社, 릿토栗東시 소안라신사小安羅神社의 존재는 그 명칭을 볼 때 안라安羅와의 관련성을 유추할 수 있다. 이렇듯 시가 곳곳에는 백제와 신라, 가야계 이주민이 정착하여 활동하고 있었다.

시가에 남아 있는 백제 유민의 흔적

663년 백강전투의 패전으로 부흥운동이 완전히 실패한 후 수많은 백제인이 배를 타고 바다를 건너 일본 열도 곳곳에 정착했다. 《일본서기》에 의하면 665년 귀실집사鬼室集斯가 소금하小錦下의 관위를 받았다고 한다. 그는 귀실이란 성을 볼 때 부흥운동의 주역인 귀실복신鬼室福信과 관련된 것으로 추정되며, 그의 아들이거나 가까운 친족이었을 것이다. 귀실집사의 관등이 달솔이었다는 점, 복신의 공에 의해 관위를 받았다고 하는 점, 백제 남녀 400여 명과 함께 오오미노쿠니近江國 간자키군神前郡에 정착한 점, 669년 백제 왕족인 여자신余自信과 함께 남녀 700여 명을 이끌고 오오미노쿠니 가모군蒲生郡으로 이주한 점 등을 고려하면 그가 백제인이었음을 의심할 여지가 없다. 훗날 그의 후손들은 백제군百濟君, 백제공百濟公이란 성을 받았다.

귀실집사는 671년 지금의 교육부 장관 격인 학직두學職頭에 임명된다. 멸망한 나라 출신의 유민이 이러한 지위에 오른 것은 그의 학문적인 수준이 매우 높았음을 의미한다. 귀실집사를 비롯한 백제인들을 오오미 지역에 집중 배치한 이유는 선진 기술과 지식, 국가 운영의 경험을 갖고 있는 백제 유민들을 효과적으로 활용하기 위한 일본 지배층의 의도 때문이다. 게다가 이 지역은 백제 멸망 이전부터 이미 수많은 백제계 이주민이 정착한 곳이지 않은가. 덴지天智가 667년 아스카飛鳥에서 천도하여 오츠쿄大津京로 이주한 배경에도 든든한 백제계 이주민들이 있었다.

귀실집사가 처음 정착한 가모군蒲生郡은 비와코의 동편에 있는데, 그곳에는 귀실신사가 있고, 그 안에서 귀실집사의 묘비를 모시고 있다. 주변에는 백제계 석탑이 있는 이시도오지石塔寺, 이름부터 인상적인 햐쿠사이지百濟寺가 위치한다. 귀실집사의 묘비는 1805년에 가모군 히노쵸日野町에서 발견되었다. 육각기둥 모양인 이 묘비의 진위에 대해서는 논란이 있으나 헤이안平安시대에서 가마쿠라鎌倉시대 사이의 어느 시점에 만들어졌고, 지역 사회에서 백제 유민들의 동류

복신의 아들 귀실집사를 모시는 시가현의 신사

의식을 유지하는 장치로서 이용된 것으로 이해된다.

고대 한일 관계사를 전공한 연민수 선생에 의하면 귀실신사 인근에 소재하는 이시도오지의 3층 석탑도 귀실집사와 유관하다고 한다. 시간적으로는 10세기 이후지만 백제계 이주민의 후손들이 자신들의 정체성을 확인하기 위해 축조한 것으로 볼 수 있다. 이후 귀실씨는 의학, 사경 등 전문적 업무에 종사하면서 일본 고대 사회의 발전에 기여했다.

가모군에 사민徙民된 백제계 이주민들의 종족적 유대는 장기간 이어진 것 같다. 필자가 귀실집사의 묘비를 조사하러 가모군에 해당되는 현재의 시가현 가모쵸蒲生町 지역을 답사했을 때 주민들이 가지고 있는 친한국적·백제계승적 인식에 놀란 적이 있다. 심지어 묘비를 보여 준 주민 한 분은 필자에게 자신의 얼굴이 부여 사람과 유사하다는 식의 이야기를 했다. 물론 이런 인식은 관념적이고 만들어진 것이며 자칫 잘못하면 일선동조론에 악용될 수도 있다. 하지만 현대 일본의 일부 지역 주민들이 귀실집사를 주요한 계기로 하여 고대에 존재하던 한반도의 백제에 친근감을 느끼고 있다는 점은 매우 흥미롭다. 이런 점에서 귀실신사와 귀실집사 묘비는 한국인과 일본인이 과거의 사실을 회상하면서 서로 간의 적개심을 누그러뜨리고 바람직한 미래를 그려 볼 수 있는 귀중한 유산이다.

3 화산 폭발에서 고대 한일 관계사로

군마에서 발견된 일본의 폼페이

백제에서는 무령왕이, 신라에서는 지증왕이 갓 즉위한 6세기 초 일본에서는 폭군으로 악명 높은 부레츠武烈의 학정이 끝을 향해 달려가던 시점이었다. 가미츠케노上毛野라고 불리던 지금의 군마群馬 지역은 내륙에 위치하고 바다가 없어서, 여름에는 섭씨 40도까지 올라가는 무더운 곳이다. 한여름의 더위에 한 사내가 부인과 어린 두 아이를 데리고 걷고 있었다. 갑자기 땅이 흔들리면서 하루나산榛名山이 폭발하기 시작했다.

굉음과 함께 화산 분출물이 쏟아져 내렸다. 가족은 급히 개울 옆에 엎드렸으나 아무 소용이 없었다. 유독가스에 질식한 이들은 곧바로 숨을 거두었고, 이어서 수십 분간 온갖 분출물이 이들을 덮쳤다. 화산 폭발의 피해자는 이들만이 아니었다. 화산 쇄설물은 동북쪽으로 25킬로미터 되는 지점까지 흘러가서 수백 명의 목숨을 순식간에 앗아 갔다. 마을과 논밭, 도로가 모두 화산 쇄설물에 덮여 버렸다. 일본판 폼페이의 비극이었다.

이 화산 폭발을 후대의 화산학자들은 Hr-FA(Hr=하루나산, F=후

타츠다케 봉우리, A=Ash, 즉 화산재)라고 부르고 이 가족이 묻힌 곳은 훗날 '가나이히가시우라金井東裏 유적'이라고 부르게 된다. 이때 동시에 매몰된 수많은 마을 중 하나가 유명한 나카스지中筋 마을 유적이다.

분화의 대재앙을 가까스로 피한 사람들은 삶을 이어갔다. 가옥을 수리하여 마을을 일으키고, 수로를 복구하여 논을 만들었다. 화산재를 파내고 밭을 만들거나 화산재 위에 기름진 흙을 퍼붓고 그 위에 밭을 만드는 각고의 노력 끝에 어느 정도 안정을 찾아 갔다. 마침 부레츠의 폭정도 끝나고 게이타이繼體라는 새로운 왕이 옹립되어 정치적으로도 안정을 찾았다. 새로운 왕을 맞이한 왜는 한반도의 신라, 백제와도 우호적인 관계를 유지했다. 하지만 군마에서는 태평성대가 오래가지 못했다. Hr-FA가 분화한 지 20-30년 정도 시간이 지나고 하루나산이 다시 분화한 것이다. 이번에는 화산 분출물의 종류가 달라서 경석輕石, Pumice(마그마가 분출될 때, 그 안에 있는 화산가스가 빠져나가 구멍이 많이 뚫리고 가벼운 흰 돌)이 하루나산의 동편을 광범위하게 뒤덮었다. Hr-FP(Hr-F는 앞과 같고 P=Pumice)라고 부르는 화산 폭발로 훨씬 많은 마을이 통째로 매몰되었는데, 그중 발굴 조사로 구로이미네黑峰 유적이 확인되었다. 20-30년 정도의 시간차를 두고 차례로 매몰된 나카스지 마을과 구로이미네 마을은 1,500년 전 사람들의 삶의 모습 그대로를 간직하고 보여 준다는 점에서 매우 중요하다. 주민들이 이사를 가거나 가옥을 폐기하면 가재도구가 남지 않아서 발굴 조사를 해도 많은 정보를 얻지 못하게 마련이다. 그런데 급작스럽게 화산의 피해를 본 군마의 마을에서는 주민들이 미처 대피하지 못할 정도로 긴박하게 상황이 전개되면서 가재도구가 가옥의 안팎에 고스란히 남았다. 마을에서 벌어진 일상의 삶이 그대로 숨죽인 채 발굴의

화산 폭발로 경석이 두껍게 덮인 가나이히가시우라 유적

삽이 들어올 때까지 살아 있던 셈이다. 말을 몰고 대피하던 인간과 말의 발자국 흔적, 그럼에도 결국 사망한 10대 소년의 유해까지 발굴되면서 당시의 급박하던 사정을 엿볼 수 있다.

나카스지 유적에서 발견된 유물의 연대는 모두 동일 시점에 매몰된 것으로, 구로이미네 유적의 유물보다 20-30년 정도 오래된 것들이다. 따라서 유물의 편년과 변천 과정을 아주 세밀하게 추적할 수 있다. 여기에서 얻어진 연대관은 군마에만 적용되는 것이 아니라 주변 지역에서 출토된 유물의 연대를 결정하는 데에도 중요한 기준으로 작용한다. 이런 점에서 구로이미네 유적과 나카스지 유적은 일본 고고학과 고대사 연구에서 비교할 수 없을 정도로 중요한 유적이고, 당연히 각종 교과서에 실렸다.

화산재에 묻힌 비운의 사나이

그런데 이런 유적을 왜 우리가 알아야 하는가? 고대 한일 관계사와도 연결되기 때문이다. 2012년 11월, 군마현의 학자들은 지하에 쌓여 있는 3미터 두께의 Hr-FP 경석과 그 아래의 Hr-FA 화산재를 차례로 걷어 내면서 비극적인 죽음을 맞이한 4명의 흔적을 찾아냈다. 철제 비늘 갑옷(철판을 작게 잘라서 생선 비늘처럼 엮은 갑옷)을 입은 사내는 쇠창, 많은 화살촉 그리고 또 한 벌의 비늘 갑옷을 들고 가던 중 사고를 당한 것으로 밝혀졌다. 사내는 지면에 철제 투구를 놓고 그 위에 이마를 댄 채 화산의 반대편 낮은 쪽을 향해 마치 절하듯이 엎드린 자세였다. 돌과 유리로 만든 멋진 장신구를 머리와 허리에 패용한 채 사망한 여성은 부인으로 추정되는데 역시 엎드린 채 사망했다. 화산학자와 고고학자의 공동 연구에 따르면, Hr-FA는 총 15회에 걸쳐 분화가 반복되었는데, 이들은 두 번째 분화까지만 하더라도 목숨을 유지했으나 세 번째 분화에 모두 절명했음이 밝혀졌다.

'가나이히가시우라'라는 다소 긴 명칭이 붙게 된 이 유적은 한 가족의 비극적인 죽음으로 유명해졌지만, 연구가 진행될수록 더욱 놀라운 사실을 드러냈다. 남성이 들고 가던 갑옷은 입고 있던 갑옷과 마찬가지로 쇠로 만든 비늘을 엮어 만든 것인데, 가슴 부위에 사슴의 뿔을 갈아서 만든 비늘 갑옷 한 벌을 포개어 놓은 상태였다. 그런데 동물 뼈 비늘 갑옷은 일본에서 발견된 적이 없었다. 오직 서울 몽촌토성에서 발견된 적이 있을 뿐이다. 규슈나 오사카도 아니고 백제 왕성에서 유일한 비교 대상이 출토되었으니 일본 학계의 관심이 쏠리는 것은 당연한 일이었다.

군마 지역은 5세기부터 6세기 사이의 신라와 백제의 유물이 많이 출토되는 곳이다. 오래전부터 백제 계통의 토기와 유리, 신라 계통의 금동관과 신발, 마구, 가야 계통의 귀걸이 등이 발견되었다. 한반도계 유물이 발견되는 배경에 대해서는 이 지역의 우두머리인 가미츠케노上毛野 일족이 4세기부터 7세기까지 수차례 한반도에 출병했다는《일본서기》의 기록을 중시하여, 이때 신라인들을 포로로 잡아 왔다는 주장이 있었다. 하지만 발굴 조사가 진행될수록 한반도의 주민들이 포로로 잡혀온 것이 아니라 오히려 가미츠케노 일족이 선진문물을 얻기 위해 노력하였고 한반도계 이주민이 군마 지역에 적극적으로 정착·활동한 사실이 밝혀졌다. 군마라는 지명에서도 알 수 있듯이 목마장으로 유명한 이곳에 말이 들어오게 된 배경에 한반도계 주민의 활약이 있었음도 밝혀졌다. 이런 상황에서 백제풍의 동물 뼈 비늘 갑옷이 출토되었으니 일본 학계는 이에 주목할 수밖에 없었다.

이 불행한 남성의 정체를 밝히기 위해 첨단 과학 기술이 동원되었다. 인골과 철기는 녹지 않아서 철제 갑옷 안에 인골이 고스란히 남아 있었다. 엎드린 채 사망했기 때문에 뒤통수는 일부 손상을 입었지만 얼굴은 비교적 잘 남아 있었다. 분석 결과 신장 164센티미터 정도의 40대 남성이며, 장요근(허리의 앞쪽에 붙어서 다리로 연결되는 부위)과 하지근이 발달한 점에서 일상적으로 승마를 하던 무사로 추정되었다. 얼굴은 전형적인 '도래인(한반도계 이주민)의 형질'을 지녔으므로 긴키나 북부 규슈, 혹은 한반도에서 이주한 인물로 추정되었다.

옆에서 발견된 여성은 30대의 연령, 추정 신장 143.8센티미터, 경산부, 얼굴의 형태가 간토關東(군마, 사이타마 등 도쿄 주변)와 도호쿠東北(미야기, 이와테 등 혼슈 북방) 지역의 특징을 지닌 것으로 밝혀졌다. 근육과 뼈가 발달한 점에서 귀족적인 생활이 아니라 노동을 많이 한 과

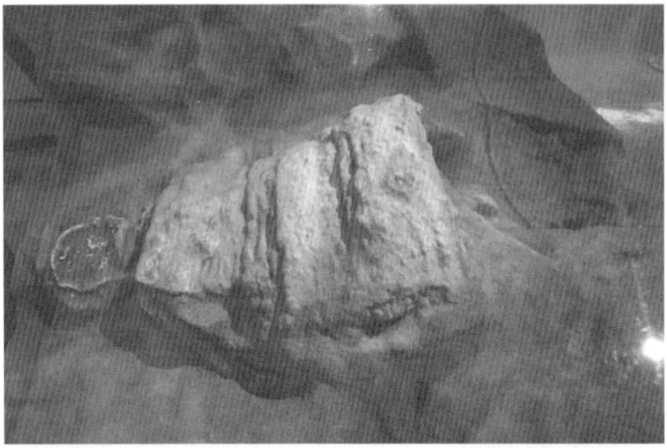

절을 하듯 엎드린 채
사망한 사내의 모습
(가나이히가시우라 유적)

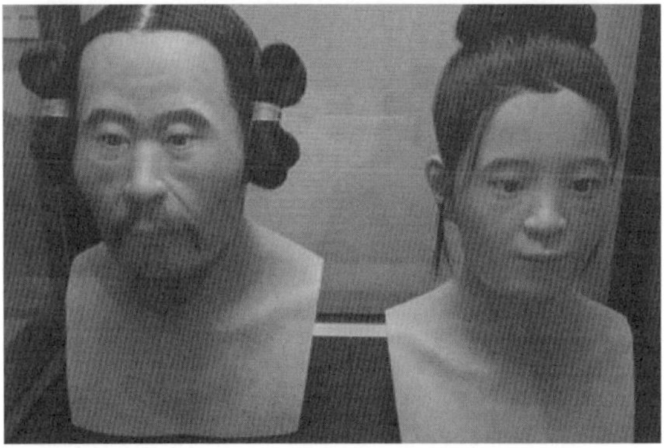

복원된 부부의 얼굴
(가나이히가시우라 유적)

도이가하마 유적에서
발견된 인골

거도 판명되었다. 두개골만 남은 어린아이 2명 중 1명은 5세 정도이며 성별은 판명되지 못했고, 나머지 1명은 분석이 불가능했다.

스트론튬Sr 동위체비 분석이라는 첨단 기술을 활용한 결과 부부로 추정되는 이 남녀는 유소년기를 같은 곳에서 보냈는데, 군마의 북편에 해당되는 나가노長野가 유력한 후보로 추정되었다. 반면 5세의 어린아이가 자란 곳은 이 아이가 사망한 군마라는 사실까지 밝혀졌다.

이 남성이 한반도 출신이라면 왜 나가노에서 자라다가 군마에서 사망했을까? 간토나 도호쿠 계통의 얼굴을 지닌 여성은 왜 나가노에서 자라서 군마에서 사망했을까? 지나친 상상은 금물이지만 한 가지 그려 봄 직한 가설은 다음과 같다. 한반도에서 이주한 조상을 둔 남성과 간토-도호쿠 출신 조상을 둔 여성이 나가노에서 만나 혼인하고, 군마로 이주하여 자식을 낳고 살다가 화산 폭발로 함께 사망했다는 것이다.

일본 열도에 이주·정착한 한반도계 주민이 재지인과 혼인하는 경우는 드물지 않았다. 야마구치山口현 도이가하마土井ヶ浜 유적에서는 야요이시대 무덤이 많이 발견되면서 300점에 달하는 인골 자료가 확보되었다. 체질인류학적 연구를 진행한 결과 동남아시아적 전통을 간직한 선주민(죠몽인)과 한반도에서 건너간 이주민(야요이인)이 공존했음이 밝혀졌다. 이들의 혼혈에 의해 현대 일본인의 주축이 형성되었다는 주장은 이제 일본 학계의 주류를 이루고 있다. 삼국시대에 들어와서도 우연한 기회, 혹은 정략적인 목적으로 한반도 주민과 일본 열도의 주민 사이에 혼인이 이루어진 경우는 매우 많이 확인된다.

죠몽인과 야요이인의 얼굴 비교
(일본국립역사민속박물관)

반일을 넘어 극일로

우리는 근대에 접어들면서 일본의 황국사관에 의해 역사가 왜곡되는 아픔을 겪었다. 그 왜곡을 바로잡기 위해 많은 노력을 기울인 결과, 해결된 부분도 있지만 여전히 미해결 상태인 부분도 많다. 고대 한일 관계사의 해명은 문헌 자료만으로는 곤란하고 고고학적 자료의 도움을 받아야 한다. 일본 학계에서 도래인, 도래계 문물이라고 부르는 실체는 한반도계 이주민, 한반도계 문물이다. 왜곡된 한일 관계사를 해명하는 데에는 이른바 도래인과 도래계 문물에 대한 연구가 커다란 역할을 하였다. 사료적 가치가 의문시되며 수많은 독소를 품고 있는 《일본서기》에만 매달릴 것이 아니라 땅에서 나온 생생한 자료에 눈을 돌려야 한다.

하지만 정작 한국에서 이런 주제에 대한 연구는 매우 미흡하다. 언론에서는 가끔씩 특집이라는 형태로 이미 사망선고를 받은 임나일본부라는 망령을 관에서 끄집어내어 국민들을 분노케 한 후, 몇몇 전문가의 말을 빌려 망령을 매질하면서 국민들에게 카타르시스를 제공한다. 하지만 이런 행위의 반복은 고대 한일 관계사의 해명에 도움을 주기는커녕 오히려 퇴보를 유도할 뿐이다.

국내에서 일본 고대사, 특히 7세기 이전 시기를 전공하는 연구자는 10명 남짓이다. 많은 수는 아니지만 '연구자 집단'이라고 불릴 만하다. 그런데 우리의 고조선-삼국시대에 해당되는 일본 야요이시대와 고훈시대를 전공하는 고고학 연구자는 단 1명이다. 그것도 정년을 얼마 남기지 않은 60대의 연구자이다. 우리의 고대사와 관련된 일본 고고학을 정면으로 다룰 수 있는 젊은 연구자는 여지껏 배출되지 않고 있다. 가나이히가시우라 유적과 도이가하마 유적처럼 고대 한일 관계사의 수수께끼를 풀 정보를 담고 있는 유적을 다룰 한국인 연구자는 앞으로도 한동안 없을 것이다. 반면 한국 고고학을 주제로 박사학위를 받고 활동하는 일본인 연구자는 필자가 아는 사람만 손꼽아 보아도 10명이 넘는다.

고대 한일 관계사에 대한 우리 사회의 높은 관심에도 불구하고 이 과제를 해결할 연구자의 양성에 우리는 실패한 셈이다. 일본 고대사나 고고학을 연구하는 것만으로도 친일파의 멍에를 뒤집어쓸 위험성이 높고, 취직도 어려운 사회 분위기에서 평생을 바칠 신진 연구자를 찾는다는 것은 기성세대의 과욕이다. 반일과 항일, 지일과 극일의 문제를 다시금 곱씹어 본다.

4 일본 열도로 이주한 **한반도계 주민의 발자취**

서일본 곳곳에 남아 있는 한반도계 이주민의 흔적

고대 일본의 정치적 핵심 지역은 오사카와 나라, 교토 일대이다. 이곳을 기나이라고 부르고 이 지역에 인접한 시가, 효고兵庫, 와카야마和歌山는 긴키近畿라고 부른다. 청동기시대에 한반도 남부 주민이 대거 정착한 지역이 규슈 북부인데 비하여, 삼국시대가 되면 기나이와 긴키 지역이 이들의 집중 거주지가 된다.

기나이 지역에는 백제와 가야, 신라의 주민이 정착하면서 형성한 이주민 마을이 많이 발견되었다. 때로는 왜인들과 한 마을을 이루고 살면서 동화되거나 섞이는 경우도 잦다. 이들을 일본 학계에서는 '귀화인, 도래인'이라고 부르는데 우리 입장에서는 한반도계 이주민이라고 부르는 것이 합당하다. 귀화인이란 표현은 "일본 천황의 덕을 흠모해 왔다."라는 것이지만 그것은 실상에 맞지 않다. 도래인이라고 하는 것은 '바다를 건너온 사람'이란 의미로서 일본을 중심으로 두면 타당한 말이지만 우리에게는 '온' 것이 아니고 '간' 것이기 때문에 역시 부적절하다. 따라서 필자는 '이주민'이란 표현을 사용하고 있다.

효고현 데아이 가마에서 발견된 한반도계 토기

시가에 남아 있는 한반도계 이주민의 흔적은 앞에서 살펴보았다. 와카야마에는 가야식의 말 투구가 출토된 오오타니大谷 고분과 신라식의 금제 곱은구슬이 출토된 샤카노코시車駕之古址 고분, 한반도 이주민의 군집분인 이와세센즈카岩橋千塚 고분군이 유명한 유적이다.

오사카의 서편에 위치한 효고에는 한반도계 이주민의 전승이 남아 있는 지명, 생산 시설, 벽주건물, 굴식 돌방무덤이 많이 남아 있다. 일본 고대 사서에 등장하는 신라 왕자 아메노 히보코天日槍가 도착했다는 곳도 효고이다. 하지만 웬일인지 이곳을 주목하는 한국인 연구자는 별로 없다. 데아이出合 유적은 3세기 무렵에 토기를 굽던 가마인데, 마한계 주민들이 조업하던 흔적이라고 할 수 있다. 그 이유는 우선 가마의 구조가 한국의 충청도, 전라도에서 발견된 토기 가마와 아주 비슷하기 때문이다. 평면형이 기다란 타원형이나 독사 머리 모양이 아니라 고구마처럼 생긴 타원형인 것이다. 연료를 옆으로 넣는 것이 아니라 위에서 떨어뜨리는 방식인 점도 역시 마한 토기 가마의 특징이다. 더욱 분명한 사실은 이곳에서 만든 토기가 마한 토기와 아주 닮아 있다는 점이다. 이런 이유로 이 토기 가마는 충청-전라 지역의 주민이 한반도를 출발하여 규슈를 거쳐 일본 열도의 내해인 세토나이카이瀨戶內海를 항해하여 정착한 흔적으로 해석할 수 있다.

이 항로를 따라 서편으로 가면 오카야마岡山에 도착한다. 이곳은 고대에 기비吉備라고 불렸는데 길이가 200미터가 넘는 5세기 무렵의 고분인 조잔造山 고분과 사쿠잔作山 고분이 분포하며, 이 지역 최고의 우두머리들이 묻혔다. 이 정도로 큰 고분은 기나이를 제외하면 오카야마가 유일해서 일본 고대사에서 이 세력의 위상이 매우 높았음을 알 수 있다. 오카야마에는 길이 60미터 정도의 전방후원분인 덴구야마天狗山 고분이 있다. 5세기 후엽에 만든 것인데 일본에서 생산된 스에키와 함께 영산강 유역에서 만든 토기가 출토되었다. 세부적인 특징을 볼 때 나주와 고창에서 만든 것으로 추정된다. 이 무덤은 세토나이카이를 통한 한반도와 일본 열도 간 교류의 흔적 중 하나이지만 더 직접적인 것은 기노죠鬼ノ城란 산성이다. 이 산성은 백제 부흥운동의 클라이맥스인 백강전투가 백제-왜 연합군의 대패로 끝난 후 당나라와 신라 연합군이 일본을 침략할 것이란 공포 속에서 일본 지배층이 규슈에서부터 기나이에 걸쳐 급하게 만든 수십 개의 방어용 산성 중 하나이다. 이때까지 일본에서는 제대로 된 산성을 만든 경험이 없었기 때문에 입지 선정, 축조 공정 등 모든 면에서 백제인이 주도했다. 산의 정상부를 감싼 테뫼식으로서 전체 길이가 장장 2.8킬로미터

한반도 남부 출신 도공들이 오사카에서 만들기 시작한 초기 스에키

에 달하는 이 성은 판축 공법 위주로 만들었고 군데군데 석축 구간도 있다. 부여의 사비나성을 만든 경험이 있는 백제인이 아니면 만들 수 없는 토목 구조물이다.

오카야마에서 서쪽으로 더 가면 히로시마와 야마구치가 나온다. 이곳에도 물론 한반도계 문화가 많이 남아 있지만 규슈에 비할 바 못 된다. 규슈는 일본 입장에서는 한반도와 중국의 선진 문물이 들어오는 창구이고 중세 이후에는 중국과 유럽 여러 나라의 상선과 상인이 오고 가던 길목이다.

다시 한반도에서 규슈로 가는 항로를 택해 보자. 크게 두 가지 항로가 있다. 전남 해안에서 배를 타고 가면 규슈 서북부의 고토열도五島列島, 아리아케有明해라는 내해를 거쳐 사가佐賀와 구마모토熊本

에 도착한다. 사가에는 한반도 남부의 청동기문화가 전래되어 형성된 대규모 마을 유적인 요시노가리吉野ヶ里 유적이 있고, 구마모토에는 대가야 장신구와 백제 금동관, 금동 신발이 출토된 에다후나야마江田船山 고분이 있다.

만약 경남 김해나 거제에서 배를 타고 출발하면 쓰시마對馬섬과 이키壹岐섬을 지나 후쿠오카福岡에 도착한다. 후쿠오카를 비롯한 규슈 북부는 한반도 남부의 청동기와 철기문화가 도착한 흔적이 곳곳에 남아 있다. 일본의 야요이 문화라는 것도 실은 한반도 청동기와 철기문화, 쌀농사, 방어 취락 등이 패키지로 유입된 것이다. 후쿠오카 시내에 있는 니시진마치西新町 유적은 3-4세기 무렵 바닷가에 형성된 마을인데, 재지 왜인들과 함께 충청, 전라, 경상 출신의 사람들이 무리를 지어서 살던 모습을 생생히 보여 준다. 후쿠오카의 코리아타운이라고 부를 만하다. 이후 5-7세기에도 백제, 가야, 신라에서 건너간 유적·유물이 곳곳에 남아 있다. 오카야마의 기노죠와 마찬가지로 백제 멸망 후 백제인들이 쌓은 산성이 곳곳에 남아 있으며 평지에 쌓은 미즈키水城는 성의 역할과 방조제의 역할을 겸한 후쿠오카 최고의 토목 구조물이다.

스사노오노미코토가 동해를 건너서 간 곳

한반도 남부에서 규슈, 세토나이카이를 거쳐 오사카에 이르는 항로가 당시의 가장 중요한 길이었다. 오사카의 옛 이름 나니와, 난바難波라는 이름은 항해의 고단함을 보여 주는 것 같다. 당연히 이 길을 따라 수많은 사람이 오갔고 그 결과 세토나이카이 연안과 한반도 남해안에는 한반도에서 건너간 사람과 일본에서 온 사람들의 흔적이 곳곳에 남아 있다.

그런데 고대 한반도와 일본 열도의 교섭은 이 항로만이 아니라 동해를 통해서도 활발히 진행되었다. 동해를 가운데에 두고 한반도와 마주 보는 일본의 서부에 해당되는 돗토리鳥取와 시마네島根는 고대에 산인山陰이라고 불린 곳이다. 강원도에서 버린 플라스틱이 동해를 건너 표착하는 곳은 돗토리이고, 경상북도에서 버린 쓰레기가 도착하는 곳은 시마네이다. 강원도와 자매결연한 지역이 돗토리, 경상북도와 자매결연한 지역이 시마네인 것은 다 이런 사정에서 비롯된 것이다. 돗토리에는 강원도의 선원들이 표류하다가 도착한 곳이 있고, 시마네에는 세형동검 358점이 땅속에서 한꺼번에 발견된 고진다니荒神谷 유적이 있다. 이 유적이 발견되던 1984년 당시에는 일본 열도 전역에서 발견된 세형동검이 300점 정도에 불과했는데, 한 유적에서 이를 가뿐히 능가하는 막대한 양이 발견되어 큰 화제를 일으킨 적이 있다(IV장 6절 참조). 세형동검의 고향은 한반도이므로 영남 지역의 청동기문화가 동해를 건너서 이 지역에 전해졌음을 알 수 있다.

이 지역의 주민들은 강원도·경상북도와 자매결연을 맺고 한국 관광객을 유치하려고 했으나, 돗토리의 경우는 동해 표기 문제, 시마네의 경우는 일본 측의 독도 도발로 답보 상태에 빠져 있다.

시마네에는 이즈모다이샤出雲大社라는 신사가 있는데, 이세신궁伊勢神宮과 함께 최고로 격이 높다. 매년 음력 10월에 한 번씩 일본 전국의 800만 신이 이곳에 모여 모임을 갖는다고 한다. 이즈모다이샤는 오오쿠니누시노카미大國主神를 모신 신사이다. 이 신은 일본 건국신화 주인공 중 하나인 스사노오노미코토素盞嗚尊의 아들, 혹은 6세손이라고 하는데, 스스로 국가를 경영하다가 아마테라스오오미카

미天照大神에게 물려주고 은퇴했다고 한다. 스사노오노미코토와 아마테라스오오미카미는 남매지간이면서도 서로 경쟁하는 관계로 등장하는데, 때로는 악행을 일삼고 때로는 영웅적인 모습을 보인다. 마치 힌두교의 시바처럼 파괴와 생산의 양면성을 보인 그가 하늘에서 추방되어 내려온 곳이 신라의 소시모리曾尸茂梨라고 한다. 스사노오노미코토의 별명이 우두천왕牛頭天王이란 점을 고려하면 소시모리는 소의 머리로 읽을 수 있다. 다른 해석은 소는 쇠(철), 모리는 마을(무라むら)이므로 쇠를 만드는 마을로 읽을 수도 있다. 소시모리를 떠나 아들이자 용감한 부하 50명을 거느리고 시마네에 도착한 스사노오노미코토는 백성들을 괴롭히던 여덟 가닥 뱀을 구사나기노츠루기草薙劍라는 칼로 처치한다. 이때의 '츠루기'는 검을 말한다. '구사'는 일본어로 '풀'을 의미하지만 여기에서는 김해 구야국일 가능성이 높다. 구야국의 한자명은 웬일인지《삼국지》한조에 구사국狗邪國으로 기록되어 있기 때문이다. '나'는 '노の', 즉 '~의'라는 뜻이다. '기(키)'는 '시라기'가 신라를 의미하듯이 '성', '나라'를 의미한다. 정리하면 구사나기노츠루기는 '구사의 나라', 즉 '구야국의 검'이란 뜻이다.

환동해권 문화 연구의 필요성

영남 지역에서 출발한 이주민들이 동해를 건너 산인 지역에 도착한 후 김해산 칼로 재지인들을 정복한 이야기가 신화로 정착되었다고 보아야 할 것이다. 이러한 추론은 과거에도 있었으나 물증이 없었기 때문에 재미있는 이야깃거리로 치부할 수밖에 없었다. 시마네의 고진다니 유적에서 출토된 엄청난 양의 청동검이 있기는 하지만 철검은 아니었다.

그런데 이 문제를 해결할 새로운 발견은 역시 땅에서 나온 자료를 통해 이루어졌다. 단고丹後라는 지역은 교토京都부에 속하기는 하지만 기나이에 속하는 교토시와는 멀리 떨어져 있고, 산으로 가로막혀 서로 다른 문화권에 해당된다. 오히려 해안을 따라 서로는 돗토리와 시마네로, 동으로는 와카사若狭만을 지나서 후쿠이福井와 이시카와石川로 왕래하는 것이 유리한 지리적 조건이다. 이 지역의 유적에 대한 대규모 발굴 조사가 20세기 후반에 진행되었고, 그 결과 기나이와 전혀 다른 독특한 지역 문화가 있음이 밝혀져서 단고 왕국의 존재를 주장하는 견해가 힘을 받을 정도였다.

고대 한일 관계사와 관련하여 가장 놀라운 사실은 이 지역에서 기나이보다 훨씬 많은 철기와 유리구슬이 출토되었다는 점이다. 철기, 특히 김해 지역과 연결되는 철검, 와질토기라고 부르는 영남 지역 고유의 토기가 변형된 것 그리고 영남 고유의 푸른색을 띠는 작은 유리구슬이 많이 발견되었다. 일본 열도의 다른 곳에서는 볼 수 없는 현상이다. 김해를 출발하여 규슈를 경유하고 혼슈의 서편을 따라 시마네-돗토리-단고로 이어지는 경로는 오래전부터 많은 연구자가 중요시했다. 규슈에서 시마네-돗토리-단고로 이어지는 경로는 해류의 흐름과도 정확히 일치한다.

이렇듯 산인과 단고의 기원 이후 고고학적 양상을 종합하면 영남 지역 철기와 토기 문화가 규슈를 거쳐, 혹은 동해를 통해 곧바로 이 지역에 광범위하게 들어왔음을 알 수 있다. 스사노오노미코토의 신화란 것도 실은 영남 지역 출신 이주민 집단이 산인과 단고 지역에 정착했던 역사적 사실이 반영된 것이다. 한국 측에서 환동해 교섭의 역사에 관심을 가져야 할 당위성이 여기에 있다.

일본에서 환동해 역사에 대한 관심의 역사는 길다. 그 관심은 단순히 학문적인 목적에서 비롯된 것이 아니라 러일전쟁의 승리와 만주국 건설이라는 20세기 전반 '제국의 전성기'에 대한 향수, 러시아의 천연가스, 북한 개발, 중국 시장 등 경제적인 목적이 밑바탕을 이루고 있다.

우리 학계에서도 환동해 교섭에 대한 관심이 아주 없는 것은 아니지만 학문적인 성과는 아직 미미하다. 발해와 신라, 일본의 교섭에 대한 초보적인 연구가 있을 뿐이다. 그동안의 연구는 문헌 자료만으로 진행되었으나 일본에 남아 있는 신라와 발해의 유물, 발해에 남아 있는 신라와 일본의 유물에 대한 연구가 전혀 진행되지 못했다. 필자는 2019년 연해주의 발해 유적 발굴 현장에서 신라 토기와 유사한 토기 편을 발견하고 의문을 품은 적이 있다. 다음 날 블라디보스토크로 돌아와서 극동고고학연구소 전시실을 관람하던 중 신라 토기 한 점을 발견하고 깜짝 놀랐다. 발해 유적에서 통일신라의 토기 뚜껑이 발견되다니! 즉시 사진을 찍어서 한국에 계신 신라 토기 전공자 최병현 교수님에게 사진을 보여 드리며 의견을 구했다. 최 교수님은 틀림없는 신라 토기라는 답을 주셨다. 실제로 발해 유적에서는 이미 적지 않은 통일신라 토기가 출토되었다. 러시아 학자들이 이 토기들을 발해 토기라고 분류하고, 한국 학자들은 그 주장에 의문을 품지 않았던 것이다.

도미노처럼 한 가지 의문이 더 풀리게 되었다. 2014년에 한성백제박물관에서는 연해주 유물 특별전을 개최한 적이 있다. 당시 크라스키노 평지성에서 출토된 토기 몇 점이 전시되었는데, 필자의 주목을 끈 것은 동체의 한 면이 납작하고 4개의 귀가 달린 토기 한 점이었다. 이와 유사한 토기 편이 서울 몽촌토성의 통일신라 토층에서 출토된 적이 있으며, 울릉도 천부동 1호묘라는 통일신라 무덤에서도 나왔기 때문이다. 크라스키노 평지성은 발해 동경용원부의 염주성일 가능성이 아주 높으며, 신라와 일본으로 가는 출항지이다. 이런 사정을 감안할 때, 발해 토기가 울릉도에서 발견될 수 있으나 서울에서도 발견된 점은 매우 놀라운 경우라고 생각했다. "서울에서 최초로 발해 토기!" 신문에 큼지막하게 날 만한 사건이 아니겠는가?

놀라운 발견에는 더더욱 신중할 필요가 있다. 블라디보스토크 극동고고학연구소의 신라 토기 뚜껑 한 점은 필자로 하여금 다른 곳에서 발견된 토기를 재검토하게 했다. 몽촌토성, 울릉도, 크라스키노 평지성에서 발견된 납작한 토기는 모두 신라 토기라는 판단을 내리게 되었다. 신라, 일본을 대상으로 삼은 국제 교류의 거점이라는 염주성의 위상을 다시 한번 확인하게 된 것은 물론이다.

고고학적 유물은 문헌 자료와 달리 그 유물이 발견된 지역 전문가와 외부 전문가의 안목 사이에 큰 차이가 있게 마련이다. 젊었을 때부터 친숙하게 본 유물에는 풍부한 지견을 갖게 되지만, 평생 처음 보는 유물에는 제아무리 대가라고 하더라도 방법이 없다. 연해주를 무대로 활동하는 러시아의 고고학자들은 신라 토기를 잘 모르기 때문에 발해 토기와 신라 토기가 섞여 출토되면 이를 구분할 재간이 없다. 반대로 경주에서 발해 토기가 깨진 상태로 몇 점 나온들 평생 신라 고고학을 전공한 국내 학자가 이를 능숙하게 변별하기는 어렵다. 이런 까닭에 인문학의 다른 분야와 달리 고고학적 연구는 해외 답사, 유물의 직접 관찰, 외국 연구자와의 토론 등이 필수이다. 고대사, 고고학의 모든 분야가 그렇지만 교섭사 연구야말로 책상에 앉아서 문헌 자료만으로, 혹은 유물의 도면, 사진만으로는 절대 가능하지 않다.

연해주에는 발해만이 아니라 읍루, 동단국, 동여진, 금 등의 정치체가 존재하면서 동해를 무대로 한반도, 일본 열도와 다양한 교섭을 벌였다. 고려 전기에 동여진 세력이 울릉도를 거점으로 삼아 한반도 동남 해안과 일본 규슈 지역을 약탈한 이야기는 제법 유명하다. 그 결과 경상북도 해안 일대에는 동여진을 방어하기 위한 토성이 여럿 남아 있다.

연해주에서 사할린, 홋카이도, 혼슈의 동북 지방으로 이어지는 루트는 모피가 유통되던 길이며 아이누인들의 무대이기도 하다. 발해사 연구자도 부족한 우리의 척박한 현실에서는 언감생심이지만 이 지역의 다양한 종족에 대한 민족학적·인류학적 연구를 바탕으로 환동해 교섭사 연구가 본 궤도에 오르는 날을 꿈꾸어 본다.

먼 간토에도 이주민의 흔적이

고대 한반도 주민의 활동 무대는 규슈, 산인, 기나이에 머물지 않는다. 기나이에서 멀리 떨어진 간토關東 지역에서도 삼국과 관련된 유적, 유물이 적지 않게 발견되었다. 특히 군마群馬 지역에서 백제와 신라 관련 문물이 많이 발견되었다. 군마는 화산 폭발로 6세기 전반의 유적이 통째로 묻힌 일본의 폼페이이며, 가나이히가시우라金井東裏 유적에서 발견된 비운의 사나이의 정체에 대해서는 앞에서 살펴보았다. 그런데 이것으로 전부가 아니다.

이곳에서는 가나이히가시우라 1호분이라고 명명한 무덤도 주목된다. 직경 15미터, 높이 1.6미터 규모에 주구와 즙석을 갖춘 원분으로서 5세기 후반경 축조된 것으로 이해되고 있다. 정상부에서 2기의 돌덧널이 병렬 배치되어 발견되었다. 문제는 이 무덤의 형태와 구조가 영산강 상류의 담양 서옥 3호분과 매우 흡사하다는 점이다. 필자는 과거에 학술 대회에서 담양 서옥 고분군의 조사 내용을 발표하는 연구자에게 손을 들고 혹시 이 무덤에 나온 토기가 한반도산이 아니라 일본산 스에키가 아니냐고 질문을 던진 적이 있다. 과연 서옥 3호분 출토 고배는 스에키로 판명되었고 이 무덤은 왜색을 지닌 것으로 이해되었다. 그런데 군마의 가나이히가시우라 1호분을 발굴한 일본 측 학자들은 필자에게 이 무덤이 일본에서는 보기 힘든 구조이므로 혹시 한반도와 관련된 것이 아니냐는 질문을 하였다. 비슷한 구조의 두 무덤에 대하여 일본 학자와 한국 학자는 각기 다른 결론을 내고 있었던 것이다. 그 이유는 어디에 있을까?

이런 경우는 한두 가지가 아니다. 군마현 다카사키高崎시에 소재하는 시모시바야츠下芝谷ッ 고분은 한 변의 길이가 20미터 정도 되는 방분으로서, 내부는 흙으로 쌓고 하단부 경사면에 강돌을 입혀서 돌무지무덤의 외형을 띠고 있다. 이런 까닭에 한반도의 적석총과 관련된 것으로, 묻힌 인물은 한반도와 극히 관계가 깊은 인물로 추정되고 있다. 필자가 군마를 방문할 때마다 그 지역 연구자들에게 가장 많이 들은 질문이 이 무덤이 고구려계인지 백제계인지, 구체적으로 어느 무덤과 가장 비슷한지였다. 그러나 실상은 그리 간단치 않다. 적석총이란 명칭만으로 고구려 적석총과 비교하기에는 구조가 너무 다르다. 내부가 점토로 채워져 있고 외면에 돌을 추가한 점에서는 백제 왕릉 구역인 서울 석촌동 4호분과 유사하기도 하지만, 최근 석촌동 고분군에 대한 연구가 진행되면서 양자의 공통점이 별로 없다고 밝혀졌다. 오히려 함평 금산리 방형분과의 유사성을 논할 때가 된 것

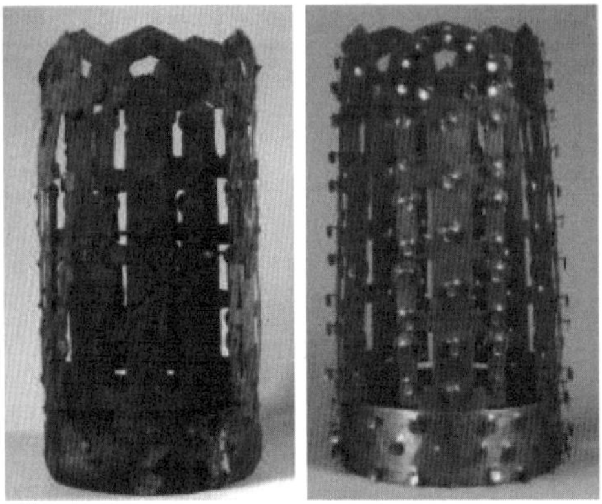

군마의 한 고분에서 출토된
신라식 금동관
(다카사키시 자료)

같다. 이 무덤에서 말과 닭 모양의 하니와가 출토되면서 왜계 요소가 지적되었지만, 군마에서는 정작 금산리 고분처럼 생긴 무덤을 한반도계라고 보고 있는 것이다. 고고학적 자료를 이용한 고대사 연구는 이렇게 간단하지 않다.

우리 사회 일각에서는 고대 한일 관계사를 지나치게 단순화하여 '고대 한국인의 일본 열도 정복사' 정도로 치부하거나 "식민사학이냐 삼한삼국의 분국론이냐" 하는 구도로 몰고 가지만, 이는 당시의 실상을 완전히 호도하는 것이다. 기본이 되는 문헌과 실물 자료에 대한 꼼꼼한 검토를 소홀히 한 주장이 진실에 부합할 리 없다.

시모시바야츠 고분에서는 금동제 신발, 즉 식리도 출토되었다. 일본 학계에서는 삼국, 특히 백제를 주목하고 있으나 이 문제 역시 간단하지 않다. 고구려, 백제와 신라는 각기 특색 있는 식리를 제작해 사용했는데, 형태와 결합 방식이 상이하다. 고구려의 식리는 바닥판만 금속이고 별도의 금속제 좌우 측판이 발견되지 않는 점을 볼 때

유기질 재료가 사용되었음을 알 수 있다. 신라에서는 금동 식리 총 27켤레가 발견되었는데 밑창에 스파이크가 없고, 앞부분을 따로 만들어 끼우는 결합 방식이며, 투조나 타출 문양이 없다는 공통점이 있다. 백제에서는 한성기부터 웅진기에 걸쳐 제작해 사용했는데, 문양은 시기에 따라 다르지만 저판底板과 좌우 측판을 연결시킨다는 공통점이 있고 육각형(거북등무늬)의 비중이 높다. 백제계 식리는 일본 열도에도 전해져서 구마모토熊本 에다후나야마江田船山 고분 등 많은 사례가 알려져 있다. 시모시바야츠 고분에서 출토된 식리는 저판과 좌우 측판을 결합하는 방식은 백제와 상통하지만 최종적으로 발등 부위에 별도의 판을 붙인 점은 오히려 신라적이다. 유리구슬이 부착된 점은 영산강 유역 출토품과 상통한다. 결국 백제계라고 단정 짓기는 곤란하고 한반도 여러 지역의 기술과 형태가 결합된 것으로 보아야 합리적이다.

이런 양상을 보여 주는 것이 다카사키高崎시의 간논야마觀音山 고분과 간논즈카觀音塚 고분이다. 명칭이 비슷하여서 혼동하기 쉬운데, 간논야마는 전체 길이 100미터 정도 되는 전방후원분으로서 중국 북제의 청동 물병, 신라계 귀걸이와 말띠드리개(행엽), 은을 장식한 고리자루칼과 관모형 복발 등 백제풍의 유물이 출토된 곳이다. 간논즈카 고분은 전체 길이 97미터의 전방후원분으로서 간논야마 고분보다 조금 더 늦은 시기에 축조되었다. 화려한 귀금속제 마구와 무기, 장신구와 거울, 용기류가 출토되었는데 2점의 동합은 무령왕릉에서 출토된 동탁은잔과 마찬가지로 받침 위에 뚜껑이 달린 합이 얹힌 용기이다. 이외에도 용이나 봉황을 표현한 고리자루칼이 군마 지역에서 많이 발견되는데, 신라계와 백제계가 골고루 섞여 있다.

한반도 계통의 유물이 많이 출토된 군마의 간논야마 고분 내부

이렇게 군마 지역에서 백제계와 신라계 유물이 발견되는 이유는 무엇일까? 여기에 대해서는 《고사기》, 《일본서기》, 《신찬성씨록》 등 고대 문헌에 등장하는 가미츠케노上毛野라는 집단의 전승을 보아야 한다. 가미츠케노란 군마 지역 우두머리의 씨성이다. 이 집단의 정체는 불분명한 점이 많은데, 신화상으로는 10대 스진천황의 후손으로서 기나이 지역에서 왔다는 설, 혹은 백제계 이주민이란 설 등 매우 복잡하다. 문제는 이 집단 출신들이 지속적으로 대對한반도 군사·외교 업무에 종사하였고, 다카하세竹葉瀨와 그 동생인 다치田道란 인물은 조공을 제대로 바치지 않는 신라를 문책하거나 토벌했다는 이야기가 《일본서기》에 실려 있다는 점이다. 고고학적 연구가 제대로 본 궤도에 오르지 못했던 1990년대까지도 이런 내용을 신빙하여 군마에서 발견되는 신라와 백제계 유물은 가미츠케노 집단이 한반

도에서 군사적인 활동을 전개하면서 약탈한 물건과 포로로 잡아 온 인물들이 남긴 것이라는 주장이 정설이었다.

필자가 처음 군마를 방문했을 때, 필자를 안내해 주던 군마 지역 연구자들의 입에서 이런 이야기가 자연스럽게 나오는 것을 보고 크게 놀랐던 기억이 생생하다. 하지만 한반도와 일본 열도에서 발굴조사가 활발히 진행되면서 임나일본부설의 허구성이 입증되자 낡은 해석은 바뀌기 시작했다. 군마 지역 곳곳에서 발견되는 한반도계 유물은 임나일본부설과 관련된 왜인의 군사 행동을 입증하는 것이 아니라 백제와 신라 주민의 적극적인 이주와 정착의 결과로 보아야 한다는 것이다. 《일본서기》에 기초한 철옹성 같던 주장을 무너뜨리는 데에는 땅에서 나오는 물질 자료가 최고의 무기이다.

VI

초원과 사막의 길을 통한 유라시아 교섭

1 사카와 오손의 땅으로

동북아시아를 벗어나 유라시아의 넓은 초원으로

고조선과 남월국은 거의 동시기에 한의 동방과 남방에서 발전하던 고대 국가였다. 기원전 3세기로 시점을 고정시키고, 중국 동북 지방과 한반도 서북에 걸쳐 있던 고조선에서 시작하여 시계 반대 방향으로 살펴보면 우선 흉노匈奴가 나타난다. 흉노에서 다시 서남쪽으로 살펴보면 월지月氏, 오손, 강거康居가 등장하는데, 지금의 카자흐스탄과 키르기스스탄, 우즈베키스탄 땅이 이들의 활동 무대였다. 계속 시계 반대 방향으로 돌아서 현재의 티베트로 가면 강羌, 운남성으로 가면 전滇, 귀주성으로 가면 야랑夜郎, 광동성으로 가면 남월南越, 복건성으로 가면 민월閩越이 나타난다. 이렇게 수많은 세력이 한을 둘러싸고 때로는 평화적으로, 때로는 긴장 속에서 복잡한 상호 관계를 맺어 나갔다. 한국사를 동북아시아의 범주에 가두면 당시의 역사는 한나라와 고조선의 관계만으로 축소되며 이렇게 다양한 집단들의 움직임은 눈에 들어오지 않는다. 유라시아적인 시각에서 한국사를 보아야 하는 이유가 여기에 있다.

중국 신장위구르자치구에서 2,000킬로미터를 달려 카자흐스탄 남부와 키르기스스탄으로 뻗어 가는 톈산天山산맥은 만년설로 뒤덮인 높은 산, 깊은 계곡, 수많은 강과 연못을 형성했다. '제티수' 혹은 '세미레치에'라고 불리는 톈산산맥 일대는 목축과 농업에 유리한 혜택받은 땅이었다. 현재는 카자흐스탄과 중국, 키르기스스탄으로 나뉘어 있으나 고대에는 국경선 없이 사카, 오손, 훈Hun과 튀르크가 차례로 이 지역을 차지했다. 사카는 기원전 8-7세기부터, 오손은 기원전 4세기부터, 훈은 기원전 1세기부터 이곳에 등장하여 앞서 이곳을 차지했던 종족을 몰아내었고, 튀르크족은 5세기 이후 현재까지 이 땅의 주인으로 살고 있다.

사카는 스키타이와 유사한 기마 민족으로서 인종적으로는 이란 계통의 백인과 황인종이 혼합된 것으로 보인다. 오손의 인종적인 실체는 분명치 않은데 초기에는 사카, 후기에는 훈과 공존하다가 5세기 전반이 되면 역사에서 사라진다. 훈은 러시아와 서양 학자가 사용하는 개념인데, 좁은 의미로는 흉노의 일부가 떨어져 나온 집단, 넓은 의미로는 3-5세기 유라시아에서 활동하던 다양한 기마 민족에 대한 통칭이다. 기원전 8세기부터 4세기까지 번성했던 사카와 오손은 우리 역사에서 고조선과 시간적으로 일부 겹치고, 기원 전후한 시기부터 세력이 왕성해진 훈과 튀르크는 삼국시대에 해당된다.

이들이 발전시킨 황금문화는 한국 고대사와 무관하지 않다. 사카족의 쿠르간(유라시아에 분포하는 대형 무덤)은 시신을 안치한 목관을 통나무로 결구한 덧널(목곽)로 감싸고, 다시 그 위에 강돌을 덮은 후에 흙으로 밀봉하는 구조이다. 4-6세기에 신라의 왕릉으로 채택된 돌무지덧널무덤(적석목곽분)과 흡사하다. 훈의 금제 장신구나 무기에는 보석을 박아 넣는 감옥기법, 작은 금 알갱이를 붙이는 누금기법이 특징인데, 역시 신라의 그것과 아주 흡사하다. 이런 까닭에 많은 연구자가 카자흐스탄, 키르기스스탄 그리고 러시아 남부에 널리 분포하는 쿠르간과 황금문화에 주목했던 것이다.

고인이 된 초원의 영웅들

필자 역시 유라시아의 황금문화에 주목했으나 막상 접근할 방법은 찾지 못하고 있었다. 주변 사람들의 도움을 받고 수소문 끝에 2012년 가을, 드디어 중앙유라시아 전문가인 장준희 박사를 만나게 되었다. 카자흐스탄과 우즈베키스탄에서 유학한 장 박사를 만난 필자는 비로소 학문적 갈증을 해소할 수 있었으며, 우리 둘은 오랜 친구처럼 의기투합했다. 마침내 2013년 1월에 대규모 답사단을 꾸려서 제티수로 떠났다. 60대 노학자부터 20대 젊은 학생을 망라한 답사단은 톈산산맥의 매서운 눈보라를 뚫고 카자흐스탄과 키르기스스탄의 중요 유적을 밟아 나갔다. 키르기스스탄의 촐폰아타 암각화, 이식 쿨 호수 주변의 사카 쿠르간, 정략결혼으로 오손의 왕에게 시집간 한나라 공주의 비극이 서려 있는 적곡성, 웅장함과 부유함으로 삼장법사 현장을 놀라게 했던 서돌궐의 스이압성, 부라나의 미나레트(이슬람식 탑)까지 선사에서 중세에 이르는 다양한 유적을 보면서 답사단은 탄성을 연발했다.

최대의 성과는 누르무한베토프 박사와의 만남이었다. 그는 소비에트 시절에 알마티시 인근의 이식(키르기스스탄의 이식 쿨 호수와는 별개의 지역임)에서 사카 왕자의 무덤을 발굴 조사하면서 세계적인 명성을 얻은 고고학자이다. 황금인간이라고 불리게 되는 이 무덤을 발굴한 이후에도 여전히 발굴 현장을 지키면서 학계의 원로로서 많은 존경을 받고 있었다. 장 박사와 친분이 깊던 누르무한베토프 박사는 우리 답사단을 오랜 친구처럼 살갑게 맞아 주었고, 이식쿠르간 박물관장이자 자신의 제자인 굴미라 여사에게 양국의 상호 협력을 당부했다. 답사단은 이식쿠르간 박물관과 사카 시기 쿠르간을 공동 조사하기로 정식 협약을 맺었다.

뜻밖의 성과를 안고 귀국한 장 박사와 필자는 2013년 2월에 제티수 답사 성과를 신문지상에 소개했다. 그런데 한창 나이인 장 박사가 갑자기 지병으로 타계하면서 모든 계획은 수포로 돌아갔다. 충격을 가라앉힐 시간을 보내고 2015년 봄, 이식쿠르간 박물관을 다시 방문했다. 누르무한베토프 박사는 장 박사의 부재를 애통해하면서도 우리를 따뜻이 대해 주었고, 양국의 공동 조사는 여전히 유효하다고 거듭 약속했다.

다시 용기를 얻은 필자는 귀국 후 주변의 연구자들과 '유라시아 유적발굴조사단'(단장 조상기)을 결성했고, 이 조직의 카자흐스탄 팀(마한문화연구원, 대한문화재연구원 주축)은 마침내 2016년 6월 11일 알마티시 인근의 오르넥 쿠르간 조사에 착수했다. 한국 팀을 반갑게 맞이한 누르무한베토프 박사는 공동 조사의 성사를 어린아이처럼 기뻐하면서 환영 만찬을 베풀어 주셨다. 배낭을 머리맡에 챙긴 후 잠자리에 든 박사는 편안히 주무시다가 심장마비로 돌아가셨다. 양국 발굴단의 충격은 말로 표현할 수 없었지만, 고인의 뜻을 받들어 발굴조사를 강행했다. 공동 조사의 두 주역은 비록 고인이 되었으나, 그 유지를 받들어 2018년까지 사카 쿠르간에 대한 조사는 지속되었다. 국적은 다르지만 양국의 우호 협력과 공동 조사의 초석을 놓으신 초원의 영웅, 두 분의 명복을 빈다.

돌로 거대한 산을 만든 베스샤티르 쿠르간의 위용

필자를 반겨 준 누르무한베토프 박사(오세윤 촬영)

카자흐스탄의 국보가 된 사카 왕자

이식 유적은 직경 20-120미터에 이르는 쿠르간 150기로 구성되어 있다. 경주에서 작은 고분이 직경 20미터, 단독분으로 가장 큰 봉황대 고분이 직경 82미터, 2기가 합쳐져서 가장 크게 된 황남대총의 길이가 120미터란 사실과 비교된다. 현재 경주평야에서 지상에 봉분이 남아 있는 신라 고분 숫자가 158기란 점도 우연이지만 비슷하다. 그 결과 이식쿠르간과 경주 고분군은 매우 흡사한 경관을 보이고 있다.

1969년에 이식 유적의 동남쪽 모퉁이에 위치한 중형급 쿠르간에 대하여 조사가 진행되었다. 봉토를 걷어 내고 중앙에 있는 목곽을 조사하니 이미 오래전에 모두 도굴당한 상태였다. 그런데 전혀 예상치 못하게 남측에서 전혀 도굴되지 않은 또 하나의 목곽이 발견되었다. 목곽 내부에는 키 165센티미터, 연령 15-18세 정도 되는 남성이 묻혀 있었는데 모자와 상의, 허리띠와 신발은 온통 순금제 장식으로 뒤덮여 있었고, 허리춤에는 금으로 장식한 철제 단검을 차고 있었다. 모자의 높이가 무려 60센티미터가 넘을 정도로 길고 뾰족했는데, 이런 모자야말로 스키타이와 사카 등 유목 기마 민족의 상징이다. 이란의 아케메네스 페르시아 유적에서도 뾰족한 고깔모자를 쓰고 있는 사카인의 모습을 볼 수 있다. '황금인간'이라고 명명된 이 왕자는 카자흐스탄의 국가적 상징이 되었다.

무덤의 구조와 황금문화라는 공통성으로 인해 자연스럽게 신라 왕릉이 떠오른다. 문제는 '황금인간'의 연대는 기원전 6-5세기 무렵이어서, 기원후 5세기에 전성기를 맞는 신라의 돌무지덧널무덤보다 훨씬 오래되었다는 점이다. 그렇다면 사카보다 늦은 시기에 만

비슷한 구조의 황남대총(좌)과 이식쿠르간(우)

들어진 오손과 훈의 무덤에 관심을 갖는 것이 순리일 것이다. 오손의 쿠르간은 사카 쿠르간보다 규모가 작고 부장품이 적어서 현지 학자들의 관심을 별로 끌지 못했고 비교할 만한 자료도 드물었다. 반면 훈의 무덤에서 나온 유물은 신라의 금제품과 비교할 만한 것이 많다. 당나라 이태백이 태어난 키르기스스탄 토크마크 인근의 한 무덤에서 발견된 훈의 황금 데드마스크에는 3개의 나뭇가지를 묘사한 무늬가 선명했고, 머리에 쓰는 관의 장식은 새가 날개를 활짝 편 모습이었다. 3개의 나뭇가지는 신라 금관의 솟을장식 그대로였고, 관장식 역시 신라의 새날개형 장식과 판박이였다. 이 유물들은 3-4세기 제티수에 자리 잡았던 훈이 남긴 것이다. 경주 계림로의 한 무덤에서 발견된 화려한 보검 역시 카자흐스탄의 보로보예라는 곳에서 출토된 훈의 보검과 쌍둥이처럼 닮아 있다.

삼국시대의 허리띠 중에서 유독 신라만 숫돌, 향주머니, 손칼 등

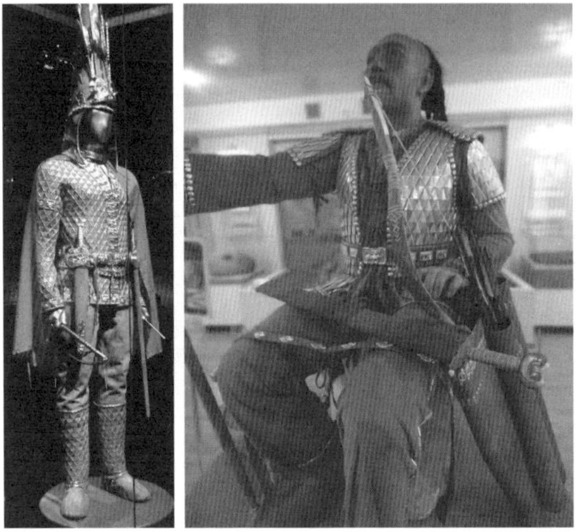

한국을 방문한 사카의 왕자, 카자흐스탄의 황금인간(좌)
황금으로 치장한 사카족 추장의 모습(우)

을 주렁주렁 늘어뜨린 형태인데 이는 이동이 잦은 기마 민족의 특징이다. 신라 고분에서 많이 출토되는 로만 글라스Roman Glass 용기는 유라시아 초원길을 통해 들어온 것이 분명하며, 황남대총에서 출토된 유리컵과 똑같은 것이 카자흐스탄과 키르기스스탄의 훈 유적에서 발견되고 있다. 무덤의 구조는 사카 쿠르간과 유사하고, 유물은 훈의 유물과 유사한 신라 고분을 어떻게 이해할 것인가? 경주의 돌무지덧널무덤은 왜 고구려, 백제, 가야가 아닌 제티수 지역의 고분문화를 닮았을까?

필자가 내린 잠정적인 결론은 사카와 훈 사이에 존재했던 오손에 주목해야 한다는 점, 쿠르간 문화의 시간적 하한이 훈에 의해 기원후까지 내려올 가능성이 있고, 그럴 경우 신라 고분과의 시간적 격차는 많이 줄어든다는 점이다. 나아가 제티수만이 아니라 유라시아 동부의 다양한 쿠르간 문화를 이해하는 것이 필요하다는 사실도 절감했다. 알타이 지역(러시아, 몽골, 카자흐스탄, 중국의 국경선이 교차하는 알타이산맥 주변)의 파지리크 쿠르간은 구조적으로 신라 고분과 가장 비슷한데 축조 세력을 월지로 보는 연구자가 많다. 신라 금관과 가장 비슷한 형태의 금관이 출토된 아프가니스탄의 틸리야 테페도 월지나 사카와 관련짓는 견해가 있다. 결국 신라의 돌무지덧널무덤과 금제 유물은 유라시아에 널리 분포하는 쿠르간과 황금문화에서 그 계보를 찾아야 하는 것이다.

신라 왕족이 흉노의 일파라느니, 북방 유목민이라느니 하는 논란은 많지만 실상은 밝혀지지 않았다. 성급한 결론을 내리기보다는 유라시아의 쿠르간과 황금문화를 연구하는 것이 필요하다. 국립문화재연구소도 2015년부터 진행한 카자흐스탄과 몽골 일대의 쿠르간 조사 성과를 모아 2017년에 국제학술 대회를 개최하고, 도서《카자흐스탄 초원의 황금문화》를 출간했다. 국립중앙박물관도 '황금인간의 땅, 카자흐스탄' 특별전(2018년 11월 27일-2019년 2월 24일)을 개최했다. 우리 역사와도 관련 있는 카자흐스탄의 문화가 성큼 우리 앞에 다가섰다.

2 소그드와 튀르크의 땅으로

멀지만 가까운 이웃, 소그드

660년대 어느 날, 막중한 임무를 띠고 고구려 사절단이 평양을 떠나 초원길과 오아시스 길을 거쳐 현재의 사마르칸트에 도착했다. 오랜 분열의 시대를 끝내고 통일 왕조를 이룬 당나라가 사방으로 팽창하면서 주변 국가들에게 현실적인 위협으로 다가오던 시기였다. 이미 당과 여러 차례 군사적 충돌을 겪은 고구려는 당의 서편에 위치한 세력들과 동맹을 맺는 것이 군사·외교적으로 긴요하다고 판단했다.

우즈베키스탄의 사마르칸트는 이란계 종족인 소그드인이 거주하던 여러 오아시스 도시 중 하나였다. 부하라와 타슈켄트 그리고 현재 타지키스탄 영토인 펜지켄트에도 소그드인이 거주하고 있었다. 이들은 아이가 태어나면 입에 꿀을 넣어 주고, 손에는 아교를 발랐다고 한다. 꿀처럼 달콤한 말로 장사를 해서 번 돈이 손에 들어오면 절대 나가지 않도록 하기 위해서였다고 하니 원거리 국제 상인을 키우는 조기 교육이었던 셈이다. 자연스럽게 이들은 장사에 밝아 매우 작은 이익을 두고도 다투었고, 남자 나이 20세가 되면 장사를 위해 아

아프라시압 벽화에 나타난 고구려 사절단의 모습

무리 멀더라도 가지 않는 곳이 없다고 하였다. 유라시아의 동과 서를 잇는 원거리 국제 교역의 주역이라 할 만하다.

7세기 후반, 소그드족은 초원을 장악하고 동과 서를 잇던 서돌궐의 군사적 지배를 받았지만, 일정한 세금만 내면 안전을 보장받고 장사할 수 있었다. 서돌궐의 입장에서는 교역의 이득을 정기적으로 상납받으니 서로가 좋은 공생 관계였다. 이런 국제 관계를 이용하기 위해 유라시아 각지에서 사마르칸트를 방문한 외교 사절단의 모습이 아프라시압이란 언덕에 남아 있는 궁전 벽화에 나타난다. 그중 주목되는 것은 머리에 조우관을 쓰고, 허리에 환두대도를 찬 고구려 남성 2명이다. 이 벽화가 실제로 이곳을 찾은 사절단을 묘사한 것인지, 아니면 머릿속의 이미지를 그린 것인지에 대해서는 학계에서 이론異

論이 있다. 그러나 고구려가 서돌궐, 소그드족과 교류했음은 분명하다. 중앙아시아 미술사의 대가인 권영필 교수는 벽화 속의 두 인물이 당의 군사적 압박에 대비하여 연개소문이 파견한 사절이라고 보고 있다. 2019년 4월, 대한민국의 대통령이 우즈베키스탄을 방문하면서 이 벽화를 찾은 것은 여러 가지 의미를 담고 있다.

국제 관계를 전공하는 한신대학교 박상남 교수는 오래전 필자에게 이런 질문을 던진 적이 있었다. "대한민국이 국제 외교 무대에서 낭패를 당하지 않으려면 무슨 일이 있더라도 우리를 지지해 주는 국가가 최소 3개국은 있어야 합니다. 그 나라가 어딘지 아십니까?" 정답은 아세안ASEAN 국가들 그리고 '-스탄stan'으로 끝나는 중앙아시아의 국가들이었다. 지난 정부가 신남방 정책과 신북방 정책을 표방하면서 문재인 대통령이 남으로 브루나이, 말레이시아, 캄보디아를, 북으로 튀르크메니스탄, 우즈베키스탄, 카자흐스탄을 방문한 것은 의미심장하다. 고구려도 이런 이치를 알고 우즈베키스탄의 소그드인에게 사절단을 파견한 것이니 외교 전략은 예나 지금이나 다르지 않은 것 같다.

튀르크계 민족의 활동 무대, 중앙 유라시아

스탄은 인도유럽어계 언어로 '땅', '지방'을 의미한다. 우즈베키스탄은 우즈벡족의, 카자흐스탄은 카자흐족의 땅을 가리키는 말인 셈이다. 중앙아시아의 많은 스탄 국가 중에 아프가니스탄과 타지키스탄은 예외적으로 이란계 주민이 다수를 점하지만 나머지는 대개 튀르크계이다. 여기에 역시 튀르크계인 서쪽의 아제르바이잔과 튀르키예 그리고 동쪽의 신장위구르자치구의 위구르족을 더하면 유라시아의 동서를 잇는 튀르크 벨트가 완성된다. 이슬람과 튀르크라는 공통분모를 지닌 여러 국가가 석유와 가스가 지나가는 유라시아 물류의 목줄, 실크로드를 장악한 셈이니 이 지역의 전략적 중요성은 앞으로 더욱 커질 것이다. 2014년에 중국이 오랜 노력 끝에 카자흐스탄, 키르기스스탄과 공동으로 33개에 이르는 유산을 '실크로드'라는 이름으로 유네스코 세계문화유산에 등재한 배경을 짐작해 볼 수 있다. 일대일로一帶一路 전략 중 '일대'의 핵심은 튀르크 벨트를 통한 유라시아 중부의 주도권 장악이다.

한때 소그드족의 활동 무대였던 우즈베키스탄은 나중에는 튀르크와 몽골의 지배를 받게 된다. 14세기 후반부터는 강대한 티무르제국이 사마르칸트를 수도로 삼아 흥기했다. 티무르란 인물은 튀르크계이면서 몽골 칭기즈칸의 명예를 계승한다는 명분으로 군사적 정벌을 거듭하여 마침내 대제국을 건설했다. 그는 동방의 명나라를 정벌하다가 병사했는데, 만약 티무르의 명 원정이 본격화되었으면 동북아시아 역사는 크게 요동쳤을 것이다. 티무르제국은 군사력만이 아니라 과학과 문학, 건축도 매우 발달한 나라였다. 왕들은 새로운 정복지에서 예술인과 과학자들을 사마르칸트로 데려와서 제국의 수도를 설계했다. 그 결과 이 도시에는 왕비와 젊은 페르시아 출신 건축가의 비극으로 끝난 사랑 이야기가 담겨 있는 비비하눔 모스크, 티무르가 묻혀 있는 굴 아미르 영묘, 티무르의 손자이자 뛰어난 학자였던 울룩 벡이 남긴 천문대 등 위대한 건축물이 매우 많다. 이런 까닭에 우즈베키스탄 국민에게 티무르제국은 과거의 영광이다.

우리의 한국사 연구와 교육이 동북아시아를 벗어나지 못하고 좁은 시각에 머물면서 나타난 심각한 현상은 중국의 서쪽에서 전개

눈에 덮인 티무르 동상(좌). 현재의 기준으로 보아도 거의 완벽한 천문 관측 기술을 발전시킨 울룩 벡. 그는 티무르의 손자로서 왕이면서 동시에 위대한 학자였다(우).

된 역사에 대해서는 너무도 무관심하다는 점이다. 고려시대를 연구하려면 탕구트(서하)에 대한 이해가 필요하고, 조선시대 연구를 위해서는 명의 서편에 있으면서 라이벌 관계였던 티무르제국에 대해서도 관심을 가져야 한다. 동북아시아를 벗어난 유라시아적 시각이 고대사만이 아니라 한국사 전체에 적용되어야 함을 절감하게 된다.

박트리아와 쿠샨의 역사를 찾아 헤맨 한국인, 이구조李九祚

튀르크족과 소그드족이 우즈베키스탄 지역의 주인공이 되기 전으로 돌아가 보자. 기원전 4세기 아케메네스 페르시아를 멸망시킨 마케도니아의 알렉산더는 동방 원정을 추진하여 지금의 아무다리야강을 넘게 된다. 아무다리야강은 그리스어로 옥수스강으로 불렸고, 그 동편은 옥수스강 너머란 의미로 '트랜스 옥사나'라고 불리게 된다.

아무다리야강과 함께 나란히 북으로 흘러 아랄해로 들어가는 또 하나의 강은 시르다리야강이다. 아무다리야와 시르다리야의 중간 지대인 수르한드리야의 남부에서 아프가니스탄 북부에 걸쳐 그리스계 박트리아 왕조가 발전했고, 후에는 쿠샨 왕조가 이 지역을 차지했다. 박트리아를 거쳐 쿠샨 왕조에 접어들면서 불교 사원이 많이 만들어지고 불상도 활발히 제작되었다. 특히 아프가니스탄과 국경을 맞대고 있는 국경 도시인 테르메즈 지역은 불교 연구에서 매우 중요한 지역이다. 수많은 불교 사원과 쿠샨 왕조 북부의 중심 도시인 달베르진테파 등이 조사되었는데, 이 과정에서 일본인 연구자들의 활약이 현저했다.

그중에서도 단연 으뜸은 가토 규조加藤九祚이다. 가토는 우즈베키스탄 현지에서 장기간 활동하면서 중앙아시아 문화와 역사 연구에 뚜렷한 족적을 남겼다. 현지인들은 그를 '센세이'(일본어로 '선생님'이란 뜻)라고 불러 존경하며, 테르메즈에는 '가토의 집'이라는 일본 조사단의 베이스캠프가 있어서 장기 조사에 사용되고 있다. 우즈베키스탄과 일본에서 여러 차례 훈장을 받으며 양국 우호 관계의 상징이 된 인물이다. 그러던 그가 2014년 5월 경북대학교박물관에서 진행된 강연에서 자신의 성은 가토가 아니라 이씨, 이름은 '규조'가 아니라 '구조'라고 밝혔다. 그는 한국인이었던 것이다.

1922년 경북 칠곡에서 태어난 이구조는 열 살 때, 시모노세키에 있는 형을 찾아 일본으로 건너갔다. 일과 공부를 겸하는 고된 일상에서도 남달리 총명하던 그는 기어이 도쿄의 조치上智대학에 진학했으나 곧 일본군에 징집되었다. 두만강 변의 돈화에서 소련군의 포로로 잡힌 그는 시베리아와 연해주를 오가며 5년간 유배 생활을 하였다.

테르메즈에서 출토된 삼존불(좌), 이구조와 한국 팀이 발굴 조사한 테르메즈의 카라 테파(우). 쿠샨시대의 유적이다.

동료의 살점을 고기로 먹는 포로가 나올 정도로 끔찍한 생활 속에서도 살아남은 그는 일본 귀환 후에 대형 출판사에 취업했다. 포로 시절에 익힌 러시아어 실력을 바탕으로 세계백과사전을 만드는 등 출판업에 종사하면서 유라시아의 역사를 독학한 그는 마침내 52세의 늦은 나이에 조치대학 교수가 되었다. 본격적인 중앙아시아 조사는 67세가 되는 1989년부터 시작하여 우즈베키스탄의 카라 테파, 달베르진 테파 등 중요 유적 조사에 장기간 종사했다. 국내 학자들은 유라시아에서 활동하는 일본인 학자로서 가토 규조를 알고 있었지만, 그는 사실 한국인 이구조였던 것이다.

자신이 한국인임을 밝힌 지 2년 후인 2016년 테르메즈의 카라 테파에서 발굴 조사를 주도하던 이구조는 급성 폐렴으로 현지에서 사망했다. 추운 겨울 날씨에 변변한 의료 시설도 없던 오지에서 그는 쓸쓸한 최후를 맞이했다. 그가 평생을 바쳐 모은 귀중한 책과 유물,

사진은 모두 경북대학교에 기증되었다. 식민지 조선인으로 태어나 일본인의 삶을 살던 그가 말년에 다시 한국인으로 돌아오는 과정에서 도움을 준 경북대학교 박천수 교수에게 주는 처음이자 마지막 선물이었다.

한국 초기 불교의 원류를 찾아서

노년의 이구조가 열정적으로 조사하고 목숨까지 바쳤던 테르메즈의 불교 사원을 조사할 기회가 대한민국에도 찾아 왔다. 국립문화재연구소가 2011년부터 쿠샨 왕조 시기의 카라 테파의 발굴 조사에 착수하게 된 것이다. 석굴과 지상 건물, 스투파 등을 찾으면서 조사가 본궤도에 오르는가 싶었지만, 아쉽게도 이 프로젝트는 오래가지 못하고 종료되어 버렸다. 여러 가지 이유가 있겠으나 필자가 꼽는 가장 큰 이유는 정치권, 언론 그리고 학계의 무관심과 오해이다. 왜 대한민국의 국가기관이 우리 역사와 무관한 해외 유적을 조사하는 데에 국고를 낭비하느냐는 일각의 오해는 사업을 진행하는 데에 치명적이었다.

여기에서 타산지석이 되는 사례가 아프가니스탄의 메스 아이낙Mes Aynak이다. 이 유적은 2001년 탈레반에 파괴된 바미안 석불과 함께 아프가니스탄 불교 유적의 쌍벽을 이루는 쿠샨시대 사원군이다. 산과 능선의 45만 제곱미터에 이르는 범위에 걸쳐 수십 개의 사찰과 수백 개의 불상, 탑이 밀집된 이곳은 하필이면 세계 2위의 매장량을 자랑하는 구리 광산이기도 하다. 무려 1조 달러의 가치를 지닌 광산에 눈독을 들인 중국의 국영 광산업체MCC가 2008년, 아프가니스탄 정부에 34억 달러를 지불하고 25년간 채굴할 권리를 사들였다.

하지만 이 유적의 중요성을 인식하고 있던 프랑스 고고학자들이 중심이 되어 세계은행의 후원을 받아 3년간 발굴 조사를 실시하게 된다. 세계 각국에서 의용군처럼 모인 고고학자들이 헌신적으로 발굴 조사를 했으나 약정한 기한인 2014년에 전체 면적의 10퍼센트밖에 조사가 완료되지 못한 상태에서 유적의 운명이 위기에 처하게 되었다. 이 사실이 널리 알려지면서 브렌트 허프만 감독이 제작한 다큐멘터리 〈Saving Mes Aynak〉이 세계적인 공감을 불러일으켰다. 광범위하게 개발 반대 운동이 일어났고, 채굴을 위한 모든 준비를 완료한 채 중국 당국은 허송세월하면서 막심한 피해를 입었다. 도로와 숙소 건설, 전기 등 막대한 초기 비용과 금융을 지출했음에도 세계적인 문화유산의 파괴에 앞장선 반달리즘의 상징처럼 되어 버린 것이다. 비록 정당한 절차에 따라 채굴권을 산 것이지만 개발을 강행할 경우 국제적 반발은 상상을 초월할 것이다. 기한 내에 발굴 조사를 완수하지 못한 고고학자들에게 원망을 퍼붓고 싶겠지만 유적의 면적과 중요도가 상상을 초월할 수준이어서 그럴 수도 없는 노릇이다.

여기에서 몇 가지 생각이 떠오른다. 중국 국영업체의 곤욕은 우리에게 강 건너 불인가? 해외에서 막대한 토목, 건축 공사를 수주하는 국내 기업에 이런 일은 일어나지 않았던가? 혹시 이전에도 이와 유사한 일이 숱하게 일어난 것은 아닐까? 다만 우리나라의 문화재가 아니고 우리 역사와 관련된 것이 아니란 이유로 감춰져 있는 것이라면? 아프가니스탄과 무관한 세계 각지의 학자들은 왜 탈레반의 살해 위협과 중국, 아프가니스탄 당국의 압박에도 메스 아이낙에서 조사를 진행했을까? 우리 학자들은 왜 아무도 참가하지 않았을까? 의문은 꼬리를 물었다.

그리고 마지막으로 한 가지 더. 쿠샨 왕조의 불교 유적은 우리 역사와 무관한가? 삼국에 불교를 전래한 초기 승려들은 중국인이 아니었다. 중국에서 활동하던 불교 승려들은 대개 소그디아나, 박트리아, 페르시아 출신이었다. 백제에 불교를 전래해 준 마라난타는 중앙아시아 출신이었을 가능성이 높다. 신라에 불교를 전해 준 묵호자는 말 그대로 검은 피부의 외국인, 즉 중인도나 남인도 출신이었을 것이다. 초전기初傳期의 불교문화는 중국 남북조시대의 불교문화와 비교할 것이 아니라 중앙아시아의 불교문화와 비교해야 하는 것이고, 대한민국이 테르메즈의 사원 유적을 발굴 조사한 것은 다시 얻기 어려운 기회였다. 그러나 우리는 그 기회를 살리지 못했다.

다행스러운 것은 문화재청이 우즈베키스탄 유적 조사와 보존에 다시 나서기로 한 점이다. 우즈베키스탄 제2의 도시인 사마르칸트 인근에 소재한 쿨도르 테파의 발굴 조사에 들어간 것이다. 이 유적은 소그드족이 남긴 토성이다. 이번에는 원대한 계획을 세워 멀지만 가까운 우리의 이웃들, 쿠샨과 박트리아, 소그드와 튀르크의 역사가 우리 앞으로 다가오는 즐거운 미래를 그려 본다.

3 페르시아의 영광과 고대 실크로드

이란에 대한 오해와 무지

다른 국가나 민족에게 악감정을 품을 경우에는 대개 그들에게 피해를 입은 과거가 있게 마련이다. 그런데 역사적으로 그런 일이 전혀 없음에도 원인을 알 수 없는 적개심을 품는 경우가 종종 있다. 이는 무지에서 비롯된다. 얼마 전 강의 시간에 학생들에게 이란에 대한 이미지를 물어본 적이 있다. 호메이니, 악의 축, 테러, 차도르와 히잡 등의 개념을 벗어나지 못했고 '아무런 이미지 없음'이란 답도 나왔다. 유일하게 페르시아라는 '기특한' 답도 있었으나, 이 답이 '페르시아의 영광'이 아니라 영화 〈300〉에서 드러난 부정적 이미지였음을 곧 알게 되었다. 한국 대학생들이 이란에 대해 품고 있는 감정은 부정적 이미지 일색인 셈이다. 언론과 대중 매체는 여기에 기름을 부어서 '중동축구', '침대축구'란 신조어를 만들어 낸다. 아랍인과 이란인이 다른 종족이며, 전자가 대개 수니파, 후자가 시아파라는 사실은 중요하지 않다. 알 카에다와 시아파는 무관하며 다에시(IS에 대한 아랍권의 명칭) 격멸전의 선봉에 선 군대가 시아파 동맹이란 점도 별로 알려져 있지 않다.

이란에 대한 우리의 무지는 무관심에서 나온다. 이란의 수도 테헤란에 '서울로'가 있고, 대한민국의 수도 서울 한복판에 '테헤란로'가 있다는 사실을 아는 사람은 많지 않다. 이란에서 한국의 티비 드라마 〈대장금〉(이란에서는 〈장금이〉로 소개됨)과 〈주몽〉이 공전의 히트를 친 사실도 별로 알려지지 않았다.

페르시아와 고대 한국이 서로 교류했음은 사실이지만 이런 강의를 들을 기회는 좀처럼 얻기 어렵다. 대학에서 서양사 관련 강의를 이수한 학생들도 페르시아를 비롯한 서아시아와 이슬람 세계에 대한 지식이 전무한 형편이니 일반 국민에게 이를 요구하는 것은 무리라는 생각도 든다. 한국사에만 편중되어 균형을 잃은 동아시아사, 유럽인의 눈에 의한 세계사 교육이 낳은 커다란 폐해이다.

부끄러운 고백이지만 필자 역시 10년 전만 하더라도 다를 바가 전혀 없었다. 필자가 생각했던 한국 고대사 연구의 공간적 범위는 중국과 일본을 포함한 동북아시아가 전부였다. 간혹 북아시아, 중앙아시아, 서아시아와 고대 한국의 관련성을 주장하는 강연이나 발표회를 듣고 나면 '호사가의 지식 자랑' 정도로 치부할 뿐이었다. 그런데 전혀 내키지 않는 상태에서 타의로 참여하게 된 2009년 2월의 페르시아 답사는 필자의 공부 인생에서 큰 전환점이 되었다.

지금은 없어진 인천-테헤란 직항 이란 항공Iran Air을 타고 10시간이나 걸려 도착한 테헤란의 길거리는 평온하였고, 시민들은 친절했으며, 한국에서 온 우리를 진심으로 환영했다. 그전까지 지니고 있던 이란에 대한 선입견이 완전히 녹아내려 버렸다.

영화 〈300〉은 미술적 완성도와 영상미는 높을지 모르지만 노골적인 인종주의를 드러내고 있는 점이 문제이다. 악의 축으로 묘사된 페르시아의 왕 크세르크세스는 피어싱을 한 흑인 그리고 게이처럼 묘사된다(실제 배우는 브라질 출신의 백인임). 페르시아와 그 동맹군은 괴물의 형상을 하고 있으며, 간혹 아시아 사람처럼 묘사된다. 레오니다스 왕을 비롯한 스파르타의 용사들은 한결같이 잘생긴 용모에 근육질이며, 조국에 대한 충성심, 동료애와 용기로 가득 차 있다. 스파르타 여성들은 정숙하고 현명하지만, 페르시아의 여성들은 약에 취한 듯 할렘에서 흐느적거린다. 조국을 위해 전쟁에 나서겠다는 한 스파르타인은 장애를 가졌다는 이유로 레오니다스에게 버림받고, 결국 조국을 배신하고 적군을 지름길로 안내한다. 영화 제작자가 선호하는 대상과 혐오하는 대상을 너무도 선명히 대비하고 있는 것이다. 지독한 백인 우월주의 영화에 아시안Asian인 한국인이 환호하는 것은 납득하기 어렵다.

위대한 페르시아의 왕, 키루스

기원전 6세기 중엽, 이란 남부에 해당되는 파르스의 키루스(Kyrus 혹은 Cyrus, 구약에서는 고레스)가 북부의 메디아Media를 통합하여 세운 아리안족의 왕조가 아케메네스 페르시아이다. 그의 일생에 대해 헤로도토스는 상세한 기록을 남겼다. 메디아의 왕 아스티아게스는 어느 날, 자신이 제일 사랑하는 만다네 공주의 소변이 세계를 뒤덮는 꿈을 꾼다. 해몽가들은 공주가 낳은 자식이 세계를 지배할 길조라고 하지만, 직계가 아닌 외손자에게 권력이 넘어갈까 두려워한 왕은 메디아의 속국 파르스의 소군장인 캄비세스 1세에게 공주를 시집보낸다. 몇 년이 지난 후 또다시 꿈을 꾸는데, 이번에는 공주의 아랫배에서 나온 포도넝쿨이 세계를 뒤덮는 꿈이었다. 해몽가들은 공주가 세상을 지배할 왕자를 잉태했다고 해석했다. 아스티아게스는 갓 태어난 외손자를 죽이려 했으나 실패했고, 결국 장성한 외손자 키루스는 외할아버지의 나라인 메디아를 병합하고 새 왕조를 세운다.

이 이야기는 김유신의 여동생 보희가 꿈에 서형산에 올라 소변을 보니 경주가 다 잠길 정도였는데, 이 꿈을 비단 치마 한 벌에 동생 문희에게 팔면서 태종 무열왕의 왕비가 될 운명이 동생에게 넘어갔다는 설화와 아주 유사하다. 문희는 김춘추, 곧 태종 무열왕과 혼인함으로써 신라의 왕비가 되었다. 그녀가 낳은 아들(문무왕)과 손자(신문왕)가 왕위를 계승하였고, 그 후에도 후손들이 신라의 전성기를 이끈다.

키루스는 외할아버지에게 보복하지 않고 그의 통치권을 그대로 인정해 주었다. 이어서 리디아(현재의 튀르키예 지역)를 합병했고, 당시 최대 도시국가였던 바빌로니아(현재의 이라크와 그 주변)를 지혜로써 함락했다. 키루스는 당시 중근동의 보통 왕과는 완전히 다른 사고를 지녔다. 보복이 아닌 관용으로 통치한 것이다. 그의 명령은 원통형 점토에 새겨졌는데, 종교의 자유를 허용하고 패전국 주민의 생활을 보장하며 포로로 잡혀 온 자들이 고국으로 돌아가는 것을 허락한다는 획기적인 내용이었다. 세계 최초의 인권선언으로 평가받는 이 키루스 실린더Cyrus Cylinder는 현재 런던의 브리티시 뮤지엄에 전시 중이고, 그 가치를 인정받아 복제품이 뉴욕의 유엔 본부에 전시되어 있다. 그의 명령에 따라 바빌로니아에 포로로 잡혀 왔던 유대인들은 예루살렘으로 돌아가게 되었으며, 키루스는 성전을 건설할 자금까지 지원해 주었다. 그 결과 키루스는 유대인에게 매우 존경받는 인물이 되었으며, 구약성경에서는 '여호와가 기름 부어 세우신 자'로 칭송되

사산조 페르시아를 건국한 아르다시르 1세의 피루자바드궁

기에 이르렀다.

인권과 관용의 상징인 키루스의 무덤은 자신이 세운 최초의 왕궁인 파사가데 주변에 있는데, 그의 유언에 따라 아담하게 축조되었다. 훗날 페르시아를 멸망시킨 마케도니아의 알렉산더가 이 무덤에 왔을 때, 돌에 새겨진 문구("나는 페르시아의 키루스 왕이다. 그대 젊은이여, 어디에서 왔는지 모르지만 인생은 빈손으로 돌아가는 법. 나의 영원한 잠을 방해하지 말구려.")를 보고서 도굴을 포기했다는 이야기는 유명하다. 키루스가 나라를 세우고(기원전 539년 무렵), 다리우스가 페르세폴리스를 건설하고(기원전 518년), 크세르크세스가 테르모필레에서 스파르타군과 전투를 치르고(기원전 480년), 알렉산더에 의해 아케메네스 페르시아가 멸망한 시기(기원전 330년)는 한국사에서 고조선이 발전하던 시기이다. 페르시아의 방계 일파가 세운 파르티아는 위만조선부터 삼국시대 초기에 해당된다. 아케메네스 페르시아를 정통으로 계승했

다고 주장하며 새로 등장한 사산조 페르시아(226-651년)는 삼국의 전성기에 해당된다. 그런데 이란 역사 속의 이런 나라들이 우리와 무슨 관련이 있단 말인가?

페르시아와 고대 한국의 교섭

적어도 2009년 2월까지 필자도 양자가 무관하다고 생각했다. 하지만 이란 답사가 시작되자마자 선입견은 완전히 깨지기 시작했다. 우선 고구려 무용총의 벽화에 표현된 파르티안 샷의 문제이다. 말을 달리며 허리를 돌려 추격해 오는 적군을 향해 활을 쏘는 파르티안 샷은 기마 민족의 전유물이지만, 그 이름에서 보듯 파르티아와 관련되어 있다. 다음으로는 무덤 천장의 구조이다. 고구려 돌방무덤 중 규모가 큰 것들은 벽석 위에 돌을 올리면서 천장을 만들 때 특별한 방법이 필요하다. 가공한 석재를 겹쳐 쌓으면서 모를 줄여 나가야 하는데, 아래에서 위를 올려 볼 때, 평행하게 줄이는 방법, 삼각형을 띠면서 줄이는 방법, 양자가 혼합된 형태 등 다양하다. 그중에서도 귀접이 방식으로 좁혀 나간 말각조정형 천장은 아래에서 올려 보면 마치 우물 안을 들여다보는 듯한 구조이다. 문제는 이러한 천장 가구 방식이 중국에서는 잘 보이지 않고 이란의 건축물에 흔하다는 사실이다. 평지성과 산성의 조합도 주요한 사례이다. 평지성과 산성을 동시에 활용하여 도성을 방어하는 방식은 고구려를 비롯한 동북아시아에서는 보편적인 형태이지만 중국에는 없다. 그런데 페르시아의 왕궁과 왕성들은 하나같이 평지성과 산성이 하나의 짝을 이루고 있었다. 키루스가 건설한 파사가데 주변에는 왕궁을 보호하는 산성이 있으며, 사산조 페르시아의 칼레 독탈, 비 샤푸르 역시 마찬가지이다.

경주박물관 안압지관 입구(상)와 아제르바이잔 바쿠 국립박물관(하)에 있는 사산조 페르시아의 고유 석조물. 나무를 가운데 두고 한 쌍의 새가 배치되어 있다.

경주의 왕릉에서 발견된 수많은 유리 용기는 로마계와 페르시아계로 나뉜다. 전자는 지금의 이집트와 시리아, 박트리아(우즈베키스탄 남부와 아프가니스탄 북부) 등지에서, 후자는 사산조 페르시아 영토에서 만든 것들이다. 국립경주박물관의 안압지관 앞에는 큰 원의 원주를 따라 작은 구슬 모양의 원을 빼곡히 배치한 연주문이 새겨진 미완성 석조물이 놓여 있다. 원 안에는 나무 한 그루가 서 있고 그 좌우에 공작처럼 생긴 새 한 쌍이 마주 보고 있다. 전형적인 사산조 페르시아의 무늬이다. 확실히 동남아시아 기원의 물품과 무늬가 많은 백제와 달리, 고구려와 신라에는 사산조 페르시아와 관련된 것이 많다.

페르시아계 유물의 파급은 일본까지 미친다. 규슈 앞바다에 떠

키루스의 왕성 파사가데

키루스 왕의 무덤

있는 오키노시마沖ノ島라는 작은 섬은 일본에서 한반도를 거쳐 중국으로 가는 항해의 안전을 보호해 주는 여신을 모신 곳이다. 이곳에서 치러진 제사에 사용된 제기 중에는 사산조 페르시아에서 제작한 유리 그릇이 있다. 후쿠오카 시내의 고로칸鴻臚館이라 불리는 외국 사절단이 묵는 관청에서는 페르시아-아랍의 도기와 유리가 발견된다. 오사카의 '안칸安閑릉'이라고 불리는 한 전방후원분에서는 컷 글라스cut glass라고 불리는 일종의 페르시아 유리가 출토되었다. 나라현 니자

와센즈카 126호분은 신라에서 이주한 귀족의 무덤으로 추정되는데, 로마 유리 용기와 페르시아 유리 용기가 짝을 이루어 부장되어 있었다. 일본 나라시대의 보물 창고인 쇼소인正倉院에는 페르시아 유리 용기와 연주문이 베풀어진 양탄자가 보관되어 있다.

파편처럼 흩어져 있던 수많은 사실이 이란을 답사하면서 비로소 하나로 맞춰지기 시작했다. 페르시아를 출발하여 북아시아와 중앙아시아를 거쳐 고구려, 신라, 왜로 이어지던 장대한 실크로드가 갑자기 눈앞에 나타난 것이다. 정확히 말하자면 비로소 인지하기 시작한 것이다. 귀국하는 필자의 마음은 복잡해지면서도 바빠지기 시작했다. 실크로드를 통한 유라시아 동-서의 거대한 교류의 흐름을 제대로 포착할 수만 있다면, 그 안에서 한국 고대사의 역동성을 설명할 수 있으리란 기대를 품은 것이다. 그 화두를 붙잡고 지금까지 10여 년째 조금씩 발걸음을 내딛고 있다.

VII

바닷길을 통한 동서 교섭

1 해상 실크로드와 고대 한국

옥에오 가는 길

호치민시를 출발한 지 6시간이 되어 가지만 아직도 목적지는 나타나지 않았다. 6명분의 트렁크를 싣고, 현지 가이드와 기사를 포함하여 총 8명이 탄 차는 너무 좁아서 옆 사람의 존재가 점점 부담스러워졌다. 교량에 올라 메콩강의 물줄기를 여러 번 건넜지만, 또다시 나타난 커다란 물줄기 앞에서 우리 차 기사는 화물선에 올라타기 위한 긴 차량 대열에 합류했다. 저녁 식사 시간을 훨씬 넘긴 늦은 밤이 되어서야 끼엔 장Kien Giang성省의 성도인 락 자Rach Gia에 도착하여 짐을 풀 수 있었다. 다음 날 아침 일찍 답사단은 다시 출발했다. 한국을 떠난 지 3일째 되는 날이지만 아직까지 이룬 성과는 아무것도 없었다. 답사의 유일한 목적지인 옥에오로 가는 길은 너무도 멀었다.

옥에오는 캄보디아와의 국경 지대인 베트남 안 장An Giang성省에 소재하는 고대 유적이다. 기원후 1세기 무렵에 등장하여 7세기까지 존속했던 고대 해상 왕국 부남의 거점도시 중 하나이며, 고대 해상 실크로드의 중요 항구이다. 《일본서기》에 의하면 543년 백제의 성왕은 부남의 물자와 노예를 왜에 보냈고, 553년에 왜는 백제에 약물을 보내 달라고 요청하는데, 아마도 동남아시아산 약재를 원했던 것 같다. 554년에 백제는 인도 북부에서 제작된 것으로 추정되는 양탄자를 왜에 보냈으며, 598년에는 신라가 동남아시아산 공작을 왜에 보내 주었다. 641년에는 백제 사신이 동남아시아의 모처에서 온 사신을 물에 빠뜨리는 사고가 일본에서 발생했다. 6-7세기에 백제와 신라가 동남아시아와 남아시아의 진기한 물품을 여러 차례 일본에 공급해 준 셈이지만 더 이상은 알 수 없었다. 부남에 대한 국내의 정보는 매우 제한적이어서 '캄보디아에 소재하던 고대 왕국', '코친차이나에 있던 왕국' 정도의 설명이 전부였다.

20세기 전반기에 프랑스 학자들은 옥에오에서 조사를 진행했다. 그 결과 로마 황제의 이름이 새겨진 금화, 불교와 힌두교의 신상, 중국 거울 등이 발견되었고, 이곳이 동양과 서양을 잇는 고대 해상 실크로드의 중요한 항구였다는 사실이 밝혀졌다. 세계적으로 중요한 유적이지만 우리에게는 너무도 생소하기만 하다.

바다를 넘어온 유리구슬

필자의 흥미를 끈 또 하나의 주제는 유리구슬Glass Beads이다. 한반도의 고대 무덤에서는 좁쌀만 한 유리구슬이 엄청나게 발견된다. 출토량의 추산은 엄두도 낼 수 없다. 경기도 오산의 한 유적에서만 7만 5,000점이 발견되었고, 충남 아산의 무덤 1기에서 2,281점이 발견될 정도로 많이 매장되어 있기 때문이다. 지금까지 한반도에서 발견된 고대의 유리구슬은 수십만 점을 넘고, 전체 매장량은 상상도 할 수 없을 정도이다. 그런데 이 유리구슬 중 절대다수는 한반도 외부에서 제작된 후 수입된 것이다. 인도-태평양 유리구슬이라고 불리는 이런 부류의 유리구슬은 명칭 그대로 인도와 태평양 일대의 여러 공방에서 제작된 후 바다를 통해 광범위하게 유통되었는데, 최근에는 아프리카에서도 발견되고 있다. 최대 생산지는 아리카메두 등 인도의 동해안과 스리랑카, 말레이반도, 태국, 베트남이었으며 한반도는 주요 수입국 중의 하나였다.

바다의 실크로드

우리는 흔히 실크로드라고 하면 낙타와 오아시스, 카라반이라고 불리는 대상隊商을 떠올린다. 사막길 그리고 그 북방의 초원길에서의 교섭이 유라시아의 동과 서를 엮는 데에 중요한 역할을 한 것은 사실이다. 그러나 그 못지않게 중요한 역할을 한 것이 바닷길이다. 기원후 1세기에 그리스 상인이 작성한 에리트리아해 항해기 그리고 중국의《한서》를 종합해 보면 이미 이 시기에 유럽과 아라비아, 인도와 벵골만, 동남아시아와 중국을 잇는 바닷길이 개통되어 사람과 물자, 정보와 지식이 이동했다. 벵골만을 거쳐 말레이반도에 도달한 인도 상인과 선원은 보다 안전하고 경비가 적게 드는 방법을 개발했다. 말레이반도를 따라 남하하여 말라카해협을 우회하는 항로가 아니라, 좁고 긴 반도가 더욱 잘록해진 크라 지협(육지가 좁게 형성된 곳)을 이용하여 반도의 동해안과 서해안을 육로로 연결하는 방법이었다. 그 결과 크라 지협의 동과 서에서 수많은 항구도시가 번성했다. 그런데 크라 지협을 이용하여 중국으로 가려면 반드시 경유해야 하는 항구가 옥에오였다. 항로의 사정이 이렇다 보니 옥에오는 고대 바닷길에서 가장 중요한 항구로 부각되었고 이 항구를 장악한 부남은 해상 왕국으로 성장했다. 옥에오는 당시 최고로 번성한 국제 항구이자 유리구슬의 집결지 그리고 생산지였다.

이곳에서 생산된 유리구슬이 한반도로 들어왔을 것이란 가설을 세운 필자는 옥에오 답사를 준비했다. 우여곡절 끝에 최종적으로 고고학자 2인, 미술사학자 2인 그리고 필자의 지도를 받는 대학원생 1인과 필자를 포함한 6인은 2015년 1월 옥에오로 출발했다.

운수 좋은 날

답사 3일째 되는 날 오후가 되어서야 옥에오에 도착했지만 사전 준비와 정보의 부족으로 무엇을 찾고 무엇을 보아야 할지 막막하기만 했다. 필자만 믿고 답사에 동행한 단원들의 불만에 초조해진 필자의 눈에 저 멀리 가건물의 지붕이 보였다. 가보니 벽돌로 만든 고대 건축물의 하부 구조를 전시하는 야외 전시관이었다. 지붕 아래 건너편 모퉁이에서는 아낙 몇몇이 모여 있었는데, 그중 1명은 선 채로 다른 여성들을 감독하고 있었다. 성공적인 답사를 위한 일념으로 그곳으로 향하니 출토된 토기 편을 세척하는 작업이 한창이었다. 감독하는 여성에게 영어로 말을 걸었다. "우리는 한국에서 왔습니다. 우리는 옥에오 유적을 공부하려고 합니다. 우리는 한국에서 출토된 유리구슬이 옥에오에서 온 것이라고 생각하고 있습니다." 답이 왔다. "저는 호치민대학교에서 고고학을 연구하는 응웬 티 하입니다. 옥에오 유적을 발굴 조사하고 있습니다. 그저께 우리는 이 근처에서 유리구슬을 만들던 공방을 발견하였습니다." 흥분한 필자가 말을 이었다. "우리를 그곳으로 안내할 수 있는지요?" "네. 같이 가시지요."

그녀가 안내한 곳은 바나나 밭 한가운데였고 울창한 밀림과 잡초, 물웅덩이로 뒤덮인 곳이었다. 후퇴할 여유가 없던 우리는 지표면

옥에오 박물관

옥에오의 건축 유적인
고 카이 티(Go Cay Thi) 유적

을 뒤져서 유리구슬을 찾기로 하였다. 과연 10분도 안 되어 알록달록한 유리구슬 8점과 푸른색 유리 파편 1점을 찾을 수 있었다. 모눈종이에 유리구슬을 올려놓고 사진을 찍어대던 필자는 밑져야 본전이라는 생각에서 말을 이었다. "이 구슬을 한국에 가져가서 과학적 분석을 하고 공동으로 논문을 씁시다." "네. 좋습니다." 필자와 공동 연구를 진행하고 있던 공주대학교의 김규호 교수님에게 즉시 전화를 걸었다. "옥에오에서 유리구슬 샘플을 확보했습니다. 분석해 주실 거지요? 물론 공짜로요." "네. 좋습니다." 옥에오 유적 관리를 책임

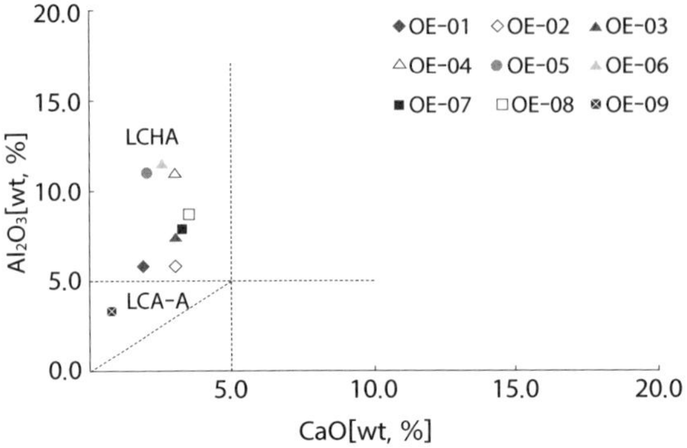

칼슘은 적고 알루미나가 많은 특성을 보여 주는 옥에오 유적 채집 유리구슬의 분석 결과

진 현지 공무원의 허가증을 받고 반출된 9점의 작은 유리 편은 한국행 비행기에 올랐다. 공주대학교에 유물을 보낸 지 며칠 후. "권 교수님, 어떡하죠? 제대로 분석하려면 유리구슬 표면을 부수어서 시편을 만들어야 하겠는데요?" 남의 나라 유물을 파괴할 수는 없기에 포기하려고 했지만, 결국 정확한 분석을 위해서는 피치 못하게 유리를 파괴해야 한다는 내용의 메일을 응웬에게 보냈다. 곧 답신이 도착했다. "당연히 그리해야지요."

화학과 역사학의 만남

모든 유리는 주제(산화규소, 즉 실리카 SiO_2가 주성분), 융제(용융점을 낮추기 위해 첨가되는 물질), 안정제(구조를 안정시키기 위한 첨가물질), 착색제로 구성되어 있다. 모든 유리에서 주제는 큰 차이가 없으나 융제, 안정제, 착색제의 화학 조성은 원료의 산지에 따라 차이를 보인다. 신라 고분에서 자주 발견되는 유리 용기는 형태만으로 로만 글라스인지 사산조 페르시아 글라스인지 구분할 수 있으나, 작은 유리구슬 연구는 화학적인 분석 없이는 한 걸음도 나아갈 수 없다. 한반도와 일본 열도에서 발견된 인도-태평양 유리구슬 중 가장 많은 부류는 안정제로서 산화알루미늄Al_2O_3의 비율이 5퍼센트를 넘고, 산화칼슘CaO의 비율은 그 이하인 高 알루미나 소다유리이다. 특히 백제 고분에서 발견된 유리구슬은 대부분 이 부류에 속한다. 분석 결과, 옥에오에서 채집한 유리구슬의 성분은 이와 정확히 일치했다. 한 번의 분석만으로 속단할 수는 없으나 동일한 화학 조성은 한반도와 일본 열도에서 출토되는 인도-태평양 유리구슬이 옥에오에서 제작되었거나, 아니면 제3의 장소에서 제작된 후 옥에오와 한반도, 일본 열도에 공급되었음을 의미한다. 백제 성왕이 일본에 보낸 물품에 유리구슬이 섞여 있을 가능성이 높아졌음은 물론이고, 고대의 한반도가 섬처럼 고립된 곳이 아니라 바닷길을 통해 동남아시아와 인도, 아라비아와 연결되었음을 새삼 인식하게 되었다. 중국 동해안까지 연결된 바닷길이 백제와 신라의 해상 활동에 의해 한반도와 일본 열도로 확장된 점이 밝혀짐으로써 훗날 등장할 장보고의 해상 활동을 그려 볼 수 있었다.

그 후 응웬과 수차례 논의하고 상호 방문을 거친 후, 옥에오 유적은 우리 앞에 성큼 다가왔다. 2018년 12월 26일부터 한국-베트남 공동조사단이 1개월간 발굴 조사를 실시하기로 전격 합의한 것이다. 국내의 문화재조사기관(대한문화재연구원)과 호치민대학교, 옥에오 유적관리소 그리고 서울대학교가 함께하는 형식을 취했다. 유라시아 동서 교섭의 상징적인 유적을 우리 손으로 직접 조사하는 첫걸음을 내디뎠다.

숭아이 바투 고고학 유적이란 의미로 추정되는 간판

인도-태평양 유리구슬을 찾는 여정

2016년 1월 낭아수국狼牙脩國(랑카수카, Langkasuka) 조사단을 조직하여 말레이반도 답사에 나섰다. 중국 양나라의 천재 화가 소역(훗날의 원세)이 지국에 온 세계 각지의 사신들을 그리고 기록한《양직공도梁職貢圖》에는 고구려, 백제, 신라의 사신과 함께 낭아수국의 사신이 등장한다. 낭아수국은 말레이반도에 소재한 해상 왕국이지만, 국내에서 더 이상의 정보는 얻을 수 없었다. 1년 전의 옥에오 답사와 동일한 난관(조직 구성, 경비 조달, 답사 지역 결정 등)을 딛고, 답사단은 싱가포르와 페낭Penang 섬을 경유하여 말레이반도 서안의 숭아이 바투Sungai Batu로 향했다. 최근 이곳에서 말레이시아 고고학 최고의 발견이 이루어졌다는 막연한 정보만 지닌 상태였다.

답사 4일째 되는 날, 드디어 숭아이 바투에 도착했지만 막막할 뿐이었다. 밀림 사이로 난 도로를 따라 달리던 필자의 눈에 우연히 간판 하나가 들어왔다. 로마자를 이용하여 말레이어를 표기했는데, 숭아이 바투, 고고학 등의 의미인 것 같았다. 차를 돌려 접근해 보니 철망 사이로 히잡을 쓴 여성이 보였다. 큰 소리로 말을 걸었다. "우리는 한국에서 왔습니다. 우리는 숭아이 바투 유적을 공부하려고 합니다. 우리는 한국에서 출토된 유리구슬이 숭아이 바투에서 온 것이 아닌가 생각하고 있습니다." 답이 왔다. "저는 말레이시아 공과대학의 고고학 전공자입니다. 숭아이 바투 유적을 발굴 조사하고 있는 중입니다. 저의 전공은 인도-태평양 유리구슬입니다." 1년 전 옥에오의 데자뷔였다. 대한민국이 동북아시아의 웅크린 외톨이가 아니라, 동남아시아에 여러 이웃을 둔 해상 실크로드의 일원이었음을 밝히려는 큰 그림의 한 조각이 맞춰지는 순간이었다.

2 다낭에서 만나는 참파

친근해진 이웃 베트남

2018년 1월 27일 오전, 베트남 호이안Hoi An의 한 호텔에서 잠을 깼다. 이른 아침부터 호텔 안팎에는 긴장감이 흐르고 있었다. AFC(아시아축구연맹) 23세 이하 결승전인 우즈베키스탄과 베트남의 경기가 열리는 날이었기 때문이다. 많은 사람이 시내로 쏟아져 나와 붉은 옷을 입고 국기를 몸에 감은 채 오토바이를 타고 질주했고, 셀 수 없이 많은 사람이 대형 텔레비전이 설치된 카페 앞으로 모였다.

경기가 벌어진 중국 장쑤江蘇성은 좀처럼 눈이 내리지 않는 따뜻한 곳이지만 이날은 웬일인지 폭설로 경기장 상태가 엉망이었다. 평생 이런 눈을 처음 보았을 베트남 선수들에게 미끄러운 운동장과 추위는 매우 불리하게 작용했을 것이다. 경기는 막상막하였고 필자도 어느덧 베트남 시민들과 한데 어울려 "베트남 코렌(파이팅)!" "박항세오(박항서의 베트남식 발음)!"라고 외치고 있었다. 연장전 후반 막바지에 한 골을 내주는 바람에 안타깝게 준우승에 머물렀지만 베트남 시민들의 얼굴은 매우 만족스러워 보였다. 오히려 필자가 더 큰 아쉬움을 삼키며 답사를 속행했다.

베트남에 대한 우리의 무지와 무관심

1990년대까지 대한민국 남성과 혼인한 외국 국적 여성은 대부분 중국인이었다. 대부분은 한국계 중국인, 즉 조선족이었을 것으로 추정된다. 2000년대 들어와 베트남 여성의 비율이 증대하여, 2010년에는 양국이 9,623명으로 정확히 동수를 이루었다. 그 후에는 역전하기 시작하여 2012년을 제외하고는 베트남 여성의 비율이 중국 여성을 앞질렀다. 2019년에는 베트남 6,712명, 중국 3,649명으로 2배 가까이 많다. 중국 국적 여성 중에는 우리 동포(조선족)와 한족이 모두 포함되어 있기 때문에, 실상은 베트남 출신 여성의 비율이 압도적으로 높다고 볼 수 있다.

베트남 전쟁에서 미국 다음으로 많은 군인을 파병한 나라는 대한민국이었다. 희생자 역시 미군 다음으로 많아서 5,000명에 달하는 사망자가 발생했다. 양국 사이에는 밝은 면과 어두운 면이 병존하지만, 어두운 면은 점점 과거로 사라지고 있다.

베트남 수도인 하노이에는 국내 굴지의 재벌 기업이 2개의 전자제품 공장을 운영하고 있다. 이곳에서 제작된 스마트폰은 2018년도에 1억 5,000만 대였으며 그 수출액은 360억 달러였다. 360억 달러는 베트남 전체 수출량의 21퍼센트에 해당한다. 한국에게 베트남은 3위의 교역 상대이고, 베트남에게 한국은 2위의 교역 상대이다. 양국의 교역량은 이미 600억 달러를 초과했다. 2014년부터 대한민국은 일본을 제치고 베트남에 대한 최대 투자국의 지위에 올랐다. 아세안에 대한 전체 수출량의 48.6퍼센트는 베트남에 대한 수출이다.

이 정도로 밀접한 관계라면 베트남에 대한 우리의 지식과 정보는 넘쳐흘러야 정상이다. 하지만 베트남의 역사와 문화에 대한 이해

참파의 무역항 호이안의 오늘

는 매우 낮은 수준이다. 여기에는 역사학계의 책임도 크다. 현행 고등학교 교과목 중에 '동아시아사'라는 과목이 있는데, 그 교과서의 내용은 대부분 한국과 중국, 일본 등에만 한정될 뿐 베트남을 비롯한 동남아시아에 대한 서술은 매우 인색하다. 현재 대학교에서 베트남의 역사를 교육하고 연구하는 교수는 3-4명에 불과한데, 그나마 모두 근현대사 전공일 뿐 고대사나 고고학 전공자는 단 1명도 없다. 베트남에 대한 우리 역사학계의 관심은 베트남 전쟁을 둘러싼 현대사를 제외하면 전무라고 해도 과언이 아니다. 12세기 후반 다이 비엣大越국 리李 왕조의 리 롱 뜨엉李龍祥 왕자가 고려로 망명하여 화산 이씨의 시조가 된 사실이 추가될 정도이다. 하노이를 방문한다면 다이 비엣 역대 왕조의 왕성이자 리 롱 뜨엉이 출생했다고 전해지는, 그리고 유네스코 세계유산이기도 한 탕롱昇龍성을 방문해 볼 만하지 않는가?

참파에 대한 인식

다낭과 호이안 일대의 베트남 중부에서는 참파 혹은 임읍이라는 국가가 존재했다.

> 함안 2년(372년) 정월에 백제와 임읍의 왕이 각기 사신을 보내어 방물을 바쳤다. 그해 6월에 백제왕 여구(근초고왕)를 진동장군영낙랑태수에 봉하였다.

백제가 중국의 동진과 공식적인 외교관계를 체결한 이 사건은 한국 고대사에서는 상식 중의 상식인데, 위《진서》에 등장하는 임읍에 대해 궁금증을 갖지 않았다면 이상한 일이다. 기원전 111년, 한나라의 무제가 베트남 북부에 설치한 3개의 군(이른바 교지삼군) 중 가장 남측에 있던 일남군의 외곽에서는 사 휜Sa Huynh(기원전 6세기-기원후 2세기 사이에 번성한 금속문명) 문화를 기반으로 오스트로네시아어족의 일파인 참Cham족이 성장하고 있었다. 베트남 중부에서 발전한 사 휜 문화는 청동기와 철기 등 금속기의 사용, 대형 옹관의 존재, 작은 유리구슬과 새처럼 생긴 귀걸이로 구성된 장신구의 사용 등의 특징이 있다.

그런데 대형 옹관은 베트남 중부-중국 광시廣西성과 광둥廣東성-한반도 서남부-일본 규슈九州 북부를 중심으로 발전했다. 베트남과 중국의 옹관이 곧바로 세워 두는 방식인데 비해 한반도는 눕히고, 규슈는 비스듬히 두는 방식이다. 옹관의 형태도 같지는 않다. 그러나 죽은 자의 시신을 대형 항아리에 모신다는 관념은 동일하다.

공교롭게도 옹관묘의 분포 범위를 따라 포타쉬Potash 유리가 퍼

호이안의 사 휜 문화 박물관에 전시 중인 사 휜 옹관

져 나갔다. 포타쉬 유리는 융제로서 포타쉬(K_2O: 칼륨화합물)를 사용했고, 소다유리 중 고高 알루미나계와 화학 조성이 다른 부류이다. 기원후 3세기 이후 한반도와 일본 열도에서 대유행한 고高 알루미나 소다유리가 부남이란 해상 왕국과 관련이 있다면, 그 이전에 유행한 포타쉬 유리는 사 휜 문화, 옹관묘 분포권과 관련되어 있다.

중국의 지배를 받던 참족은 마침내 기원후 2세기 말 건국에 성공하는데 이것이 임읍, 즉 참파이다. 참파는 남쪽의 부남과 경쟁하면서 마침내 372년 동진과 정식 국교를 맺을 정도로 성장했다. 참파의 왕성은 현재 다낭시 외곽에 있는 짜 끼에우Tra Kieu 유적이고, 종교적 성지는 미 썬My Son 사원, 무역항은 호이안이다.

짜 끼에우성은 평지에 축조된 장방형의 성인데, 중국과 인도의 유물이 많이 발견되어서 해상 무역으로 번성한 참파의 면모를 보여

다낭의 미 썬 사원

준다. 이곳에서는 사람의 얼굴을 표현한 수막새 기와가 여러 점 출토되었는데, 그 원형은 육조(동오, 동진, 송, 제, 양, 진)의 도성이었던 건강성(현재의 장쑤성 난징)에 있다. 건강성에서는 사람과 동물의 얼굴을 표현한 동오-동진의 수막새 기와가 많이 발견되었는데, 동북아시아에서는 유일하게 백제 왕성인 풍납토성에서 그 영향을 받은 수막새 기와가 발견되었다. 참파와 백제의 왕성에서 육조의 영향을 받은 유물이 동시에 출현한 것이다.

미 썬 유적은 7-13세기 무렵에 축조된 40기 정도의 힌두교, 불교 건축물로 구성되어 있다. 그중에는 베트남 전쟁 중에 미군의 공습에 의해 파괴된 사원도 있는데, 전쟁이 끝난 후 복구 작업 중 불발탄이 폭발하여 희생자가 발생하는 비극도 있었다. 미 썬 유적은 유네스코 세계문화유산에 등재되었으며, 수많은 관광객이 찾는 명소이기도

참 조각 박물관의 압사라

하다. 미 썬 유적을 조사한 프랑스 학자들은 사원을 장식하던 수많은 조각상을 떼어서 다낭 시내의 참Cham 조각 박물관에 보관·전시했다. 그중 압사라Apsara(힌두교 신화에서 등장하는 물의 요정)의 모습을 표현한 조각은 걸작 중의 걸작이다.

참파와 고대 한국은 서로 접촉이 없었을까? 372년 동진에서 양국의 사신은 서로 조우했을 가능성이 있다. 참파와 동북아시아의 관계는 그 후에도 지속된다.

595년 일본 오사카 앞바다의 아와지시마淡路島라는 섬에 침목沈木이 표착했다. 침목은 고급 목재와 향나무로 사용되었는데, 참파가 주요 생산지이다. 이 침목은 백제를 경유하여 일본 열도에 유통되던 물품으로 추정된다. 침목은 고려와 조선시대까지도 귀한 목재로 취급되었는데, 역시 참파에서 들여온 것으로 추정된다. 641년 일본에서 백제 사신과 분쟁을 겪었던 곤륜崑崙 사신도 참파의 사신일 가능성이 높다. 736년에는 참파 출신의 승려 불철佛哲, 佛徹이 일본에 건너가 나라奈良의 다이안지大安寺에 거주하면서 일본인들에게 범어와 임읍악(참파 음악)을 전해 주었다.

참파는 8세기 후반에서 9세기 전반에는 환왕環王, 9세기 후반 이후에는 점성占城이라 불렸다. 점성은 바다를 통해 이슬람 세계와 연결되었으며, 중국의 무역도자를 거래했다. 호이안의 각종 박물관에는 그 흔적이 전시되어 있으며, 중국과 일본의 상인들이 거주하던 시가지가 지금도 남아 있다. 고려와 조선의 상인들은 과연 호이안을 방문했을까? 혹시 그들의 활동을 후대의 역사가들이 밝히지 못하고 있는 것은 아닐까?

참파는 10세기 이후에 베트남 북부의 다이 비엣, 캄보디아의 진랍眞臘(크메르)과 치열한 항쟁을 전개했다. 캄보디아 시엠립의 앙코르와트에는 수리야바르만 2세와 전투를 벌이는 적군으로서 참파 군대가 묘사되어 있다. 앙코르 톰 안에 자리 잡은 바욘 사원의 벽화에는 톤레삽 호수에서 참패를 당한 참파 군대가 묘사되어 있다. 참파는 영토와 중심지의 변화를 겪었지만 쉽게 망하지 않고 1832년까지 그 명맥을 유지했다.

동아시아의 이웃

A는 중국과 접하고 있어서, 유사 이래 크고 작은 전쟁을 치렀으며 한편으로는 문화적 영향도 많이 받았다. 13세기에는 몽골군의 침략을 받는 큰 위기를 받았으나 슬기롭게 극복하였다. 쌀을 주식으로 하며 한자문화권에 속한다. 중국 세력의 팽창으로 인해 점차 영토를 상실하고 현재는 반도로 밀려났으나, 한때는 현재 중국 영토의 일부를 차지한 적이 있었다. 이 때문에 중국 땅에 있는 고대의 영토에 대해 고토란 의식을 지니고 있고, 중국과 역사 분쟁, 영토 분쟁을 겪고 있다. 이 나라의 국민들은 자존심이 강하며 강렬한 민족의식을 지니고 있다. 근대 이후 제국주의의 침략에 의해 식민지로 전락하였고, 2차 세계대전의 종결과 함께 해방되었으나 곧 남과 북이 분단되어 내전을 겪기도 하였다. 당시 전쟁의 참상과 양민 학살을 둘러싼 논란은 지금도 진행 중이다.

A는 어느 나라인가? 대한민국이기도 하고 베트남이기도 하다. 수천 킬로미터 떨어져 있는 한국과 베트남의 역사가 이렇듯 유사하다는 사실이 인정된다면, 한국사 연구에서 베트남에 대한 비교 연구가 필수적이지 않을까? 아직도 한국 고대의 대외 관계사는 한중 관계, 한일 관계가 전부이고, 근대 이후에야 그 범위가 확대된다고 믿는 역사학자가 많다. 최근 대한민국의 경제적 성장을 발판으로 우리의 활동 무대가 유라시아 전역으로 확산되면서, 역사 속의 우리 이웃이 중국과 일본만이 아니었다는 당연한 사실을 비로소 깨닫게 되었다.

일대일로로 상징되는 중국의 팽창주의적 국제 전략을 모방할 필요는 없다. 우리가 잘할 수 있는 방식은 유라시아 각지에 분포하는 다양한 우리의 이웃과 상호 존중과 신뢰를 토대로 서로 발전하는 길이다. 그 첫 번째 대상이 베트남임을 우리의 역사와 현실은 여실히 보여 준다. 베트남에 대한 깊은 이해는 대한민국이 정치·경제적 위상에 걸맞은 품격을 갖추는 데에도 도움이 될 것이다.

3 장보고 해상 교역의 실체

벨리퉁 침몰선과의 만남

미술사학계에서 마당발로 통하는 주경미 선생은 불쑥불쑥 새로운 연구 주제를 제안하여 필자를 전혀 생각지도 못했던 새로운 세계로 인도하고는 했다. 어느 날 뜬금없이 "선생님! 침몰선 연구 같이 하지 않으실래요?" 하는 것이 아닌가? 평소 신안선에도 관심을 갖지 않고, 마도 앞바다에서 발견된 고려 선박도 무심하게 지나치던 차에 침몰선 연구는 너무 먼 세상의 이야기였다. 침몰선 연구가 한국 고대사와는 무관하다고 판단하고 단번에 거절했던 데에는 침몰선이 장보고 연구의 키를 쥐고 있다는 생각을 전혀 못 한 이유도 있다.

그러던 중, 2016년 1월 싱가포르와 말레이시아 답사에 나섰다. 유일한 목적은 말레이반도를 무대로 발전하던 해상 왕국 랑카수카의 흔적을 찾는 것이었다. 백제의 해상 활동의 파트너인 랑카수카를 연구하겠다는 야무진 의욕을 품고 말레이시아를 답사하게 된 것인데, 일정상 싱가포르를 먼저 방문하게 되었다.

주경미 선생이 포함된 답사 팀은 싱가포르의 아시아문명박물관을 가장 먼저 방문했다. 마침 벨리퉁 침몰선 전시가 열리고 있었다.

이름만 어렴풋이 몇 번 들어본 벨리퉁 침몰선 유물을 실제로 보게 된 것이다.

먼저 주목을 끈 사실은 이 선박이 침몰된 시기가 820년대라는 점이다. 장보고가 활동하기 시작하던 시점이다. 그다음은 이 선박의 어마어마한 항해 거리였다. 선박의 형태가 아라비아의 다우선dhow船(아랍인의 전통 선박)이기 때문에 출항지는 아라비아의 어느 항구였을 것이다. 그 먼 거리를 성공적으로 항해하여 중국에서 화물을 싣고 귀항하는 중에 무슨 이유에서인지 인도네시아 수마트라섬의 동쪽에 있는 작은 섬 벨리퉁 인근에서 침몰했다. 우리의 신안선은 중국 닝보寧波를 출발하여 일본으로 향하던 중 침몰한 것인데 벨리퉁 침몰선은 그 몇 배나 되는 거리를 항해했던 것이다.

그다음은 선적물의 막대한 양이다. 1998년 인도네시아의 어부가 우연히 발견한 이후 많은 곡절을 겪으면서 일부 유물이 사라졌지만 현재 확인할 수 있는 것만 6만 7,000점이다. 우리의 신안선에서 발견된 유물이 2만 2,000점임을 고려하면 3배가 넘는 수치이다. 대다수는 장사요에서 구운 도자기였고, 중국 기술자가 아랍인 고객의 취향에 맞추어 특별 제작한 금속 제품도 섞여 있었다. 당나라의 전형적인 구리 거울도 인기 상품이었는지 잔뜩 포함되어 있었다. 극적인 발견에서부터 수중 발굴을 둘러싼 각종 사연과 유물을 둘러싼 국제 골동상들의 머리 굴리기, 최종적으로 엄청난 유물을 헐값에 인수한 싱가포르의 입장 등도 흥미로웠다. 2018년도에 목포의 국립해양문화재연구소에서 '바다의 비밀, 9세기의 아랍 난파선'이란 제목으로 특별전시를 한 덕분에 또 한 번의 감동을 느낄 수 있었다.

벨리퉁 침몰선은 아랍 세계에서 유행하던 다우선인데 무슨 사

해상 네트워크를 보여 주는 이슬람 유리병. 왼쪽(국립중앙박물관)은 개성, 오른쪽(도쿄국립박물관)은 연백에서 출토된 것으로 전해진다.

벨리퉁 침몰선에 실렸던 장사요 도자기

연으로 중국을 드나들었을까? 이것을 이해하기 위해서는 이슬람 네트워크에 대해 알아야 한다. 7세기에 사우디아라비아에서 교세가 확장된 이슬람교는 빠른 속도로 주변에 세력을 넓혀 나갔는데, 그 방향은 육로만이 아니라 해로를 포함했다. 《아라비안나이트》의 신드바드 이야기는 9-10세기에 인도양 해역을 무대로 삼은 아랍과 이란계 상인들의 활약상을 담고 있는데, 그 범위는 중국 광둥, 동남아시아, 인도, 서쪽으로는 동아프리카로 확대된다. 이 과정에서 인도의 영향을 받았던 동남아시아의 도서부가 이슬람화되었으며 아라비아어는 페르시아어와 함께 해상 공통어로서 운수, 거래, 계약, 금융, 정보 등의 커뮤니케이션 수단으로 널리 사용되었다.

교역의 확대와 새로운 통상로의 개척으로 인한 선박 증가, 인도양 도서 지역에서 대기하는 선박에 대한 식수 보급, 화물 적재, 산물의 집산과 거래 등 중개 기능을 담당하는 시설이 필요함에 따라 9-10세기 인도양 해역에서는 항시가 급증했다. 주요 항시만 48개에 달했으며 12-13세기에는 67개에 이르렀다. 이곳에서는 각지에서 온 다양한 사람과 물자, 정보가 모여 내륙의 영역국가와는 다른 개방적인 항시국가를 형성했으며 이슬람교도가 독점한 이슬람의 바다가 아닌 많은 사람이 공유하는 개방적인 바다의 모습을 띠게 되었다.

당시 인도양과 아라비아해, 홍해를 거쳐 지중해로 이어지는 루트의 중심지이자 최고 중요 항시는 아덴이었다. 아랍의 학자인 이븐 쿠르다드비Ibn Khordadbeh(또는 Ibn Khurradadhbih)는 당시 아덴항에 대하여 "아덴은 대규모 기항지 가운데 하나이다. 그곳에는 농업도 목축업도 하지 않지만 용연향, 침향, 사향 등의 향료와 신두(인더스강 하류 지역과 구자라트 일부 지방), 인도 대륙, 중국, 동아프리카 해안, 에티

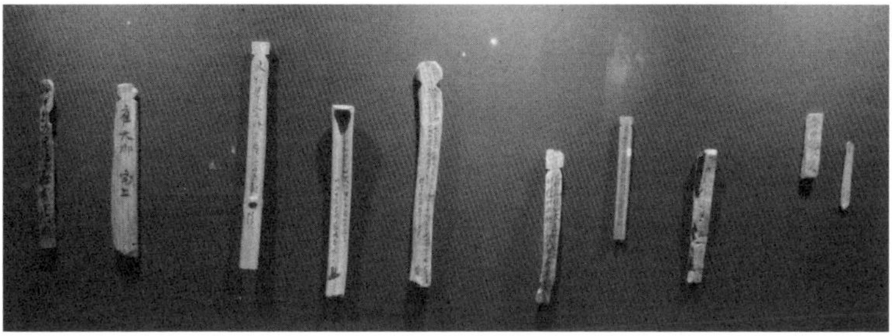

마도 난파선에서 발견된 고려시대 목간

오피아, 이란, 바슬라, 지다, 수에즈 등지에서 온 상품이 있다."라고 하였다.

아덴의 번화상은 1331년에 이곳을 방문한 모로코 출신의 이븐 바투타Ibn Battuta, 1510년대에 이곳을 방문한 포르투갈인 토메 피레스Tome Pires의 서술에서도 반복되고 있다. 이곳이 아프리카, 아랍 세계, 인도와 중국의 중개 무역 거점이었음을 보여 준다. 이런 점에서 아덴은 벨리퉁 선박의 출항지나 기항지였을 가능성이 높다.

벨리퉁 선박의 중국 측 기항지는 인도 방면에서 오는 선박들이 모이던 광둥성 광저우였을 것이다. 그 북쪽의 밍저우明州는 중국 남부 해운과 북부 해운의 결절점에 해당되며 한반도와 일본 열도를 연결하는 중요 항시였다. 광저우와 밍저우는 이렇게 역할을 분담했다. 이런 사정을 감안하면 벨리퉁 선박은 아덴을 출발하여 광저우에서 중국산 물건을 잔뜩 싣고 희망에 부풀어서 귀향길에 올랐을 것이다. 그런데 통상적 해로인 말라카해협을 벗어나 자바해 인근으로 가서 암초에 부딪혀 침몰했다. 왜 이 배는 항로를 벗어났을까? 이 배가 향하던 곳은 인도네시아의 팔렘방이었을 것으로 추정된다. 팔렘방은 해상 왕국인 스리위자야의 중심지이다. 이 선박은 스리위자야와 모종의 거래를 하려고 하던 것은 아닐까? 각종 향신료와 주석은 인도네시아의 특산품이다. 당시의 거래는 처음 출발한 곳의 물건을 최종 목적지에서 다 파는 것이 아니라 중간중간의 기항지에서 계속 교환해 가는 방식이었다. 물건만이 아니라 선원도 마찬가지였다. 고된 항해를 거듭하면서 죽거나 다치고 때로는 도망치는 선원이 많았기 때문에 선장은 기항지에서 현지인으로 선원을 보충했다. 과연 벨리퉁 선박에서는 아랍과 중국 물건만이 아니라 인도와 동남아시아의 물품이 섞여 있다. 다국적 선원들이 어울리던 모습이 그려진다.

장보고가 구축한 해상 교역로

벨리퉁 선박을 보면서 자연스럽게 해상왕 장보고를 떠올렸다. 그는 통일신라시대 해상 교역을 상징하는 인물이다. 동북아시아에서는 9세기 중반을 경계로 교역 형태에서 큰 변화가 일어난다. 조공과 회사의 형식을 띠고 정치적인 내용을 지닌 공무역에서 거대 상인들이 바다를 무대로 영리를 위해 뛰어드는 해상의 시대로 전환되는 것이다. 이 과정에서 밑바닥 인생을 딛고 극적인 성공과 출세 그리고 비극적인 최후를 맞은 인물이 바로 장보고이다.

장보고에 대한 우리 사회의 평가는 한마디로 해상 영웅Maritime Hero이다. 인도의 고대 설화 속 주인공이 대개 바다로 진출한 상인인데 비하여, 우리의 영웅들은 바다와 관련된 모습을 띤 경우가 드물다는 점을 고려하면 장보고는 동아시아 해역사 연구에서 매우 중요한 의미를 지닌다. 그러나 장보고에 대해서 경영학계, 해운·수산업계에서 보여 주는 뜨거운 관심과 달리 의외로 역사학계와 고고학계의 관심은 저조한 편이다.

장보고의 행적은 분명치 않은데, 전남 완도 근처에서 태어나서 810년 무렵 같은 고향 출신인 정년鄭年과 함께 당에 건너가 서주절도사 휘하의 무령군에 입대하고 서른 살쯤에 무령군 소장이라는 벼슬을 얻어 활동하다가 820년대 초에 실시된 감군정책의 여파로 군직을 버리고 828년에 귀국했다.

신라의 흥덕왕에게 건의하여 완도에 청해진을 설치하고 해상활동을 시작했다. 당에 머무는 동안 그는 지방 군벌 세력의 발호와 해적들의 활동으로 노쇠한 당이 무너져 가는 모습을 목격했다. 그는 중국 해안가에 광범위하게 분포하면서 선박 제조, 소금 생산 등 다양한 활동을 하며 유통망을 장악하던 신라 출신 인물들과 돈독한 관계를 맺은 것 같다. 그가 본국으로 돌아간 후 순식간에 거대한 세력을 이루고 당과 신라, 일본을 연결하는 무역망을 건설할 수 있었던 힘은 재당 신라인들의 지원 그리고 그동안 축적해 놓은 인적 네트워크 덕분이다. 그 기반은 선원, 군사 집단, 상인이었다. 재당 신라인들의 정신적 지주는 적산 법화원으로서 이곳에서 활동하던 신라인들의 양상은 일본 승려 엔닌圓仁의 《입당구법순례행기》에 상세하게 서술되어 있다.

한편 청해진이 위치한 완도, 해남, 강진 일대는 한반도의 서남부에 위치하여 서해안과 남해안을 연결하는 연안 항로는 물론이고 중국과 일본을 잇는 원거리 항로에서도 지나칠 수 없는 요충지이다. 당연히 해상 세력이 형성되어 있었을 터인데 장보고의 출신지를 고려할 때 이들이 장보고와 결합하는 것은 용이했을 것이다. 청해진-흑

산도-산둥반도 적산포赤山浦를 잇는 사단항로가 활성화되고, 일본 규슈의 쓰쿠시筑紫까지 잇는 동북아시아 기간 항로가 완성되었다. 후쿠오카에 설치된 지방 관청인 다자이후太宰府까지 우호적인 관계를 맺음으로써 당과 신라, 일본을 잇는 동북아시아 해상교역체제가 완성되었다. 이 항로를 장보고 항로라고 부르기도 한다. 이 항로를 따라서 무역선인 교관선交關船에 매물사賣物使와 회역사廻易使가 타고 동북아시아 바닷길을 왕래했다.

그런데 실은 장보고가 활동하기 이전부터 황해를 무대로 중국과 한반도, 일본 열도를 잇는 해상교통망이 형성되어 있었다. 삼국시대에 백제에 의해 그 단초가 만들어졌고, 통일신라 이후 당과 일본에 거점을 두고 활동한 재당 신라인, 재일본 신라인의 활동이 본격화된 것이다. 당나라의 해안가에 형성된 신라인 사회는 신라 사회 내부의 정치·사회적 변동, 기근, 경제적 목적 등 다양한 원인에 의해 이주해 간 신라인들이 기반을 놓았던 것으로 보인다. 특히 9세기 초반 헌덕왕 대에 많은 신라인이 당과 일본으로 건너간 사실이 확인되고 있다. 이들은 소금과 목탄의 운송과 판매, 선박 제조와 수리, 무역·상업 등에 종사했고 지역 사회의 경제권을 장악했다. 당으로 건너가서 활동한 신라인들은 동남아시아로 이주·정착한 중국인들, 즉 중국계 페라나칸의 선구격인 셈이다.

해상왕, 해신이라고 칭송받는 장보고의 활동도 실은 재당 신라인들의 네트워크 없이는 불가능했다. 이는 항시에서 전개되는 일반적인 교역 행위의 모습이기도 하다. 장보고가 재당 신라인 사회를 조직한 것이 아니라 반대로 재당 신라인 사회의 활발한 해상 교역을 배경으로 장보고라는 인물이 출현할 수 있었던 것이다. 따라서 장보고의 역할은 분산적으로 기능하던 중국 연안 지역의 신라인 사회를 묶어 내었다는 데에 있다.

그런데 이러한 통설을 재검토하게 하는 새로운 자료가 나타났다. 중국의 연운항이란 항구 도시에서 790기나 되는 백제식 무덤이 발견된 것이다. 다듬은 돌을 이용하여 돌방을 만드는 방법은 중국에서는 잘 보이지 않고, 우리의 삼국시대에 크게 유행했다. 연운항의 돌방무덤은 재료나 구조가 백제 돌방무덤을 닮았으며 출토된 유물을 볼 때 그 시기는 수나라에서 당나라 시기에 걸쳐 있었다.

우선 떠오르는 역사적 사건은 660년 백제의 멸망이다. 의자왕을 비롯한 수많은 백제인이 당나라에 포로로 끌려갔는데, 그 수에 대해서는 1만 2,000명이란 기사와 2만 명이란 기사가 있어서 정확히 알 수는 없다. 의자왕을 비롯한 왕족, 귀족의 핵심 인원은 뤄양까지 끌려갔지만 나머지 백성들은 당의 입장에서 필요한 지역에 안치되었을 것이다. 그중 한 군데가 중국 동해안과 한반도 서해안을 잇는 항로의 최고 중요 거점인 연운항이었던 것 같다. 특히 바닷길에 익숙하거나 선박 제조 기술이 있는 사람들을 집중적으로 배치했을 것이다. 따라서 장보고 시대에 활동하던 신라인 중에는 이미 멸망한 백제계 주민들도 섞여 있었을 것이다.

바닷길로 연결된 유라시아의 동과 서

통일신라기는 해상 교역이 크게 발달한 시기이다. 우리 학계는 그 공간적 범위를 중국과 한반도, 일본 열도로 이루어진 동북아시아로 한정하고 있으나, 장보고 무역의 역사적 의미는 아라비아-인도-동남아시아-중국으로 이어진 해상 교역망을 한반도와 일본 열도로 연장시킨 점에 있다고 생각한다.

장보고의 활동 이전부터 이미 신라와 일본의 수많은 학생과 승려가 상선을 타고 이동하였고, 그 과정에서 재당 신라인들로부터 각종 편의를 제공받았다. 신라의 유학생들은 '책을 사는 데에 사용할 금(은)'이란 의미의 매서금買書金, 매서은買書銀이라는 명칭의 학비를 국가로부터 받아서 경비에 충당했다. 일본의 유학생들과 구법승 역시 국가가 하사한 황금을 지니고 중국 각지를 여행하면서 황금으로 결제했다.

일본 규슈의 쓰시마, 이키, 고토열도 등지에도 장보고의 본격적인 활동 이전부터 신라인들이 배를 몰고 오고 있었다. 하카타진博多津과 다자이후에는 신라 출신 인물들이 진출하여 당과의 교역에 종사했다. 이들은 신라, 당과 연결되는 환동아시아해 무역권을 무대로 활발한 활동을 전개했으며 장보고의 시대가 열리자 그를 중심으로 하는 대외 교역의 한 축을 담당했다.

환동아시아해 무역권이 동남아시아의 남해 무역권과 만난 중대한 계기는 장보고의 활동이다. 장보고가 구축한 동북아시아 해상교역망은 동남아시아와도 연결되었을 가능성이 높다. 신라와 일본 사이의 교역에서 유통된 다양한 물품 중에는 중국을 벗어나 동남아시아나 서아시아, 남아시아산 물품이 적지 않다.

해역 세계는 국적을 넘어서는 개방성, 이중성을 특징으로 한다. 9세기에 당과 신라, 일본을 무대로 해상 무역을 전개하던 인물 중에는 그 국적이 당인지 신라인지 불분명한 경우가 많다. 이소정李少貞, 김진金珍, 김자백金子白, 왕초王超, 흠량휘欽良暉, 김문습金文習 등은 각종 문헌에 때로는 당인으로, 때로는 신라인으로 나타난다. 이들은 신라

신안선에 적재되었던 중국 도자기

인으로서 당의 국적을 취득했거나 무역 거래에서 유리한 입장에 서기 위해 당인임을 주장했던 것이다. 당시 신라방에는 이러한 신라계 당인, 신라의 국적을 유지한 인물들이 서로 모여 이윤을 내기 위한 경제 활동을 전개하고 있었다. 국적보다는 현실적인 이해관계에 따라 움직이는 항시의 한 면모이기도 하다. 장보고가 죽은 이후 재당 신라인과 당의 상인들은 출신과 국적을 가리지 않고 공동 출자 등의 방식으로 제휴하여 대일對日무역에 종사했다.

여기에는 발해 출신 인물들도 일익을 담당했다. 발해인으로 추정되는 이연효李延孝와 이영각李英覺이 대표적이다. 특히 이영각은 당과 일본을 여덟 차례나 왕래한 당대 최대의 해상 무역업자였다.

당시 교역의 대상이 되던 물품에 대해서는 일본 측 고문서인 〈매신라물해買新羅物解〉를 통해 알 수 있다. 752년 신라의 왕자 김태렴이 중심이 되어 일본에 판매할 물품의 목록이 30건 정도 발견되었는데 이것이 '매신라물해', 즉 '신라의 물건을 구입하기 위한 신청서'이다. 각종 금속 용기와 직물, 모피, 안료와 염료, 꿀과 밀랍, 각종 향약(향신료와 약) 등 총 122가지나 열거되어 있다. 그중에는 신라산 물품도 있고 동남아시아와 서아시아산 물품도 포함되어 있다. 8세기 중엽에 신라가 다양한 외국산 물품을 일본에 판매했음을 보여 준다. 중국산 자기류가 압도적 다수를 차지하는 벨리퉁 침몰선의 양상과는 사뭇 다른 모습이다. 아랍 세계는 중국산 도자기를, 일본은 신라산 물품과 서아시아, 동남아시아 향약을 원하고 있다. 〈매신라물해〉와 벨리퉁 침몰선을 연결해 보면 장보고 무역의 실상이 보일 것이다.

VIII

나오며

한국 고대사 연구와 교육의 목적을 다시 생각하다

1980년대에 대학을 다니던 필자가 한국사, 그중에서도 고대사를 평생의 업으로 택한 이유는 단순하다. 중국이라는 거대한 용광로를 바로 옆에 두고도 그들에게 동화되지 않고 7,000만이 넘는 민족 구성원을 이룬 '한민족의 위대함'을 연구하기 위해서였다. 흉노, 오환, 선비, 유연, 말갈, 거란 등 한때 동북아시아를 호령하던 수많은 종족이 결국은 중국에 흡수·동화되어 지금은 그 흔적을 찾기도 어려운 지경에 처했지만, 한민족은 온갖 위기를 극복하고 현재에 이르고 있으니 분명 경이로운 일이다.

과거에 한국사 연구에서 민족주의는 지고지순의 선이었고, 우리 민족과 다른 민족의 항쟁의 역사가 대외 관계사 연구의 기조였다. 이런 분위기에서 민족의 단혈성, 순수함에 대한 의문은 기피되었다. 이러한 인식은 남과 북이 마찬가지이다. 북한 학계는 한발 더 나아가 우리 민족이 세계에서 가장 우수하다는 '우리 민족 제일주의'를 토대로 세계 4대 문명보다 더 오래되고 우수한 '대동강문명'이 평양일대에서 발전했다고 주장한다. 심지어 인류의 기원지는 아프리카가 아니라 대동강 유역이라는 주장을 하기에 이르렀다. 이 과정에서 평양에 위치한 고구려의 한 굴식 돌방무덤이 단군릉으로 탈바꿈하였고, 고조선의 중심지가 시종일관 '민족의 성지'인 평양 일대에 있었다고 하는 평양성지론이 등장했다. 북한 학계가 내세우는 단군릉에 단군이 매장되어 있을 가능성은 단연코 0퍼센트이지만 우리 사회 일각에서는 단군릉을 사실로 믿고 싶어 한다. 최근에는 한 원로 교수가 세계 4대 문명보다 더 우수하고 오래되었다는 한강문명론을 주장하는 것을 보면 '우리 민족 제일주의'에서 남과 북은 다를 바 없음을 느낀다.

우리 민족이 다른 민족보다 우수하다는 주장은 달리 말하자면 다른 민족이 우리 민족보다 열등하다는 논리이고, 이는 변명의 여지가 없는 인종주의의 표출이다. 근대에 접어들면서 제국주의의 침략을 받아 과거의 역사가 강제로 심하게 왜곡되는 아픔을 겪은 우리 사회는 식민사학의 극복이란 커다란 과제를 안게 되었다. 해방 이후 많은 노력 끝에 식민사학의 폐해는 거의 극복되었고, 일제 관학자들에 의한 그릇된 주장도 점차 소멸되고 있다.

그런데 이 과정에서 '위대한 한민족 만들기' 움직임이 꿈틀거렸다. 우리 민족이 태초부터 현재의 완성된 형태로 등장했으며, 고대에 톈산(천산)산맥과 바이칼 호수를 포함한 광대한 영토를 차지한 대제국이었다는 주장의 저류에는 한민족이 특별히 우수하다는 논리가 깔려 있다. 그러나 한민족이 특별히 못났다는 식민사학의 주장이나 특별히 잘났다는 국수주의적 주장은 데칼코마니다. 이러한 무리를 범하지 않더라도 이제는 세계 어디를 가도 우리 민족을 깔보는 일은 없다. 물론 미국에서 인종 차별을 당하는 일이 종종 보도되고, 지금도 일본의 시내 한복판에서는 극우 세력이 혐한 시위를 벌이고 있다. 하지만 이런 집단은 소수에 불과하며 비판과 극복의 대상이 될 뿐이다. 오히려 더 좋은 일자리와 나은 삶을 찾아서 대한민국에 입국한 외국인들에 대한 우리의 차별이 더 심할지도 모른다. 민족의 순혈성을 강조하고 한국사의 전개를 순종 한민족이 주체가 된 민족사로 단순화하는 한, 외국인을 바라보는 우리의 편협함은 교정되기 어렵다.

지금까지 우리의 역사 연구와 교육이 위대한 한민족의 이미지를 주입시키고, 주변 이웃들에 대한 증오심을 심어주는 데에 일조한 것은 아닌지 뼈아픈 반성을 할 때이다. 대한민국이 진정으로 위대한 대국이 되기를 희망한다면 이웃의 다양한 집단을 포용할 수 있어야 한다. 기원전 6세기, 아케메네스 페르시아의 키루스는 바빌로니아를 정복한 후 유대인 포로들이 고향으로 돌아가서 성전을 세울 것을 허락하고 지원했으며, 종교와 언어의 차이로 차별받지 않을 인류 최초의 인권 선언인 키루스 칙령을 발표했다. 몽골화된 튀르크인이었던 티무르의 후손인 악바르는 신실한 무슬림이었으나 힌두스탄에 진입하면서 힌두교도인 현지 여성과 혼인했다. 키루스와 악바르의 공통점은 인종과 종교, 문화와 언어의 차이를 '틀림'이 아닌 '다름'으로 보고 관용을 베풀었다는 점이다. 광대한 영토와 다양한 인간 집단을 통합하기 위해서는 자신과 다른 사람들의 차이점보다는 공통성을 강조하는 통합의 마인드가 필요하다. 정말로 강해지고 싶으면 남을 인정하고 포용해야 한다는 것이 역사의 교훈이다. 마케도니아의 알렉산더, 몽골의 칭기즈칸 역시 이민족에 열린 자세를 갖고 있었다. 편가르기는 쇠락으로 가는 지름길이다. 피부색, 종교, 출신 지역의 차이로 우리와 남을 구분하고 차별하려는 편협함으로는 21세기 대한민국을 경영할 수 없다.

비교사학적 접근과 해외 조사의 본격화

우리 역사는 동북아시아에 섬처럼 고립된 역사가 아니다. 우리의 이웃은 중국과 일본만이 아니었고 북아시아, 중앙아시아, 동남아시아, 서아시아 등 유라시아에 널리 퍼져 거주하던 집단들이었다. 교섭의 형태는 항쟁과 평화의 면모를 두루 갖추고 있었다.

하지만 한국사에서 항상 우리가 그리는 세계는 중국과 일본이 포함된 동아시아 세계일 뿐이다. 간혹 실크로드나 초원길 이야기가 나오더라도 대개는 낙타나 말을 타고 바람처럼 지나가는 나그네 이야기로 우리와는 다른 세상이라고 생각한다. 바다에 대해서는 더더욱 그렇다. 청과 조선 그리고 일본이 해금정책을 취한 지가 벌써 수백 년이 지나고 바다를 통한 물류가 우리 경제의 성패를 좌우하는 시절이 되었지만 한국사에서 바다와 섬은 여전히 주변적인 주제이다. 그 결과 영국인 로빈슨 크루소의 표류 이야기는 친숙하지만, 조선시대 사람들이 망망대해를 떠돌아다니면서 비록 원하지 않았지만 오키나와, 필리핀, 타이완, 베트남 등지에 대한 견문을 넓혔던 수많은 표류기는 대중에게 생소하기만 하다.

우리 역사를 제대로 알기 위해서는 공간적으로 확대된 시각을 갖추어야 한다. 그뿐 아니라 교섭의 대상인 상대방에 대해서도 알아야 한다. 종일 거울만 들여다본다고 나를 잘 알 수는 없다. 한국사를 제대로 알기 위해서는 우리와 유사한 조건에서 국가를 형성하고 발전해 나가던 지역에 대한 비교 연구가 필요하다. 이런 점에서 남월과 베트남에 주목해야 한다. 2019년 1월에 한국 조사 팀이 하노이 인근 루이 라우 유적과 캄보디아 국경 지대인 옥에오 유적 발굴 조사를 실시한 이유가 여기에 있다. 두 팀 모두 중요한 성과를 올렸고 2019년

카자흐스탄 쿠르간을 조사하는 도중에(오세윤 촬영)

12월에는 옥에오 유적에서 출토된 유물을 한국으로 가져와서 전시한 특별전이 성공적으로 개최되었다. 백제의 교역 상대였던 부남扶南의 중요 항구이자 생산 기지였던 옥에오의 유물이 국내에서 전시되면서 양국의 비교 연구는 물론이고 해상 실크로드를 통한 동남아시아와 고대 한국의 원거리 교역의 실상이 일부나마 밝혀졌다. 아울러 우리 사회에 동남아시아의 역사와 문화 그리고 바닷길에 대한 관심이 조금씩 증대하고 있다.

여름은 초원 지대를 조사할 수 있는 유일한 계절이다. 비록 코로나19로 2020-2021년 여름의 해외 조사는 실시되지 못했으나 곧 쿠르간 조사가 재개될 것이다. 예년보다 보강된 인력과 연장된 기간을 확보하고 러시아, 폴란드의 학자들과 어깨를 나란히 하여 스키타이 문화 조사에 뛰어들게 된다. 거의 비슷한 시기에 코카서스 산맥의 아제르바이잔에서도 고대 왕국 코카시안 알바니아의 왕성 살비르 유적에 대한 장기 조사가 속개될 것이고, 우즈베키스탄 사마르칸트에서도 소그드 왕성에 대한 발굴 조사가 실시될 예정이다. 바야흐로 유라시아 대륙 곳곳에서 한국의 젊은 연구자들이 현지 학자들과 호흡을 맞춰 중요한 성과를 쏟아 낼 것이다.

땅에서 나온 자료가 말해 주는 고대사

2016년 이후 대한민국 영토에서 이루어지는 발굴 조사는 매년 1,800건이 넘는다. 2,000건까지 올라간 몇 년 전에 비하면 줄었지만 여전히 엄청나게 많다. 이 과정에서 출토되는 매장 문화재의 종류와 수량은 일일이 열거할 수 없을 정도이다. 한국 고대사 연구를 이끌고 있는 하나의 축이 고고학적 발견이란 사실을 부인할 연구자는 아무도 없을 것이다. 특히 문헌자료가 부족하거나 그 사료적 가치에 의심을 받고 있는 고대 초기의 역사 연구는 고고학 자료에 크게 의존하고 있다.

경주 조양동 유적이 발견되지 않았다면 신라 초기에 대한 우리의 이해는 매우 저급했을 것이다. 김해 대성동 유적을 제외하고는 금관가야의 성장과 활발한 대외 교섭의 양상을 말한 재간이 없다. 황국사관에 의해 조작된 임나일본부설, 야마토 정권에 의한 남선경영론을 격파한 것은 위대한 노학자가 아니라 발굴 현장에서 땀 흘린 젊은 고고학도들이다.

2015년에 백제역사유적지구가 유네스코 세계문화유산에 등재될 수 있었던 힘도, 가야 고분군이 짧은 준비에도 불구하고 등재가 유력한 배경도 젊은 연구자들이 한여름 더위와 싸우며 이룬 성과 덕분이다. 고고학과 역사학을 구분하는 담장의 높이도 점차 낮아지고 있다. 쥐를 잡는 데에 검은 고양이면 어떻고, 흰 고양이면 어떤가? 덩샤오핑의 이 말은 한국 고대사 연구에도 들어맞는다. 정상에 올라가는 길은 동쪽 길도 있고 서쪽 길도 있다. 고대 사회를 규명하는 데에 문헌과 물질 자료는 양자택일의 관계가 아니라 반드시 함께 구사되어야 할 관계다.

고대사 연구에서 융복합은 필수

이것으로 끝이 아니다. 과학과 공학의 눈부신 발전에도 역사학 연구의 방법론이 100년 전과 마찬가지로 사료의 자구 해석에서 맴돈다면 시대착오적이다. 6세기 초 하루나산榛名山의 폭발은 한 가족의 비극적인 최후를 소름끼칠 정도로 세세하게 보여 주어 일본의 폼페이라는 이름을 얻었다. 익산의 한 무덤에서 작게 부서진 상태로 발견된 뼛조각들은 역사학만이 아니라 고고학, 법의학, 유전학, 생화학, 물리학, 임산공학 등 여러 분야 전문가들의 협동 연구 결과 백제 30대 무왕의 유체로 밝혀졌다. 한민족의 형성 과정을 찾는 작업도 예전에는 단편적인 문헌의 기사를 이리저리 짜맞추어 보는 수준에 불과했지만 지금은 눈부시게 발전한 DNA 연구를 통해 잃어버린 퍼즐 조각이 많이 맞추어지고 있다.

고고학적 발견이 거의 없고, 역사학 연구에 과학 기술의 도움을 받을 수 없던 100년 전의 고대사 연구는 발음의 유사함이 중요한 방법론 중 하나였다. 지금도 이러한 방법론을 구사하면서 사서에 나오는 지명의 위치를 중국이나 일본에서 찾으려고 하고, 심지어 백제와 신라가 한반도가 아닌 중국이나 일본에 있었다는 주장을 간혹 보게 된다. 하지만 이런 주장의 밑바닥에는 한반도에서 전개된 역사를 부끄러운 역사, 대륙에서 전개된 역사는 자랑스런 역사라는 도치된 역사 인식이 도사리고 있다. 식민사학의 한 주장인 반도성론의 또 다른 유형인 것이다. 위대한 역사를 부르짖는 내면에는 어쩌면 처절한 열등감이 자리 잡고 있을지도 모른다. 불편한 진실이지만 이제는 진지하게 곱씹어 볼 때가 되었다.

고대사 연구의 목표와 주제, 방법론 모두에서 큰 변화가 일어나고 있다. 주변 이웃을 차별하는 논리에 정당성을 부여하던 역사학의 시대는 끝내야 한다. 역사학자 혼자서 연구실에 틀어박혀 문헌과 씨름하던 시대는 지났다. 미래의 역사학자는 때로는 암석학자, 때로는 화학자와 머리를 맞대고 국내는 물론이고 중국과 일본, 나아가 유라시아 곳곳을 누비면서 종전에는 상상도 할 수 없었던 깊은 미지의 세계로 여행을 떠나야 한다. 이미 우리의 젊은 연구자들은 과거 선배들이 금기시하던 영역에 들어서고 있으며, 넘지 못하던 선을 뛰어넘고 있다.

I. 들어가며

권오영, 2020, 《삼국시대, 진실과 반전의 역사》, 21세기북스.

권오영, 2021, 〈한국 고대사 연구의 미래를 위하여〉, 《역사와 현실》 122, 한국역사연구회.

II. 자료 확보를 위한 끝없는 노력

고려대학교 한국사연구소 편, 2019, 《남당 박창화의 한국사 인식과 저술》, 경인문화사.

국립경주박물관, 2002, 《문자로 본 신라-신라인의 기록과 필적》, 특별전.

국립부여박물관·국립가야문화재연구소, 2010, 《고대의 목간 그리고 산성》.

권오영, 2008, 〈벽주건물(壁柱建物)에 나타난 백제계 이주민의 일본 畿內지역 정착〉, 《한국고대사연구》 49, 한국고대사학회.

김경호, 2010, 〈한·중·일 동아시아 3국의 목간 출토 및 연구 현황〉, 《한국고대사연구》 59, 한국고대사학회.

김선민, 2007, 〈일본고대국가(日本古代國家)와 백제왕씨(百濟王氏)〉, 《일본역사연구》 26, 일본사학회.

김영관, 2007, 〈백제유민 예식진 묘지 소개〉, 《신라사학보》 10, 신라사학회.

김지은, 2013, 〈통일신라 黃漆의 일본전래와 金漆〉, 《신라문화》 41, 동국대학교 신라문화연구소.

大竹弘之, 2012, 〈河内百済寺跡の発掘調査〉, 《백제학보》 8, 백제학회.

도미야 이따루(임병덕·임대희 역), 1999, 《유골의 증언》, 서경문화사.

문동석, 2008, 〈백제 흑치상지의 성씨에 대한 신고찰〉, 《백제연구》 47, 충남대학교 백제연구소.

미카미 요시다카(오택현 역), 2018, 〈일본 출토 고대 목간: 秋田縣 拂田柵跡 151차 조사 출토 칠지문서〉, 《목간과 문자》 20, 한국목간학회.

박순발, 2013, 〈연운항 봉토석실묘의 역사 성격〉, 《백제연구》 57, 충남대학교 백제연구소.

백제학회 한성백제연구모임, 2020,《목간으로 백제를 읽다: 나뭇조각에 담겨 있는 백제인의 생활상》, 사회평론아카데미.

송완범, 2006,〈동아시아세계 속의「백제왕씨」의 성립과 전개: '일본율령국가'를 분석하는 소재로서〉,《백제연구》44, 충남대학교 백제연구소.

송완범, 2008,〈9세기 일본율령국가의 전환과 백제왕씨의 변용〉,《한일관계사연구》29, 한일관계사학회.

송완범, 2010,〈간무(桓武)천황과 百濟王氏〉,《일본역사연구》31, 일본사학회.

송완범, 2019,〈백제유민이 일본율령국가에 미친 영향〉,《동연》6, 동아시아비교문화연구회.

오택현, 2014,〈낙양 용문석굴 소재 백제 관련 명문자료〉,《목간과 문자》13, 한국목간학회.

윤선태, 2007,《목간이 들려주는 백제 이야기》, 주류성.

이경섭, 2013,《신라 목간의 세계》, 경인문화사.

이기동, 1990,〈안압지에서 출토된 신라목간에 대하여〉,《신라 골품제사회와 화랑도》, 일조각.

이도학, 1996,《백제장군 흑치상지 평전: 한 무장의 비장한 생애에 대한 변명》, 주류성.

주보돈, 2002,《금석문과 신라사》, 지식산업사.

周達觀(최병욱 역), 2013,《진랍풍토기》, 산인.

崔恩永, 2015,〈7·8世紀の百済系渡来人と日本: 百済王氏の成立と律令国家初期の動向を中心として〉,《백제문화》52, 공주대학교 백제문화연구소.

최응천, 2012,〈조선 후반기 제1기(광해군-경종대) 불교공예의 명문과 양식적 특성 연구〉,《강좌미술사》38, 한국불교미술사학회.

코미야마 요시히로, 2009,〈長岡·平安 천도와 백제왕씨〉,《역사교육논집》42, 역사교육학회.

프리크 하이켈하임(세드릭 A. 요·앨런 M. 워드 개정, 김덕수 역), 1999,《로마사》, 현대지성사.

한국목간학회, 2008,《목간과 문자》창간호, 한국목간학회.

한국목간학회 편, 2019a,《문자와 고대 한국 1: 기록과 지배》, 주류성.

한국목간학회 편, 2019b,《문자와 고대 한국 2: 교류와 생활》, 주류성.

히라카와 미나미(국립나주문화재연구소 역), 2011,《되살아나는 고대문서: 칠지문서가 전해준 고대의 세계》, 주류성.

Ⅲ. 비교사적 시각의 필요

강인욱, 2015, 〈스키토-시베리아문화의 기원과 러시아 투바의 아르잔 1호 고분〉, 《중앙아시아연구》 20-1, 중앙아시아학회.

강인욱·조소은, 2015, 〈기원전 9-7세기 초기 스키토-시베리아문화와 비파형동검문화권의 대형 무덤 비교연구: 러시아 투바 아르잔고분과 요령 대련 강상묘의 비교를 중심으로〉, 《인문학연구》 28, 경희대학교 인문학연구원.

강희정, 2009, 〈푸난(扶南) 불교조각의 연원과 전개〉, 《미술사와 시각문화》 8, 미술사와 시각문화학회.

국립중앙박물관, 2008, 《황금의 제국 페르시아》, 특별전.

권오영, 2014, 〈한국고대사 연구를 위한 베트남 자료의 활용〉, 《한국고대사 연구의 시각과 방법》, 사계절.

권오영, 2015, 〈카스피해 서안-코카서스 남록에서 동서 문화의 접변〉, 《역사학보》 226, 역사학회.

권오영, 2019, 《해상 실크로드와 동아시아 고대국가》, 세창출판사.

권오영·김병준·김종일·김길식·이한상, 2016, 〈유라시아 쿠르간 연구의 토대 구축〉, 《제40회 한국고고학 전국대회 발표문》, 한국고고학회.

권혁주, 2019, 〈중세 이슬람도기의 특성에 대한 기초 연구: 아제르바이잔 살비르(Salbir) 유적 출토 이슬람도기의 물적 특성을 중심으로〉, 《야외고고학》 36, 한국문화유산협회.

김규호·김나영, 2013, 〈아제르바이잔 살비르 토성 출토 유리구슬의 특성 분석〉, 《제37회 한국고고학 전국대회 발표문》, 한국고고학회.

김종일, 2011, 〈아제르바이잔 가발라지역 살비르(Salbir)유적 조사보고〉, 《제1회 한국고고학 연합대회 발표문》, 한국고고학회.

류광철, 2009, 《코카서스 땅, 기름진 불의 나라 아제르바이잔》, 21세기북스.

박재현, 2013, 《페르시아 이야기》, 지식과감성.

박창규, 2009, 《중앙아시아의 이해》, 써네스트.

송정남, 2010, 《베트남 역사 읽기》, 한국외국어대학교출판부.

신종우·김대연, 2013, 〈아제르바이잔 가발라지역 살비르유적 GPR탐사 중간보고〉, 《제37회 한국고고학 전국대회 발표문》, 한국고고학회.

양승윤, 2002, 〈동아시아 무역거점으로의 말라카 왕국에 관한 연구〉, 《동남아연구》 11, 한국외국어대학교 동남아연구소.
양승윤, 2003, 〈말라카 왕국, 해상 실크로드의 동아시아 무역 거점〉, 《바다의 실크로드》, 청아출판사.
유인선, 2002, 《새로 쓴 베트남의 역사》, 이산.
이송란, 2006, 〈南越王墓의 파르티아(Parthia)系 水滴文銀盒과 前漢代 東西交涉〉, 《동악미술사학》 7, 동악미술사학회.

Ⅳ. 융복합적 연구의 중요성

국립가야문화재연구소, 2009, 《1500해 앞 16살 여성의 삶과 죽음: 창녕 송현동 15호분 순장인골의 복원연구》, 국립가야문화재연구소 학술총서 제43집.
국립경주박물관, 2011, 《우물에 빠진 통일신라 동물들》, 특별전.
국립공주박물관, 2005, 《무령왕릉: 출토유물 분석 보고서(I)》, 국립공주박물관 연구총서 17.
국립공주박물관, 2006, 《무령왕릉: 출토유물 분석 보고서(II)》, 국립공주박물관 연구총서 18.
국립공주박물관, 2007, 《무령왕릉: 출토유물 분석 보고서(III)》, 국립공주박물관 연구총서 19.
국립공주박물관, 2011, 《무령왕릉을 格物하다: 무령왕릉 발굴 40주년 기념 특별전》, 국립공주박물관·공주시.
국립공주박물관, 2014, 《무령왕 시대의 동아시아 세계》, 제60회 백제문화제 기념 특별전, 국립공주박물관.
국립김해박물관, 2015, 《뼈? 뼈! 고인골, 개인의 삶에서 시대의 문화를 읽다》, 특별전.
국립나주문화재연구소·국립나주박물관, 2015, 《마한의 수장, 용신을 신다》, 특별전.
국립부여문화재연구소, 2019, 《익산쌍릉: 대왕릉 출토 인골 종합학술연구보고서》, 국립부여문화재연구소.
권오영, 2005, 《고대 동아시아 문명 교류사의 빛, 무령왕릉》, 돌베개.
권오영, 2009, 〈화성 송산동유적의 소와 말발자국에 대한 소감〉, 《화성 송산동 농경유적》, 한신대학교박물관.
권오영, 2011, 〈고대 성토구조물의 성토방식과 재료에 대한 시론〉, 《漢江考古》 5, 한강문화재연구원.

권오영, 2012a, 〈고대 성토구조물의 재료에 대한 재인식〉, 《백제와 주변세계》, 진인진.

권오영, 2012b, 〈백제의 말 사육에 대한 새로운 자료〉, 《21세기의 한국고고학5》, 주류성.

권오영, 2014, 〈토목기술과 도성조영〉, 《삼국시대 고고학개론 1: 도성과 토목편》, 진인진.

권오영, 2015, 〈백제와 군마지역의 교섭〉, 《우행 이상길교수 추모논문집》, 진인진.

권오영, 2016, 〈동남아시아 고대국가의 수리시설과 수자원 관리체계: 메콩강유역을 중심으로〉, 《한국상고사학보》 92, 한국상고사학회.

권오영 외, 2019, 《한국 전통시대의 토목문명》, 들녘.

김대욱·우은진·정상수·하대룡, 2020, 《고인골, 고대압독사람들》, 압독국 문화유산 연구·활용 프로젝트, 영남대학교박물관.

박순영 편저, 2020, 《뼈로 읽는 과거 사회: 옛사람 뼈를 이용한 과거 생활상 복원 방법》, 서울대학교출판문화원.

심광주, 2010, 〈한성백제의 '증토축성'에 대한 연구〉, 《향토서울》 76, 서울특별시사편찬위원회.

영남대학교박물관, 2002, 《고대의 말: 신성과 실용》, 개교55주년기념특별전.

영남대학교박물관, 2019a, 《고인골 고대 압독 사람들을 되살리다》, 특별전.

영남대학교박물관, 2019b, 《영남대학교박물관 소장 경산 임당유적 고인골》, 압독국 문화유산 연구·활용 프로젝트.

오동선, 2019, 〈나주 복암리 정촌고분 1호 석실의 매장의례와 금동신발의 특징〉, 《고대 동아시아의 금동신발과 금동관》, 국립나주문화재연구소.

오현덕, 2021, 〈고해상도 GPR 탐사를 이용한 경주 신라왕경에서의 대규모 고고학적 탐사〉, 부산대학교 박사학위논문.

유혜선, 2003, 〈고고 자료의 잔존지방분석 연구〉, 경희대학교 박사학위논문.

이성준·조지현·이우영·김이석·김동호·이상준, 2018, 〈익산 쌍릉과 출토 인골의 성격에 대한 연구〉, 《한국고고학보》 109, 한국고고학회.

이준정 외, 2006, 〈DNA 분석을 통한 백제 매장양식의 일 연구: 완주 은하리 고분 출토 인골의 예〉, 《한국고고학보》 61, 한국고고학회.

이준정, 2011, 〈작물 섭취량 변화를 통해 본 농경의 전개 과정: 한반도 유적 출토 인골에 대한 안정동위원소 분석 결과를 중심으로〉, 《한국상고사학보》 73, 한국상고사학회.

이홍종·안형기, 2020, 〈백제 한성기 몽촌토성일대의 지형복원 연구〉, 《호서고고학》 47, 호서고고학회.

장우영·이왈영·이홍종, 2010, 〈충적평야유적 조사를 위한 지형환경분석의 적용〉, 《야외고고학》8, 한국문화유산협회.
한성백제박물관, 2019, 《무령왕릉 다시 보기》, 백제학연구총서 쟁점백제사 15.
大田區立郷土博物館, 1996, 《考古学トイレ考》, 企劃展圖錄.
三宅博士·田中義昭, 1995, 《荒神谷遺跡》, 日本の古代遺跡み掘る3, 讀賣新聞社.
松井章, 2001, 《環境考古学》, 日本の美術 8.
Doke, Belinda J., Nigel J. Chang, Ian Moffat, and Wayne Morris, 2016, "The invisible moats of the Mun River valley, NE Thailand: the examination of water management devices at mounded sites through ground-penetrating radar (GPR)," Journal of Indo-Pacific Archaeology 40.
Evans, Damian, 2016, "Airborne laser scanning as a method for exploring long-term socio-ecological dynamics in Cambodia," Journal of Archaeological Science 74.

V. 한일 관계사에 대한 새로운 인식

공주시·충청남도역사문화연구원, 2009, 《백제인의 무덤》, 특별전.
국립나주문화재연구소, 2010, 《영산강유역의 고분 I 옹관》, 특별전.
권오영, 2008, 〈壁柱建物에 나타난 백제계 이주민의 일본 畿內 지역 정착〉, 《한국고대사연구》49, 한국고대사학회.
권오영, 2012, 〈繼體王朝의 등장을 둘러싼 고고학적 환경〉, 《백제문화》46, 공주대학교 백제문화연구소.
권오영, 2013, 〈三國時代 壁柱(大壁)建物 硏究, 그 後〉, 《한일취락연구》, 한일취락연구회 편, 서경문화사.
권오영, 2015, 〈백제와 군마지역의 교섭〉, 《우행 이상길교수 추모논문집》, 진인진.
권오영, 2017a, 〈백제와 倭의 교섭에 관련된 최근 자료와 새로운 해석〉, 《한국사론》 63, 서울대학교 국사학과.
권오영, 2017b, 〈전방후원형 고분과 고대 한일관계〉, 《우리시대의 한국고대사 2》, 한국고대사학회 편, 주류성.
권오영·이형원, 2006, 〈삼국시대 壁柱建物 연구〉, 《한국고고학보》60, 한국고고학회.
吉井秀夫, 1996, 〈금동제 신발의 제작기술〉, 《석오 윤용진교수 정년퇴임 기념논총》.
김낙중, 2013, 〈5-6세기 남해안지역 倭系古墳의 특성과 의미〉, 《호남고고학보》45, 호남고고학회.
김준식, 2020, 〈일본 규슈지역과 가야의 교류 양상〉, 《가야와 주변, 그리고 바깥》, 한국고대사학회 편, 주류성.
박천수, 2011, 〈영산강유역 전방후원분에 대한 연구사 검토와 새로운 조명〉, 《한반도의 전방후원분》, 대한문화유산연구센터 편, 학연문화사.
복천박물관, 2010, 《履 고대인의 신》, 특별전.
연민수, 2016, 〈백제 鬼室氏와 일본의 후예씨족〉, 《백제학보》 17, 백제학회.
우재병, 2006, 〈5-6세기 백제 주거·난방·묘제문화의 倭國 전파와 그 배경〉, 《한국사학보》 23, 고려사학회.
이현주, 2010, 〈三國時代 武器에 있어서 骨角材의 인식〉, 《博物館研究論集》 16, 부산박물관.
이현주, 2011, 〈百濟甲冑의 形成과 그 背景〉, 《軍史研究》 131, 陸軍軍史研究所.
전남문화재연구원, 2015, 《咸平 金山里 方臺形古墳》, 학술총서 제1책, 전남문화재연구소.
전라남도, 2020, 《전남의 마한 분묘유적》, 전남문화재단.
최병식 외, 2020, 《스러져간 백제의 함성》, 주류성.
충청남도·충청남도역사문화연구원, 2017, 《일본 속의 百濟: 긴키지역》 II 유적·유물 상세편·논문편.
한성백제박물관·부산박물관, 2014, 《러시아연해주문물전 프리모리예》, 국제교류전.
群馬縣埋藏文化財調査事業團 編, 2019, 《古墳人, 現る: 金井東裏遺跡の奇蹟》, 上毛新聞社.
大阪府立彌生文化博物館, 2002, 《青いガラスの燦き: 丹後王國が見えてきた》, 平成14年春季特別展.
三宅博士·田中義昭, 1995, 《荒神谷遺跡》 日本の古代遺跡み掘る3, 讀賣新聞社.
藏富士寛, 2009, 〈九州地域の橫穴式石室〉, 《九州系橫穴式石室の傳播と擴散》(杉井健 編), 北九州中國書店.
田中清美, 2005, 〈河內湖周邊の韓式系土器と渡來人〉, 《ヤマト王權と渡來人》, 大橋信彌·花田勝廣 編, サンライズ出版.
坂靖·青柳泰介, 2011, 《葛城の王都: 南鄉遺跡群》, 新泉社.
洪譜植, 2009, 〈韓半島南部地域の九州系橫穴式石室〉, 《九州系橫穴式石室の傳播と擴散》(杉井健 編), 北九州中國書店.

花田勝廣, 2005, 〈古墳時代の畿內渡來人〉, 大橋信彌·花田勝廣 編,《ヤマト王權と渡來人》, サンライズ出版.

VI. 초원과 사막의 길을 통한 유라시아 교섭

경북대학교박물관, 2018,《李(加藤)九祚의 생애와 絲綢之路 琉璃, 織物》, 경북대학교 실크로드조사연구센터 개소 기념 전시.

국립경주박물관, 2019,《고대 유리의 세계》, 국립경주박물관 학술심포지엄.

국립경주박물관, 2020a,《신라의 대외관계3: 신라와 실크로드》, 특별전 도록.

국립경주박물관, 2020b,《오색영롱》, 특별전 도록.

국립문화재연구소, 2013,《우즈베키스탄 쿠샨왕조와 불교》.

국립문화재연구소, 2019,《카자흐스탄 제티수지역의 고분문화: 대한민국·카자흐스탄 공동 조사연구 보고서》, 문화재청.

국립중앙박물관, 2008,《황금의 제국 페르시아》, 특별전.

국립중앙박물관, 2009,《동서문명의 교차로 우즈베키스탄의 고대문화》, 국립중앙박물관.

권오영, 2014 〈고대 한반도에 들어온 유리의 고고, 역사학적 배경〉,《한국상고사학보》 85, 한국상고사학회.

김동훈, 2011, 〈2011 중앙아시아 불교사원 발굴조사 성과: 우즈베키스탄 카라테파 불교사원〉,《2011 Asia Archaeology》, 국립문화재연구소.

무함마드 깐수, 1992,《新羅·西域交流史》, 단국대학교출판부.

박재현, 2013,《페르시아 이야기》, 지식과감성.

박천수, 2014, 〈신라와 일본〉,《신라고고학개론 上》, 진인진.

변영환, 2014, 〈우즈베키스탄 카라테파 불교사원 4차 발굴조사 성과〉,《2014 Asia Archaeology》, 국립문화재연구소.

안나 반잔(송대범 옮김), 2008,《페르시아: 고대 문명의 역사와 보물》, 생각의 나무.

이영철·정일·이혜연·조근우·최석훈·최희진, 2018, 〈카자흐스탄 이식지역 쿠르간의 분포와 성격〉,《중앙고고연구》27, 중앙문화재연구원.

이인숙, 2000, 〈유리와 고대 한국〉,《실크로드와 한국 문화》, 국제한국학회.

이지영, 2012, 〈우즈베키스탄 카라테파 불교사원 2차 발굴조사 성과〉,《2012 Asia Archaeology》, 국립문화재연구소.

이희수, 2003, 〈걸프 해에서 경주까지, 천 년의 만남〉,《바다의 실크로드》, 청아출판사.

장준희, 2004,《중앙아시아, 대륙의 오아시스를 찾아서》, 청아출판사.
장준희, 2012,《문명의 실크로드를 걷다, 중앙아시아 역사 문화 기행》, 청아출판사.
조일준, 2016,《이주하는 인간, 호모 미그란스: 인류의 이주 역사와 국제 이주의 흐름》, 푸른역사.
최희진, 2016, 〈카자흐스탄 오르닉 쿠르간의 발굴조사 보고〉,《제40회 한국고고학 전국대회 발표문》, 한국고고학회.

VII. 바닷길을 통한 동서 교섭

강봉룡, 2001, 〈8-9세기 동북아 바닷길의 확대와 무역체제의 변동: 장보고 선단의 대두 배경과 관련하여〉,《역사교육》77, 역사교육연구회.
강희정 엮음, 2019,《해상 실크로드와 문명의 교류》, 사회평론아카데미.
고경석, 2008, 〈재당 신라인 사회의 형성과 발전〉,《한국사연구》140, 한국사연구회.
고정은, 2012, 〈베트남 중부 호이안과 참파 유적을 찾아서〉,《수완나부미》4-1, 부산외국어대학교 동남아지역원.
국립해양문화재연구소, 2018,《바다의 비밀 9세기 아랍 난파선》, 한국·싱가포르 국제교류전.
권덕영, 2003a, 〈9세기 일본을 왕래한 이중국적 신라인〉,《한국사연구》120, 한국사연구회.
권덕영, 2003b, 〈재당 신라인의 대일본 무역활동〉,《한국고대사연구》31, 한국고대사학회.
권덕영, 2003c, 〈재당 신라인의 종합적 고찰 -9세기를 중심으로- 〉,《역사와 경계》48, 부산경남사학회.
권오영, 2019,《해상 실크로드와 동아시아 고대국가》, 세창출판사.
매리 하이듀즈(박장식·김동엽 공역), 2012,《동남아의 역사와 문화》, 동남아시아지역연구총서9, 솔과학.
박남수, 2009, 〈752년 김태렴의 대일무역과 '매신라물해'의 향약〉,《한국고대사연구》55, 한국고대사학회.
박순발, 2013, 〈연운항 봉토석실묘의 역사 성격〉,《백제연구》57, 충남대학교 백제연구소.
서규석, 2013,《잊혀진 문명, 참파》, 리북.
송정남, 2010,《베트남 역사 읽기》, 한국외국어대학교 출판부.

永正美嘉, 2005, 〈新羅의 對日香藥貿易〉, 《韓國史論》 51, 서울대학교 국사학과.

유인선, 2002, 《새로 쓴 베트남의 역사》, 이산.

이병로, 1997, 〈일본 열도의 동아시아 세계에 관한 일고찰: 주로 9세기의 큐슈지방을 중심으로〉, 《일본학지》 17, 계명대학교 국제학연구소.

이유진, 2010, 〈당 후기, 금은과 동아세아교역〉, 《중국학논총》 27, 고려대학교 중국학연구소.

이유진, 2011, 〈당 후기의 명주와 동아시아 해상〉, 《동국사학》 50, 동국사학회.

조흥국, 2000, 〈한국과 동남아의 문화적 교류〉, 《실크로드와 한국문화》, 국제한국학회.

주수완, 2010, 〈중국문헌을 통해 본 중세 동남아의 불교문화(I)〉, 《수완나부미》 2-1, 부산외국어대학교 동남아지역원.

주수완, 2012, 〈중국 문헌을 통해 본 중세 동남아의 불교문화(II)〉, 《수완나부미》 4-1, 부산외국어대학교 동남아지역원.

최병욱, 2003, 〈16-17세기 호이안과 베트남의 대외무역〉, 《바다의 실크로드》, 청아출판사.

최병욱, 2002, 《베트남》, 동남아학총서10, 한국외국어대학교 출판부.

VIII. 나오며

강봉룡, 2001, 〈地方史 연구와 歷史教育〉, 《윤세철교수정년기념역사학논총》.

국립중앙박물관, 2002, 《고려·조선의 대외교류》, 특별전.

D
DISH(Diffuse Idiopathic Skeletal Hyperostosis) 115, 117

G
GPR(Ground Penetrating Radar) 138-140

ㄱ
가나이히가시우라(金井東裏) 유적 168-170, 172, 175, 186-187
가모군(蒲生郡) 164-165
가모이나리야마(鴨稻荷山) 고분 158-159
가미츠케노(上毛野) 167, 171, 190-191
가와치노우마카이베(河內馬飼部) 157
간논야마(観音山) 고분 189-190
간논즈카(観音塚) 고분 189
감산사 24
강(羌) 195
강거(康居) 195
개로왕 83-85
게이타이(繼體) 156-159, 168
경주 월성 60, 136
경주 조양동 유적 262
고고과학자 130, 133-134
고려복신(高麗福信) 37
고려약광(高麗若光) 46
고령 지산동 44호분 109
고로칸(鴻臚館) 221
고선지 44, 46
고진다니(荒神谷) 유적 136-138, 182
고훈시대(古墳時代) 30, 159
곤고지노(金剛寺野) 고분군 162-163
교지군 57-59
구로이미네(黑峰) 유적 168-169
군집분 161, 163, 177
굴식 돌방무덤(횡혈식석실묘) 57, 147-148, 161, 163, 177, 258
귀실복신(鬼室福信) 37, 164
귀실집사(鬼室集斯) 163-166
귀화인 176
금석문(金石文) 27, 33-34, 41, 45
금송 113, 130
금제 사리봉안기 114, 116-117
기나이형 석실 148-169
기노죠(鬼ノ城) 178, 180
기마 민족 64, 67, 196, 200, 202, 219
김해 대성동 유적 262

ㄴ
나주 복암리 정촌 고분 96

나카스지(中筋) 마을 유적 168-169
낙랑군 123
난고(南鄕) 야나기하라(柳原) 유적 160
남선경영론 17, 262
남월(南越) 55, 195, 260
남월국 43, 55-58, 195
남해군 57-59
낭아수국(狼牙脩國)[랑카수카(Langka-suka)] 58-59, 232, 243
노박덕(路博德) 55
누선장군 55-56
니시진마치(西新町) 유적 180
니자와센즈카(新沢千塚) 161, 221

ㄷ
다가성 49
다우선(داو 船) 244
다이 비엣(大越)국 236, 241
다자이후(大宰府) 205, 252
다카노노 니이가사(高野新笠) 51-51
단군릉 258
담양 서옥 고분군 187
대동강문명 257
《대월사기》 31
대하(大夏) 85
데아이(出合) 유적 177
덴구야마(天狗山) 고분 177
덴진바타(天神畑) 160-161
도다이지(東大寺) 49
도래인 154, 162, 171, 174, 176
도림(道琳) 83-84
도이가하마(土井ケ浜) 유적 172-173, 175
도후쿠지(東福寺) 95
돌무지덧널무덤(적석목곽분) 72-73, 200, 203
동궁과 월지 36, 138
동단국 186
동물고고학 67, 97, 99, 119
동여진 186
동예 26

ㄹ
로만 글라스(Roman Glass) 202, 230
루이 라우 유적 260
리 롱 뜨엉(李龍祥) 236

ㅁ
마왕퇴(馬王堆) 102
마헨드라파르바타(Mahendraparvata) 140
말각조정형 천장 219
말라카해협 227, 247
매신라물해(買新羅物解) 253-254
매지권(買地券) 123-124, 126-128
메소포타미아 문명 64
메스 아이낙(Mes Aynak) 211-212
메콩강 225
모즈-후루이치 고분군 161
목간(木簡) 27, 34, 47, 247
목독(木牘) 35, 38
몽골 31, 64, 72, 74, 203, 207, 259
몽촌토성 83, 170, 185
묘지(墓誌) 32, 45-46, 123-124, 126-

128
무령왕 37, 51-52, 121,127, 130, 132, 167
무령왕릉 26, 32, 121, 123-127, 129-135, 189
무왕 113-114, 116-118, 130, 263
무용총 219
미나미이치히가시(南市東) 158-159, 161
미 썬(My Son) 사원 238-240
미즈키(水城) 180
민월(閩越) 195
민족주의 15, 17, 257

ㅂ
배장묘(陪葬墓) 78-79
백가(白加) 36-37
백강전투 154, 163, 178
백제군(百濟郡) 36
백제사(百濟寺) 49, 51
백제왕경복 49
백제왕명신 51
백제왕씨 46
법왕 119
벨리퉁 침몰선 243-245, 254
벵골만 227
벽주건물 159-160, 177
부남(扶南)[푸난(Funan)] 58-59, 134, 225-227, 238, 261
부여 능산리 고분군 129, 134
부여선광 46
부여풍장 46
부엽공법(敷葉工法) 87-30
분석(糞石) 94

ㅅ
사르마티아 64
사마르칸트 204-205, 207, 213, 262
사산조 페르시아 30, 63, 67, 218-221, 230
사야마이케(狹山池) 89-90
사카(Saka) 73, 196-198, 200-203, 221
사쿠잔(作山) 고분 177
사택왕후 114-115, 117-118
사 휜(Sa Huynh) 237-238
살비르성(Salbir-城) 66-70
석촌동 고분군 142-143
선비 257
선화공주 114-115, 118
소그드인 60, 204, 206,
소시모리(曾尸茂梨) 182
송산동 유적 99
송현이 108, 120
쇼소인(正倉院) 222
수호지 39-40
순장 78, 108-111, 120
숭아이 바투(Sungai Batu) 139, 232-233
스리위자야 28, 248
스사노오노미코토(素盞嗚尊) 181-183
스에키(須恵器) 150, 179, 187
스키타이 27-28, 64, 74-76, 196, 200, 261
스트론튬(Sr) 동위체비 분석 172

시르다리야강 209
시모시바야츠(下芝谷ツ) 고분 187-189
시엠립 28, 30, 140, 241
식민사학자 5, 15-16, 19, 26, 152
신남방 정책 206
신북방 정책 206
실크로드 58-59, 67, 72, 207, 222, 226-227, 233, 252, 260-261
쌍릉 113-114, 130

ㅇ

아덴 246-247
아라코(荒籠) 157
아마테라스오오미카미(天照大神) 181-182
아무다리야강 208-209
아제르바이잔 63-66, 70-73, 138, 206, 220, 262
아케메네스 페르시아 63, 200, 208, 216, 218, 259
아프라시압 205
악바르 259
안압지 34-36, 138
안풍당(安豐塘) 89-90
알란 64, 67
알렉산더 208, 218, 259
앙코르 28, 30, 79, 140-141, 241
야랑(夜郎) 195
야요이시대 104, 172, 175
야츠이 세이이츠 113
양복(楊僕) 55
《양직공도(梁職貢圖)》 232
에다후나야마(江田船山) 고분 180, 189
에리트리아해 항해기 227
에트루리아 28-29
연운항 251
연해주 184, 186, 209
영남칠군 55, 58,
영동대장군 132
오손(烏孫) 73, 195-197, 201-202
오오쿠니누시노카미(大國主神) 181
오츠쿄(大津京) 164
오키노시마(冲ノ島) 221
오하라(大原) 박사 50
오환 257
옥에오(Oc Eo) 134, 141, 225-233, 260-261
옥저 26
왕경 89, 93, 138
외왕내제(外王內帝) 57
외이도 골종 118
요시노가리(吉野ヶ里) 유적 180
우리 민족 제일주의 257-258
월성 60, 138
월지(月氏) 195, 203
위구르족 206
《위략(魏略)》 33
위만조선 43, 55-58, 218
유네스코 세계문화유산 56, 74, 90, 130, 161, 207, 236, 262
유사 역사학 15-18
유연 257
율령 39-40, 126-127, 129

읍루 186
이구조(李九祚)[가토 규조(加藤九祚)] 209-211
이식 유적 200
이자나기노미코토(伊奘諾尊) 147
이자나미노미코토(伊奘冉尊) 147-148
이즈모다이샤(出雲大社) 181
인도-태평양 유리구슬(Indo-Pacific Glass Beads) 134, 226, 231, 233
인종주의 215, 258
일선동조론 166
임나일본부설 17, 152, 155, 191, 262
임당 고분군 105, 107
임읍(林邑)[참파(Champa)] 28, 58-59, 236-241

ㅈ

작피(芍陂) 89
장보고 231, 244, 248-254
장수왕 83-84
전(滇) 195
전방후원분 153, 158, 177, 189, 221
전방후원형 고분 152-154
조말(趙昧) 57
조잔(造山) 고분 177
조타(趙佗) 55, 57
죽간(竹簡) 35, 38, 40
즙석(葺石) 150, 186
증토축성(蒸土築城) 84-86, 90
지방산 131
진랍(眞臘, 크메르) 241
《진랍풍토기(眞臘風土記)》 28
진묘수(鎭墓獸) 124
질간아리 85-86
짜 끼에우(Tra Kieu) 238

ㅊ

참(Cham)족 237-238
창녕 송현동 고분군 107
창원 다호리 1호묘 42, 48
청해진 249
초원길 72, 202, 204, 260
최경선 103
칠지문서(漆紙文書) 47-49
칭게테이(Chinge Tey) 77-78
칭기즈칸 207, 259

ㅋ

카라반(caravan) 67, 227
카라 테파 210-211
카레즈(karez) 67
카타콤(Catacomb) 67-68
코카시안 알바니아 65, 67, 71, 262
쿠르간(kurgan) 28, 72, 75, 77-78, 196-203, 261
쿠샨 왕조 209, 211-212
쿨도르 테파 213
쿨렌산 140-141
크라스키노 평지성 184-185
크라 지협 227
키루스(Kyrus 혹은 Cyrus) 216-218, 221, 259
키루스 실린더(Cyrus Cylinder) 217

ㅌ

탐라 26
탕롱(昇龍)성 236
태왕릉 26, 150
통만성 85-86
투바 74-75
튀르크(Türk) 45, 64, 66, 196, 207, 213
튀르크 벨트 207

ㅍ

파르티아 28, 58, 63, 67, 219
파사가데 218-219, 221
파지리크 쿠르간 203
팔렘방 247
페라나칸(Peranakan) 61-62, 250
페르시아 문화 64
펜지켄트 204
편두 105
포타쉬(Potash) 유리 237-238
풍납토성 83, 87-90, 134, 239,

ㅎ

하니와(埴輪) 150, 188
하루나산(榛名山) 167-168, 263
하카타진(博多津) 252
학직두(學職頭) 164
한반도계 이주민 36, 152-153, 155-156, 158, 162-163, 171, 174, 176-177
《한서》 227
함안 말이산 고분군 109
함안 성산산성 38, 41
함평 금산리 방형분 188
함평 초포리 무덤 48
합포군 57-59
항시(港市) 59, 246-247, 250, 253
항시국가 59, 61, 246
하쿠사이지(百濟寺) 164
헤로도토스 75, 216
헤이조쿄(平城京) 40
혁련발발 85
호류지(法隆寺) 50
호이안(Hoi An) 134, 236-238, 240-241
《화랑세기(花郎世記)》 33
화장실 고고학 94-95
환호취락 129
황국사관 152, 174, 262
황남대총 90, 109, 134, 150, 200-202
황천국(黃泉國) 147-148, 150, 162
회곽묘(灰槨墓) 106
횡혈묘(橫穴墓) 95
훈(Hun) 196, 201-202
흉노(匈奴) 27-29, 85, 195-196, 203, 257